Elmore Leonard
JUGAR DURO

© Elmore Leonard, 1982

VERSAL

A Joan, siempre

Traducción de María José Rodellar
Título de la obra original: *Stick*
Diseño de la cubierta: Jordi París

© 1983, Elmore Leonard
Esta edición es propiedad de Ediciones Versal, S.A.
Pl. Lesseps, 33, entresuelo. 08023 Barcelona
Teléfono (93) 217 20 54. Télex 98634 VSBN E
Primera edición: julio de 1987
Depósito legal: B. 18090-1987
ISBN: 84-86311-080-2
Impreso en España - Printed in Spain
Imprime: Printer, Industria Gráfica, S.A.
C.N. II, s/n. 08620 Sant Vicenç dels Horts

1

STICK dijo que él no iba si tenían que recoger algo. Rainy declaró que no, que no entraba ningún producto en el trato; lo único que tenían que hacer era entregar una bolsa.

–¿Y el tipo ese te va a dar cinco de los grandes? –dijo Stick.

–Se siente importante –repuso Rainy–. Las cosas funcionan así. Oye, es nuestra gran oportunidad, tío; gracias a mí, subirás de categoría.

Rainy le dijo a Stick que ni siquiera haría falta que abriera la boca, a no ser que el tal Chucky le preguntara algo. Era del sur y hablaba con mucha calma, «muy despaaacio, más despacio que tú», le dijo Rainy. Stick afirmó que se moría de ganas de conocer al individuo aquel, en tanto pensaba: «Rainy y Chucky... como si estuviéramos en el jardín de infancia».

–Te vas a Hialeah o a Calder –dijo Rainy–, y allí todo el mundo, hasta las camareras, le llama Chucky. Pero te vas a la Ocho Suroeste, o a algunos locales del sur de Miami, donde antes lo reconocían por la calle, y todos lo llaman aún Chucky Buck. Era una especie de nombre de guerra antes de que se fuera a vivir a su ático. Sí, Chucky Buck. Pero si va al club de campo o a un sitio de ésos vuelve a usar el nombre verdadero, Chucky Gorman. Ronda los cuarenta, pero trata de comportarse como si fuera más joven. Un tío corpulento. No es que sea gordo, pero tiene un cuerpo raro para un hombre; más bien de mujer. A lo mejor también es raro en su conducta; algunos piensan que le va todo. Pero es simpático. Con él puedes hacer bromas, decir lo que te venga en gana, y Chucky nunca se enfada ni nada por el estilo.

En realidad, Rainy se llamaba René Moya; era un puertorriqueño de piel clara que llevaba un octavo de sangre haitiana por parte de madre. Se dedicaba a conducir camionetas cargadas de marihuana desde Miami hasta Toledo y Detroit, por la autopista interestatal. Pesaba cincuenta y nueve kilos y lucía un gracioso bigotillo de camarero.

Stick se llamaba Ernest Stickley, Jr. Tenía cuarenta y dos años y había nacido en Norman, Oklahoma, pero se había criado en Detroit, donde se había trasladado su padre para trabajar en Ford Rouge. Parecía como si Stick se hubiera escapado de otra época, un labriego de secano metido a vagabundo. Estaba pasando un bache.

Rainy y Stick se habían conocido en Jackson, Michigan, cuando ambos vivían en el número 4000 de la calle Cooper, el portal de la cárcel más grande del mundo. Stick cumplía de siete a veinte años por robo a mano armada y Rainy de tres a cuatro por posesión de droga con intención de venderla, después de que le dijeran «si hablas, sales», que quería decir libertad condicional, y él se negara y no le quedara otro remedio que cumplir los tres. Rainy salió unos meses antes de la fecha de liberación de Stick. Le dijo a éste que se pasara por Miami a tomar un poco el sol y el aire fresco, y a conocer a unas cuantas gachís. Stick dijo que de todas maneras pensaba ir a ver a su hija, a la que no había visto desde que tenía siete años.

Lo que tenían entre manos no era un pasatiempo, era para llevarse algo a la boca.

Stick no apartaba la vista de la camarera de detrás de la barra, porque tenía un aspecto tan limpio y tan fresco que hubiera podido hacer un anuncio de zumo de naranja o de bronceador. Estaba resplandeciente, con un tono tostado perfecto y unos dientes blancos también perfectos. Era alta y se movía con agilidad y naturalidad. Llevaba una plaquita con su nombre: «Bobbi».

Habían subido hasta Lauderdale desde Miami en la

6

camioneta nueva de Rainy para encontrarse con el tal Chucky y hacerle el encargo.

Se encontraban en un local llamado Wolfgag's, un bar del puerto deportivo, al borde de la carretera de la costa, en la calle Sunrise. Fuera, cada media hora sonaba el repiqueteo de una campana y subían el puente para que entraran y salieran los yates y los veleros. Dentro, en el extremo de la barra, alguien tocaba entonces lo que parecía ser una bocina de niebla, con un gemido de barítono, y todo el mundo, todos los que habían salido a divertirse a últimas horas de la tarde, se dispersaban. Fuera había una terraza con un toldo, desde la que se podía contemplar cómo pasaban los barcos mientras uno tomaba una copa. Por lo demás, era como muchos bares, con espejos rosados y plástico reluciente imitando madera. Un bar en el que se servía doble ración de alcohol durante la *Happy Hour*.

Y a ello se dedicaba todo el mundo.

¿Es que aquella gente no tenía problemas?

Hasta Rainy Moya parecía feliz, pues seguía el ritmo de la música repiqueteando con los dedos en el borde redondeado de la barra como si fuera un bongó de metro y medio. Stick pensaba que la música que salía de los potentes altavoces escondidos en algún sitio era disco. Pronunció la palabra «disco» y el individuo que estaba sentado en el taburete de su derecha –tal vez el único en todo el local de más edad que Stick, un tipo calvo y peludo que llevaba gafas de espejo y una prenda náutica azul marino con ribetes blancos– dijo que la música disco estaba pasada de moda, que nadie iba ya a las discotecas. A Stick no le gustaba cómo lo miraba aquel individuo y cómo escuchaba todo lo que le decía a Rainy. Le preguntó qué hacía la gente entonces si no iba a las discotecas y Rainy contestó que jodían. Rainy dijo:

–Oye, tío, llevas fuera demasiado tiempo, tienes que ponerte a tono.

La música seguía pareciéndole disco, disco latino.

–Qué va, tío –replicó Rainy–, es fusión, es rock..., demasiados ritmos. ¿Dónde has estado metido?

Stick creía mantenerse al día. El Bloque Once, que albergaba a los reclusos de honor en condiciones de máxima seguridad, contaba con una zona de recreo propia en la planta baja del edificio, dotada de televisor en color. Sin embargo, era posible que se le hubiera pasado por alto algún acontecimiento o muerte importante. La primavera anterior, nadie le dijo que había muerto Warren Oates. Se enteró de lo de Belushi, pero no de lo de Oates. Estaba suscrito a varias revistas... El primer año hacía cien flexiones y cien abdominales diarios, y a fines del séptimo año...

Rainy y el turista del atuendo playero hablaban sin reparar en Stick, dándose la razón mutuamente; el turista decía que ahora todo era distinto y Rainy declaraba que el otro tenía razón. El turista decía que sobre todo las tías. Rainy manifestaba que tenía razón, le daba un ligero codazo a Stick y le decía que escuchara al turista. Éste explicaba que se había casado dos veces pero que en aquel momento volvía a estar soltero; tal como iban las cosas, había que estar loco para casarse. Stick echó un vistazo al individuo aquel, pensando: «No, no puede ser, no puede ser». Vio dos imágenes de sí mismo, con el rostro deformado, en las gafas de espejo que llevaba el tipo; en el cristal de color de detrás de la barra estaba un poco mejor, pero la camarera, Bobbi, que dedicaba a todos aquellos bocazas una sonrisa natural, sincera, no fingida, le hacía sentirse viejo. ¿Cómo era posible que estuviera tan contenta, trabajando en un lugar como aquél, viendo cómo se entrompaba la gente? Rainy decía:

–Tienes razón, tío, no tienes por qué perder el tiempo invitando cuando no tienes ganas; ves a una nena y le preguntas si quiere hacerlo; ¿que no quiere?, pues nada, tío, vas y se lo preguntas a la siguiente.

Stick dejó el bourbon sobre la barra y se dirigió al servicio. Estaba harto de oír hablar a aquellos tipos, tipos que querían hacer creer que eran gente de la calle, tipos que no paraban de decir *tío*. No debería haber llamado a Rainy. O en todo caso debería haberse limitado a tomar una copa; nunca prometerle nada. Stick se lavó las manos con el oloroso jabón rosado que salía de la maquinita, se las lavó a conciencia y observó fijamente los rasgos del rostro que reflejaba el espejo. Pálido, solemne. ¿Quién era? Tenía la sensación de estar mirando a otro. En otra vida anterior a Jackson solía entrecerrar los ojos ante su imagen –de ángulos pronunciados pero no sin atractivo– y decir: «¿Ya está? ¿No tienes nada más?». Luego sonreía con ojos centelleantes y sabía que si alguna vez le fallaba el sentido común, la inteligencia y la cautela, todo lo honrado, siempre podía recurrir a las trapacerías, hacer uso del ingenio con el culo apretado. Pero hoy no le centelleaban los ojos. Piel blanca, camisa blanca; parecía como si acabara de bajarse del autobús con una maleta de cartón. Al volver de los servicios no había cambiado nada.

Mientras se encaramaba al taburete, le dijo a Rainy:

–¿Viene o no?

Rainy echó un vistazo al reloj del timón en miniatura que había detrás de la barra. Las seis menos veinte.

–Si no ha aparecido a las seis, tío, nos presentaremos en su casa. Está muy cerca, basta con cruzar el puente.

Señaló con la cabeza el potente sol que se proyectaba en la terraza y el muelle que precedía a una empinada extensión de césped y un edificio de pisos al otro lado del canal.

El turista se volvió para mirar, igual que Stick, exhibiendo ante éste su repugnante cogote, pelado en la parte superior y quemado por el sol; unos aceitosos mechones descansaban sobre el cuello de tela de toalla. Stick oyó que Rainy decía: «Bobbi... Eh, Bobbi...». Cuando el turista se volvió de nuevo hacia él –no se le escapaba nada de aquel turista–, Stick vio fugazmente sus dos rostros en las gafas de espejo. El turista advirtió que Rainy trataba de llamar la atención de la atractiva camarera y gritó en voz más alta que Rainy: «¡Eh, Bobbi!». Ésta levantó la vista mientras cubría una coctelera con un colador, vertía, subía y bajaba la coctelera y servía con un giro de muñeca la última gota.

–Ven aquí –dijo el turista–. Te necesito. –Y dirigiéndose a Stick, añadió–: No me iría mal una copa de ese brebaje. ¿Y a usted?

Stick volvió la vista hacia el individuo, que estaba inclinado sobre la barra, con los brazos peludos y una manaza envolviendo un gin tonic.

–¿Es pederasta o qué le pasa?

El individuo frunció la frente.

–¿Qué?

Stick le volvió la espalda. La chica se estaba acercando a Rainy. Se parecía a Cybill Shepherd, alta y con el mismo tipo, pero más joven. Era la chica de aspecto más sano que había visto Stick. Parecía que le gustaba el aire libre y llevaba una camisa de punto rosa con un pequeño cocodrilo bordado, de las que se llevan para el polo o el golf, pero no como la otra camarera que la llevaba apretada, ciñendo los prominentes pechos; no, Bobbi la llevaba holgada, con un atractivo natural en la caída y en la manera de adherirse a su cuerpo cuando hacía ciertos movimientos. Casi parecía demasiado joven para trabajar allí.

La hija de Stick tenía catorce años. Todavía no la había visto. Había llamado y había hablado brevemente con su ex esposa...

–¿Ha estado Chucky por aquí? –le preguntó Rainy a la chica.

–No lo he visto –contestó ésta sacudiendo la cabeza–. No, hasta ahora ha sido un día perfecto.

–Pensaba que pudo haber entrado un momento y habérsenos escapado –dijo Rainy.

–¿Lo dices en serio? ¿Cómo se te va a escapar Chucky?

A Stick le agradó su tono, su aplomo natural. Seguro que estaba al tanto de todo.

–¿Queréis otra? –preguntó la chica, apartando la mirada de Rainy para posarla en él.

Stick sacudió la cabeza. La camarera se entretuvo un momento en la visión y Stick experimentó un estremecimiento acompañado por un intenso deseo de decirle algo.

–Ponme una a mí –dijo el turista–. Por ti me dejaría hacer cualquier cosa.

–Vaya ganga –replicó ella.

–Nena, a lo mejor es la mayor ganga de tu vida –repuso el turista–. No sé si me entiendes.

Alargó el brazo para darle un golpecito en la mano que descansaba en la barra.

La chica arqueó las cejas y se disponía a decir algo cuando Stick ordenó al turista:

–No la toques.

–¿Qué? –preguntó el hombre, volviendo la vista.

–Así son las cosas, no toques lo que no es para ti –dijo Bobbi.

Rainy se había bajado del taburete. Se acercó a Stick y le pasó una mano por la espalda.

–Venga, tío, tranquilo –le dijo al oído.

–El pederasta ese... Míralo –dijo Stick.

–¿De qué habla? –preguntó el individuo.

–¿Por quién me tomas, tío? Estamos en un bar –dijo Rainy, todavía muy cerca de Stick.

–Míralo –repitió éste.

–Bueno, bueno, tío, ya nos íbamos de todas formas. Ya es hora de irnos.

Rainy no despegó las manos de los hombros de Stick y lo obligó a dar la espalda al turista y a bajarse del taburete.

El turista se quitó las gafas, bizqueó y se enderezó en el asiento.

–¿Qué ha dicho?

–No pasa nada. Tenemos que irnos –dijo Rainy, y miró a Bobbi, que no se había movido–. Tráeme la cuenta. No, ya volveré. Te pago luego, ¿de acuerdo?

Stick oyó que el tipo decía:

–Dios bendito, qué individuo más raro...

No los miró ni a él ni a la chica. Estaba furioso y quería largarse de allí.

Dejaron la camioneta en el aparcamiento y cruzaron el puente andando, con el tráfico que avanzaba hacia el mar; los neumáticos zumbaban contra la rejilla metálica. Stick respiraba ruidosamente. Percibía el sol que le daba en la espalda y la presencia del océano Atlántico a dos manzanas de allí, tras el kilómetro y medio de playa pública, con las casetas azules agrupadas, una vez finalizada la jornada. Comenzó a calmarse.

–Tío, cuando he visto cómo se te encendía la cara –dijo Rainy– me he dado cuenta de que tenía que sacarte de allí inmediatamente.

–¿Has oído lo que ha dicho? –preguntó Stick.

–¿Qué ha dicho? No hacía más que gastarle unas bromitas. Después de tomarse unas copas, volverá al Holiday Inn. Allí no le quedará más remedio que mirar a su vieja.

–Te había dicho que no estaba casado. ¿Es que no lo has oído?

–Oye, mira por donde... ¿A ti qué más te da? Si tiene mujer o no, es cosa suya. –Rainy levantó el brazo y le puso la mano en el hombro–. Tío, tú fuiste el que me enseñó a guardar la calma, ¿te acuerdas? Me enseñaste a dejar que las cosas me resbalaran, a no tomarlo todo a la tremenda, ¿te acuerdas? Con las cosas serias, sí, se va allí donde haga falta, pero no con esas tonterías. Aquí fuera es lo mismo, tío. Hay que distinguir unas cosas de otras, ¿no? No tenías que demostrar nada. ¿Qué ha pasado allí dentro? ¿Querías fanfarronear un poco con la chica? A ella le da igual. Estas cosas le pasan cada día.

Stick no dijo nada.

–Ahora estás entre civiles –prosiguió Rainy–, ¿entiendes? Esto es un país libre, tío. –Le dio una palmada en el hombro y bajó la mano–. Cómprate ropa nueva, acuéstate con unas cuantas y te encontrarás mucho mejor.

Penetraron en la sombra del edificio de quince pisos y avanzaron por la carretera que conducía a la entrada. Junto a la puerta había un Cadillac; dos individuos trajeados, con el cuello de la camisa por fuera y que hablaban con el portero, volvieron la vista hacia ellos.

–Son empleados suyos –explicó Rainy.

Los dos individuos los observaron ascender por los escalones negros, con ambas manos en los bolsillos de los pantalones y mirada displicente. Stick se los imaginaba en el patio de un bloque de celdas, en ropa de trabajo y anorak de plumas. En Jackson le permitían a uno llevar la ropa que quisiera, si uno era capaz de no verse obligado a dársela a algún tipo de color, con un gorro de punto calado hasta los ojos. Si uno era virgen, primero intentaban quitarle la ropa y luego iban a por el cuerpo. La mayoría eran negros. También había blancos duros, de cuerpo macizo y cabello oscuro. Los de ese tipo tenían todos el cabello espeso y oscuro, y una pose que parecía desafiar a quitarlos de en medio. La diferencia residía en que probable-

mente los de aquí eran cubanos. Tenían un aspecto amenazador, pero no eran tan corpulentos como los que él estaba acostumbrado a ver.

–¿Los conoces?

–Puede ser –dijo Rainy–. No estoy seguro. Hay mucha gente a su alrededor.

–¿De qué tiene miedo?

–¿Estás de broma? –preguntó Rainy.

2

SI TENÍA QUE TOMAR una decisión por teléfono y no simplemente andar de palique, a Chucky le gustaba hablar desde su despacho, donde tenía un sistema de comunicación sobre el escritorio de dos metros y medio. Junto a la puerta que daba a la sala de estar había un perchero repleto de sombreros y gorras de todas clases. Solía ponerse uno –la gorra de marino o el sombrero vaquero de paja, o bien el casco si alguien le buscaba las cosquillas, o el gorro de pescador, largo y acabado en punta, si se encontraba de talante filosófico– y moverse de un lado a otro mientras mantenía la conversación telefónica.

Chucky creía que mientras se movía tenía la mente y el cuerpo en alerta total y las neuronas en plena actividad, realizando las conexiones necesarias. Ello se remontaba a su infancia, a los diez u once años, pues había sido un niño hipercinético. Había tenido por lo menos cuatro perros y los había matado a fuerza de correr; entraban arrastrándose en la casa, con la lengua colgando y sin aliento. Contaba que, cuando alcanzaba la máxima velocidad, hasta los galgos se daban por vencidos y abandonaban la competición mirándolo con ojos tristes.

Chucky decía que, al llegar a la edad adulta y encontrar una forma de vivir en paz, se había tranquilizado bastante. Éstos fueron los acontecimientos determinantes de su vida: dejó el curso preparatorio de Derecho antes de terminar; alcanzó un nivel altísimo en Nam, siete meses de un tirón, doscientos días en que no pudo moverse para conservar la cordura y carecía de medios para descargar el pánico, aparte de suicidarse, y lo intentó, ya lo creo que lo intentó... lo recuperaron con Thoracina en el hospital de ex combatientes de Memphis. Durante la última etapa, Miami, donde Charles Lindsay Gorman III pasó por la fase de Chucky Buck, se dedicó a hacer tapujos, se enriqueció y encontró la felicidad en una dosis de mantenimiento de Valium y *quaaludes* antes de las comidas o cada vez que el motor se le encallaba a muchas revoluciones.

Tal medicación le producía un efecto similar a nadar por debajo del agua, pero sin agua. Flotaba entre las luces. Seguía moviéndose, sentía esa necesidad, pero ya no se movía cinéticamente, sino que flotaba. Tomaba su dosis y se dejaba llevar. Se inclinaba el *canotier* hacia un lado y daba unos pasos de baile en el parquet del despacho, se balanceaba con las piernas rígidas al lento compás de Kool-and-the-Gang que se había puesto bajito en la cabeza. Y flotaba sintiendo cómo cientos de millares de lucecitas de colores se le encendían en la cabeza cual bengalas, pero sin ruido. «Lo que pasa –decía Chucky– es que el oído se vuelve tan agudo que tienes que insonorizarte la cabeza, bajar los decibelios.»

Sin saber por qué, se había dado cuenta de que le estaba explicando todo esto al joven que trabajaba para los cubanos, Eddie Moke –con quien hablaba en aquel momento por teléfono–, y Moke le había dicho: «¿Así que eso es lo que haces, flotar? Me parece que te ha afectado el cerebro, tío. Yo, en tu lugar, me lo haría mirar». Moke tenía una manera de hablar que parecía como si estuviera congelado, pues apenas movía la boca. El chico era un estudio del tipo; trataba con todas sus fuerzas de imitar el aspecto desarrapado de una estrella del *heavy metal*, con la cinta en la cabeza y la camisa estampada totalmente desabrochada...

No debería haberle contado a Moke que flotaba y bailaba. El único motivo que le había llevado a ello era la manera que tenía Moke de sentarse sobre la columna vertebral, curvado, prácticamente tumbado en las sillas, y Chucky le había preguntado cómo podía estar así sin moverse, como si se inyectara cemento. Si se le decía algo a

16

Moke, sólo contestaba si no le quedaba otro remedio, y al hacerlo apenas movía la boca. Y Chucky cobraba nuevo impulso, como si tratara de quebrar el cemento. Los latinos se endomingaban, adoptaban poses y soltaban frasecitas de la televisión –«¿Qué pasa, tío?»–, pero ese Moke apretaba la mandíbula como un rockero flipado y miraba con ojillos soñadores. Hablar con él por teléfono era lo más difícil del mundo.

–¿Sigues ahí? –preguntó Chucky al sistema de comunicación.

La voz de Moke, un gangueo apagado, dijo:

–Sí, estoy aquí.

–Bueno, ¿pues qué te parece?

–Me parece que más vale que le pagues.

Chucky, en tanto, dio una vuelta alrededor del escritorio, se pasó los dedos rígidos y curvados por el cabello –unas espesas ondas rubias peinadas hacia atrás– se deslizó hacia el perchero y se puso el casco naranja, hundido hasta los ojos.

–Pensaba pagarle. Eso no es lo que te he preguntado, chico. ¿He dicho alguna vez que no quería pagarle?

El sistema de comunicación permaneció silencioso.

Una idea se fue introduciendo en el cerebro de Chucky. ¿Y si el chico no hablaba porque se sentía solo, como un patán repartidor de estiércol entre todos los dandies latinos? ¿Y si el chico era tímido? Se le ocurrió que había otra imagen que le cuadraba mejor. Moke debía dar la imagen de un bronco bailarín de stomp y no de un rockero almibarado.

Pero tal análisis habría de esperar.»

Chucky continuó dando vueltas alrededor del escritorio.

–Si quieres que te conteste, no. Ya se lo dije a Néstor. Te lo dije a ti y tú se lo dijiste a él. Esta noche recibe mercancía. Doscientos mil al contado. En billetes de cien. Lionel dice que los ha conseguido todos usados y también una bolsa Samsonite probada por un gorila de ciento ochenta kilos, así que seguro que no se abrirá, ¿sabes? Explotará. Pero entregar también a una persona..., eso es bastante raro, ¿sabes? Me parece que Nés-

17

tor no acaba de darse cuenta de que ahora vive en Miami, Florida. ¿Me entiendes? Por favor, dile que aquí somos medianamente civilizados. A nuestros dioses no les gustan los sacrificios humanos.

–¿No? –dijo la voz de Moke.

Después de unas cuantas líneas, el chico era bastante seco. Chucky se trasladó del escritorio al balcón, luego recordó algo y cambió de dirección. Al llegar a la puerta de la sala de estar, se quitó el casco y aplicó el ojo a una mirilla.

La chica estaba sentada en el extremo más próximo del sofá. Chucky distinguía su perfil a unos cinco metros de distancia. Más que agradable, pero no sensacional. Estaba hojeando el último número de *Shotgun News* con cierto interés. Sandalias, las finas piernas cruzadas, pesaría unos cincuenta kilos. Parecía que llevaba un vestido playero beige debajo de la americana blanca de algodón ligeramente arremangada. Estaba morenita. No llevaba joyas, aparte del reloj estilo Cartier con correa de piel. El cabello rubio, con mechas, le llegaba hasta los hombros; un corte brusco, al decir de él, y un estilo cómodo, sencillo, a diferencia de los bucles en cascada que le gustaban a Chucky. No era en absoluto como se la imaginaba después de hablar con su amigo Barry y fijar la cita. No, más bien parecía la hermana de alguien, capaz de sonreír continuamente con unos dientes blancos y sanos y las manos en el regazo, y de decir: «Caramba, señor Gorman...». Desde el lugar donde se encontraba Chucky, aparentaba dieciocho años. En seguida sabría si valía la pena.

Chucky se cambió el casco por la gorra de marino y se la inclinó sobre los ojos. Mientras retrocedía hacia el escritorio, dijo:

–Díselo a Néstor..., díselo antes de que empiece a mamar esta noche, se eche a temblar y parezca endemoniado... Espero una llamada.

El altavoz del teléfono permaneció en silencio.

–Dile que también tenemos costumbres prosiguió Chucky–, costumbres gringas. Si matamos un pollo, nos lo comemos; no le dedicamos ninguna danza ni rociamos nada con su sangre. Si quiere una vida por otra, que la pida él mismo. Tiene que llegar a mí desde arriba, no por boca de un mensajero.

Silencio. Aunque Chucky sabía que éste no sería largo.

–Supongo que te das cuenta de cuánto lo necesitas –dijo la voz de Moke–. Te hace falta una buena fuente de información.

–Tanto como un carajo de medio metro. Si se aviene a razones, ¿y por qué no?, también él está ganando su buena pasta. Pero, mira lo que te digo, esta asociación no es nada cómoda. A Néstor lo único que le hace falta es ver *El padrino* por la televisión, y se pasará una semana histérico. Lo que ocurre es que él sabe que no era cosa mía, que yo no lo metí en eso. Me equivoqué honradamente...

–Te equivocaste como un idiota.

–Y ahora estoy pagando por ello. Pero tú díselo, ¿me oyes? No voy a soltar la guita hasta que me llame.

Silencio.

–¿Te has enterado? Gruñe una vez para decir que sí y dos para decir que no.

–Si lo amenazas, ya sabes lo que hará.

–Dímelo tú –invitó Chucky–. Sigue hablando mientras tengas la boca abierta.

–Te cortará el producto, o los cojones, una de las dos.

–¿Sabes cuántas veces, en los últimos diez años, me han dejado sin nada, arruinado, jodido, sacudido y fastidiado de una manera u otra? Y, sin embargo, mira quién sigue siendo el rey del estercolero. –Unas luces rosa de aviso empezaron a encenderse ante sus ojos e hizo una pausa para dejar que se apagaran, pues sólo quería emplear una parte de su energía–. Es una tontería enfadarse con el criado por lo que hace el amo. En la sala de estar, tengo una chica esperando para hacerme proposiciones...

–¿Has llamado amo mío a ese gilipollas? ¡Por Dios santo! –dijo la voz de Moke.

Chucky se quedó helado. Levantó la cabeza para mirar el teléfono que había encima del escritorio.

–Es posible que a ti aún te quede alguna esperanza –dijo lentamente–. He visto chicos blancos, jóvenes estupendos, pavonearse así, adoptar ese gesto, y luego ir a parar a un correccional federal por presumir. A los del Departamento de Prevención de la Droga no les gustan nada los chicos blancos que se vuelven hispanos o hippies. Si trabajaras para mí, yo te enderezaría.

–Gracias a Dios, no trabajo para ti –dijo la voz de Moke sin esconder el gangueo rebelde.

–¿Crees que no soy capaz de cambiarte la vida o de quitarte de en medio? –preguntó Chucky atornillándolo un poco más.

–Me gustaría ver cómo lo intentas –declaró la voz de Moke con bravuconería suficiente para hacer que Chucky esbozara una sonrisa, mientras se acercaba al perchero y se cambiaba la gorra de marino por el sombrero de cowboy.

Entonces retrocedió mentalmente, atravesó el río, enfiló el bulevar Crump desde el hospital de ex combatientes hasta llegar a West Memphis, para adoptar un tono más pendenciero, y dijo:

–Dime una cosa; siento curiosidad. ¿De dónde eres? A ver si lo adivino... ¿Estás listo? Yo diría que de algún lugar que está a menos de ochenta kilómetros de algún recodo del río Red. ¿Tengo razón o no?

Se produjo un largo momento de vacilación hasta que la voz de Moke contestó:

–¿Cómo lo has adivinado?

–Tengo razón, ¿eh? ¿De dónde eres?

–Texarcana.

–No me digas. Oye, iba a decir Texarcana, pero no me he atrevido. Tenía una sensación extraña.

–¿De veras?

–Oye, dime otra cosa. ¿Qué hace un cowboy como tú trabajando para una cuadrilla de cubanos?

–Ganándome el jornal.

Chucky aguardó un instante, sin moverse.

–Seguro que nunca te han dejado suelto, que nunca te has lanzado, por así decirlo, que nunca te han dejado demostrar de qué eres capaz.

–Seguro que no.

–Tú no participas en esa mierda de la santería, ¿verdad?

–Cuando empiezan a pintar pollos, yo me voy a Leon Neon y me tomo una cerveza.

Chucky volvió a esperar. Le estaba costando trabajo.

–Oye, se me acaba de ocurrir una cosa. ¿Te apetece pasarte por aquí a tomar unas copas y charlar un rato? Digamos mañana. Tengo un presentimiento.

–¿Sobre qué?

–No quiero hablar de este tema por teléfono. Esperemos hasta mañana.

–Sí, supongo que podré pasar –dijo la voz natural de Moke.

–Muy bien. Y dile a ese cubano que quiero hablar con él. ¿Puedes hacerme ese favor?

–A ver qué dice –repuso la voz de Moke.

–Que te vaya bien –le despidió Chucky.

Suspiró, agotado, y desconectó el sistema. Era como tratar de convencer a una chica de que se quitara las bragas en los viejos tiempos. Para tener cubiertas las espaldas y no quedarse atrás había que trabajar mucho. Trabajar, trabajar, trabajar.

Moke hacía las tareas duras para el cubano. Sería un buen elemento, bobo, ambicioso y rápido, a la hora de librarse del cubano en caso de necesidad.

3

KYLE MCLAREN descubrió que *Shotgun News* trataba de muchas otras cosas, además de escopetas. Era un catálogo en pequeño formato de armas y pertrechos militares: fusiles, pistolas, ametralladoras de aspecto amenazador, cuchillos, machetes, látigos de acero –¿látigos de acero?–, cascos del ejército holandés, gas mostaza en un manejable recipiente de trescientos gramos en aerosol...

Pensó que tal vez sería conveniente investigar un poco sobre el señor Gorman, preguntar por ahí, averiguar unas cuantas cosas sobre su estilo de vida. *Shotgun News* no encajaba con los cortinajes de brocado, los muebles de estilo clásico y los enormes paisajes del río Hudson enmarcados en oro. ¿O sí? Tal vez la casa la había decorado su madre. Tal vez Chuck Gorman fuese un activista de la Agencia de Recuperación Nacional, dispuesto a defender su propiedad contra los comunistas, los cubanos, los haitianos o los ciudadanos de Miami en general; vivir a cuarenta y cinco kilómetros tal vez no le parecía suficientemente lejos. En la mesita de centro, de mármol, había un teléfono con botones de extensión, uno de los cuales estaba encendido, pero no había ningún cenicero ni ninguna otra revista, aparte de *Shotgun News*.

¿Qué le parecería un bonito fusil semiautomático MIA-E2 con guante, bandolera y bípode haciendo juego? Lo podía instalar sobre la mesa y esperar que fueran llegando los enemigos por la barandilla del balcón del piso quince.

Contempló la posibilidad de levantarse del sofá. Las puertas correderas que daban al balcón se encontraban justo en el otro extremo de la habitación, con las cortinas totalmente corridas, de modo que el sol radiante le daba en la cara; la habitación estaba orientada al oeste. Si el señor Gorman se sentaba frente a ella, no podría ver su expresión. Pero mientras Kyle esperaba y el cielo palidecía y perdía sus tonos ígneos, ella también cambió de actitud.

¿Para qué molestarse en moverse? Para empezar, casi estaba segura de que perdía el tiempo, de que sería incapaz de entenderse con un hombre hecho y derecho que se hacía llamar «Chucky». En toda su vida sólo había conocido a una persona que llevara ese nombre, y era un niño de Nueva York, una criatura malcriada; y allí estaba. La descripción que le habían hecho de este Chucky era la de un hombre: tenía treinta y dos años pero aparentaba por lo menos cuarenta; procedía de Georgia, de una familia acomodada dedicada durante generaciones a las hilaturas de algodón, que mantuvo a Chucky durante un tiempo –había tenido algún tipo de problema mental– y luego lo echó, desheredado. Pero ello no tenía importancia porque a Chucky le iban bien las cosas solo: invertía, compraba propiedades, pertenecía a un buen club... Pero ¿a qué se dedicaba, exactamente?

Su amigo Barry Stam, que también era cliente y se había encargado de concertar el encuentro, le había dicho con expresión de falsa inocencia y las cejas arqueadas: «Pregúntaselo a él, a ver lo que te contesta. Me interesa conocer tu impresión, lo que piensas de él».

–¿Tiene dinero? Quiero decir mucho dinero.

–Ya lo verás –contestó Barry impasible–. Es un individuo poco corriente. Pintoresco, podríamos decir.

Y desde luego esperó...

Casi transcurrió media hora hasta que por fin se abrió una puerta y apareció él.

La primera impresión de Kyle –pues Chucky entró con la camisa fuera de los pantalones, zapatillas viejas, pantalones anchos y sombrero de cowboy– fue la de que ese Chucky no era mucho mayor ni muy diferente del

Chucky que había conocido en la calle Treinta y uno Este de Nueva York. Éste era más corpulento y debajo de todo aquel envoltorio, advertía un incondicional de *Shotgun News*, un conservador radical, un excéntrico con sus contactos en el Viejo Sur, pero desde luego no daba la imagen del hombre de negocios serio.

«Mira que jovencita más dulce».

Chucky creía que le gustaban las chicas dulces y sanas, sin astucia ni malas artes, porque no conocía a ninguna. Pero ahí tenía una, en su propia sala de estar. Se sentía animado.

Luego notó el sombrero de cowboy inclinado sobre su tupida cabellera y levantó los ojos para asegurarse de que era eso.

–Vaya, me has atrapado jugando –le dijo a la jovencita.

Mientras regresaba al despacho, se quitó el sombrero, lo lanzó al aire y cerró la puerta.

–Bueno, bueno... Así que tú eres Kyle McLaren –dijo como si le pareciera increíble. Lo cual era cierto, aunque daba a las palabras un tono exagerado–. Me han gustado los boletines que me has mandado. ¿Eres tú la que escribe todo lo que dicen?

–Sí, es parte del servicio –contestó ella con una sensación de cierta vaguedad, mientras empezaba a organizar sus pensamientos.

–¿Y has venido desde Palm Beach para verme? Te lo agradezco.

–Suelo viajar un poco...

–Ya lo supongo.

–En realidad viajo bastante –dijo Kyle–, de modo que el trayecto desde Palm Beach no me ha representado un gran esfuerzo.

Aquello le pareció apropiado. Chucky se acercó a la mesita para ver mejor a la chica. Delicados rasgos femeninos –un toque de colorete, quizás un poco de lápiz de labios, sólo una pincelada– pero con un aire de excursionista. Su mano derecha descansaba en una cartera de paja que había junto a ella.

–No llevarás una grabadora en miniatura ahí dentro, ¿verdad?

–No –oyó que decía–. ¿Por qué? ¿Le molestan? –preguntó en tanto él se volvía y daba unos pasos hacia el balcón.

Luego se detuvo y se encaró de nuevo con ella, con la sonrisa en su sitio.

–Ya sé que hoy en día la gente te cachea antes de decir nada. Lo cual me parece una idea bastante buena. –Hizo una pausa, advirtió la solemne expresión de ella y prosiguió–: Espero que te des cuenta cuando hablo en broma.

–¿Por qué no me llama cuando le apetezca hablar en serio –replicó Kyle cogiendo la cartera– y dé la casualidad de que yo me encuentre por ahí?

–Anda, vamos, ahora va en serio. Mira lo serio que estoy.

Pero ella miró hacia la puerta, lo mismo que Chucky, al oír tres golpecitos.

–¿Quién es? –exclamó Chucky, y se abrió una de las puertas.

Entró Lionel Oliva, que vestía un traje cruzado azul claro y una camisa gris de seda.

–Ha venido Rainy –le dijo Chucky–. ¿Qué quiere que haga con él?

–¡Ay, Rainy! Es verdad. Que espere en el despacho.

–No ha venido solo. Dice que es un amigo suyo.

Chucky lo miró de soslayo.

–Llevas una camisa mía.

–Me la regaló –dijo Lionel.

–Ya, supongo que no importa. Rainy es inseguro. –Hizo ademán de volverse, pero se detuvo–. ¿Lionel? ¿Habías visto a ese supuesto amigo alguna vez?

–No. Lo conoció cuando estaba allá arriba, ya sabe.

–Ya. Bueno, supongo que no pasa nada –dijo Chucky.

La puerta se cerró y se volvió hacia la señorita Kyle McLaren.

Toda ojos. Cómo lo mira, la muñequita de Palm Beach, del puro e inmaculado vestido playero, braguitas limpias y un ligero sujetador de algodón, perfecto para los negocios o para una situación informal, para el cóctel del Everglades Club con un cliente importante, o quizás incluso con el señor Right... Podía salir una foto suya con ese individuo impecable, en *Town and Country*.

–¿Qué quieres tomar?

–Nada, gracias.

–¿No bebes?

–No me apetece tomar nada –dijo ella, sentada en el borde del sofá–. ¿Por qué no dejamos esto para otra ocasión?

–No, mira, ahora ya estás aquí. Permíteme que te haga una pregunta y podemos marcharnos de aquí, ¿de acuerdo?

–Bueno –dijo ella asintiendo con la cabeza.

–¿Qué te parece el oro?

–¿Ahora? Prefiero los francos suizos.

–Venga, ¿qué te parece como inversión? Lo que quiero saber es si me vas a dar una respuesta directa o un montón de palabras.

–Bueno, en primer lugar –volvía a parecer vaga–, con el oro no se invierte, se especula. Cuando la flota británica zarpó hacia las Malvinas la primavera pasada, el precio del oro subió veintitrés puntos en dos días...

–Ya está. A eso es a lo que me refiero cuando digo muchas palabras –dijo Chucky, acercándose de nuevo a la mesita–. Ahora me hablarás de las incertidumbres del mercado mundial, de la devaluación de la libra, y de todas esas cosas de Wall Street, ¿verdad?

–Y mientras la flota navegaba –prosiguió Kyle acomodándose en el sofá pero sin apartar los ojos de él –aún se representaba *Evita* en el West End. Si le parece interesante, podría financiar alguna obra de Broadway. Tiene el mismo riesgo que los cereales, pero es mucho más divertido. O, si le gusta el cine, le puedo enseñar el proyecto de una película que no está del todo mal.

En esta ocasión la sonrisa de Chucky fue honesta, sincera.

–Muy lista. El cine, no se me había ocurrido nunca invertir en el cine. ¿Sabes cuál es la última película que he visto?

–*Lo que el viento se llevó* –dijo Kyle–. ¿Hace muchas transacciones?

–¿De qué?

–Quiero decir si es activo en el mercado.

–Bueno, de vez en cuando. Pero, oye, si invirtiera en una película, ¿conocería a alguna estrella?

La muchacha se le quedó mirando.

–Hablo en serio –dijo Chucky–. Parece interesante. Pero primero déjame comprobar mi situación. El problema al que me enfrento... No, antes cuéntame unas cuantas cosas. A ver si eres el experto que necesito.

–¿Qué quiere saber? ¿Quiere que le hable de mi formación y experiencia?

–Sí. Dónde has estado. Qué edad tienes...

–Tengo treinta y un años –dijo Kyle–. Empecé como analista en Merril Lynch, luego me cambié a Hutton para ocuparme de las cuentas... Hace dos años y medio me vine al sur y abrí despacho propio...

–¿Estás casada?

–No.

–¿Llevas una vida alegre?

–Señor Gorman, tengo que decirle una cosa.

–Por favor, llámame Chucky. Todo el mundo me llama Chucky, hasta el servicio.

–Chucky –dijo ella cuidadosamente, como si fuera una prueba–. Muy bien... Chucky. –Inclinó la cabeza y la volvió a alzar, apartándose el flequillo de la frente–. Me está empezando a doler el cuello de tanto mirar hacia arriba.

–Ay, lo siento. –Chucky retrocedió unos pasos–. ¿Mejor?

–¿Por qué no te sientas?

Parecía que tal idea no había pasado por la mente de Chucky.

–Sí, claro, supongo que podría sentarme.

Rodeó la mesita de centro y se sentó junto a ella en el sofá, con el brazo extendido descansando en el respaldo.

–¿Me permites que te pregunte una cosa? –dijo ella.

Sus ojos lo sorprendieron. Un azul claro. Apacible.

28

Carente de exasperación. Ah, pero tenía las manos entrelazadas en el regazo.

–Pregúntame lo que quieras.

–¿A qué te dedicas?

Chucky se la quedó mirando fijamente para ver si ella apartaba la vista. Pero aquellos ojos apacibles no se movieron. Tenía una ligera protuberancia en la nariz. Ello, añadido al cabello cortado bruscamente a la altura de los hombros, le daba el aspecto de una muchacha de campo. La boca era carnosa y tenía los labios ligeramente entreabiertos.

–Me parece que me estoy enamorando –dijo él–. No, ¿qué me has preguntado? ¿Quieres saber a qué me dedico? ¿Quieres decir ahora, en este instante? Te estoy entrevistando.

–Ah –dijo ella, y asintió con la cabeza, pensativa.

–¿Acaso no es cierto?

–¿Sabes a qué me dedico yo?

–Sí, eres una especie de asesora de inversiones, ¿verdad? Le dices a la gente lo que debe hacer con su dinero.

–Así es. –Volvió a asentir con la cabeza–. Pero has de saber que mi especialidad son las inversiones particulares, las oportunidades de crecimiento, generalmente participaciones de empresas nuevas que necesitan capital propio.

–Muy bien, pero ¿para qué tengo que saberlo yo? Mientras lo sepas tú...

–Quiero dejar una cosa clara –dijo Kyle–, para que nos entendamos.

Una voz tranquila, a tono con los tranquilos ojos. Nada de trucos femeninos. Sí, de primera categoría. Chucky estaba seguro.

–Dedico la mayor parte del tiempo a buscar esas oportunidades –explicó ella–. Puedo estudiar hasta cincuenta empresas hasta encontrar una o dos que tengan un potencial superior a la media.

–Y ¿cómo las encuentras?

–A través de conocidos: banqueros, abogados, corredores de bolsa... De modo que comprenderás que si fuera a ofrecerte participar en una sociedad limitada que parece

29

prometedora, o en una empresa reciente que está a punto de pasar al sector público, no habría dedicado tanto tiempo a ello. Y el tiempo es oro, ¿no te parece?

–Eso he oído.

–De modo que cuando en estas circunstancias dices que me estás entrevistando, has de saber otra cosa...

–¿Sí? ¿Qué?

–Que las posibilidades de que yo no te acepte como cliente son mucho mayores que las de que tú no me aceptes como asesora financiera.

–¡Dios mío –exclamó Chucky–, y pareces una chica tan dulce y tan buena...!

–Y soy buena –dijo Kyle–. En cuanto a dulce, no lo sé. Quieres decir pasiva, sumisa...

–No, lo comprendo. Lo que quieres decir es que no estás dispuesta a aguantar nada de nadie, o al menos de los clientes.

–Eso es –respondió Kyle dedicándole una sonrisa de buena chica–. ¿Quieres que tratemos de hablar en serio, o preferirías que no?

–¿Cómo lo haces? ¿Acojonando a los clientes? He de decir que he oído muchas cosas buenas sobre ti.

–¿Quién te las ha dicho?

–Pues Barry Stam, por un lado. Y otras personas de Leucadendra. De vez en cuando voy a jugar al golf. –Hizo una pausa y luego continuó–: No sé si debería decírtelo.

–¿Por qué ? ¿Porque Barry es cliente mío?

–Digamos que si le preguntas cosas de mí a Barry –dijo Chucky–, tendré que abrirte mi alma, contarte unos secretos para que sepas la verdad. –Sonrió y se puso serio de nuevo–. Es un decir, claro. Sí, somos amigos. Jugamos al golf, nos divertimos. Pero Barry, no sé si lo sabes, es muy impresionable. Le gusta...Bueno, tiene cierta imagen de sí mismo y le gusta relacionarse con gente que normalmente no se encuentra en los clubs de campo. ¿Me entiendes?

–Explícamelo.

–Le gusta pensar que está metido en el ajo, que sabe dónde está la acción, y por eso frecuenta el Mutiny, Wolf-gang's y lugares así. ¿Me sigues? –Le pareció que asentía–. Bueno, pues he oído muchas cosas buenas de ti, pero no sé si me podrás ayudar. Verás, ya he hablado con varios asesores y consejeros financieros. Vienen vestidos con esos trajes azul marino de tres piezas, con carteras de cocodrilo llenas de gráficos y estadísticas, y ¿sabes lo que hacen? Intentan engañarme. Como si fuera poco tratar de entender lo que dicen. Luego, cuando voy a contarles cuál es mi situación particular, a explicarles el apuro en que me encuentro, por así decirlo...

Sonó entonces el teléfono de la mesita y se encendió una luz.

Chucky se levantó.

–Tengo que contestar.

A ella le soprendió que no lo hiciera allí.

–¿Quieres que me marche?

–No, no, quédate –dijo Chucky mientras se alejaba–. Será un momento.

Kyle observó cómo abría la puerta corredera de cristal y salía al balcón. Había otro teléfono sobre la mesa metálica de terraza. Lo levantó y se volvió hacia la barandilla al empezar a hablar, refugiándose en la intimidad del abismo de quince pisos, con la silueta recortada contra el cielo. Un individuo de aspecto extraño. En general corpulento, de cintura alta, hombros estrechos, caderas anchas, como de mujer, y la pelvis hundida. Chucky era todo un cromo.

Kyle se imaginaba en Navidad, sentada a la mesa con su padre y sus dos hermanos mayores, diciéndoles: «Tengo que hablaros de Chucky. Es increíble». Su madre y las esposas de los hermanos se encontrarían en la sala de estar mientras Kyle y los chicos hablaban de estratagemas bursátiles, estafas, grandes jugadores y apuestas para la final de fútbol americano, criticaban a Reagan, a David Stockman y a la Junta de la Reserva Federal, se burlaban de los dogmas y de la gente que ocupaba puestos elevados, riéndose a carcajadas hasta que su madre sacara la cabeza por la puerta con mirada de asombro. Su padre estaba en Wall Street desde que era pequeño y todavía seguía allí, según decía, porque no sabía hacer otra cosa. Kyle no le diría jamás que ganaba más dinero que él con su enfoque esnob Gucci–Cartier de la asesoría de inversiones, si bien era su padre quien le había dicho que a los ricos les encantaba dejarse llevar, siempre que estuvieran convencidos de que se dejaban llevar de una manera exclusiva. Su padre era un hombre seco, un cínico que no había gritado, aclamado ni llorado hasta que a su hermano Jim lo traspasaron al Red Sox desde el Pawtucket, consiguió un registro de 12–2 en la mitad de la liga el primer año, lanzó tres turnos sin puntuación y terminó la temporada con un 18–8. Ahora, Jim era corredor de bolsa y todavía vivía en Boston. Su hermano Mike había conseguido terminar la carrera de Derecho en Columbia, y ahora era agente de la delegación de Nueva York del FBI.

Se imaginaba hablándole a Chucky de «mi hermano el poli federal» y no pudo reprimir una sonrisa. Podía ser pesado, pero al menos era distinto. Tal vez aceptara trabajar con Chucky.

4

Stick se sentó en el sillón de piel que había detrás de la gigantesca mesa de despacho, girando lentamente a un lado y otro mientras contemplaba el sistema de comunicación telefónica y la mortecina luz anaranjada de uno de los botones.

–Seguro que ese... ¿cómo se llama?, ese Chucky está hablando con alguien. ¿Quieres que escuchemos? –dijo.

Con ello consiguió que Rainy se apartara de las puertas acristaladas y se acercara encogido, como si andara de puntillas para no hacer ruido.

–Venga, hombre, no hagas tonterías.

–No lo he tocado.

–Tiene teléfonos por todas partes –dijo Rainy–. ¿Sabes cuántos teléfonos tiene?

–¿Cuatro? –aventuró Stick–. ¿Cinco?

–¿Cinco? Una mierda. Tiene... Me parece que tiene uno, dos, tres, cuatro...cinco, seis, siete –parecía que Rainy los iba imaginando mientras contaba, señalando al aire con un dedo como si diera pequeñas estocadas–, ocho, nueve; tiene por lo menos doce teléfonos.

–Son muchos teléfonos –comentó Stick–, deben de gustarle.

–Los tiene por necesidad –aclaró Rainy–. Todo el último piso es suyo. Ha juntado todos los apartamentos. Según he oído, le costó un millón de dólares. Pero eso no es nada para él. Vive con varios de sus hombres. Ese tal Lionel Oliva es como un guardaespaldas. También tiene un piso con una tía cuando tiene a otra tía aquí. No sé si ahora tendrá alguna. Chucky tiene muchas tías. No le duran gran cosa. Se las quita de encima o ellas se ponen nerviosas por estar con él, y tienen que marcharse. Algunos tíos... ¿Te lo había dicho? Dicen que le da igual una cosa que otra, pero yo sólo lo he visto con mujeres.

–Así que nada de nenas, ¿eh? –murmuró Stick.

–¿Qué? –preguntó Rainy.

–Nada –repuso Stick.

Lo pensaría, a ver si veía alguna diferencia entre una tía y una nena. O se lo preguntaría a Rainy en alguna ocasión. Abandonó su lugar detrás del escritorio, donde estaba poniendo nervioso a Rainy, y se puso a mirar a su alrededor. Las paredes y suelos de madera creaban una impresión de desnudez.

Stick se acercó a una hilera de fotografías, en color y enmarcadas, de grupos de hombres vestidos deportivamente. Había un grupo con palos de golf. Otro grupo estaba de pie junto a una serie de peces colgados por la cola. Otro grupo había sido sorprendido tomando unas copas en la cubierta de un yate. Éste, según rezaba en letras doradas pintadas en la popa, se llamaba *Seaweed*. Esta foto interesó a Stick porque había dos chicas en bikini entre los hombres de aspecto blando vestidos con trajes de huevo de Pascua. Las chicas fingían timidez, trataban de parecer soprendidas y decían «Ohhh» cada vez que los hombres exclamaban o hacían algo. Stick la miró un poco más de cerca. Una de las chicas llevaba una cadena de oro alrededor de la cintura... sí, y la comedianta de su lado, que mostraba unos ojos como platos, le tiraba de la cadena por detrás para que se le incrustara en el bonito abdomen.

–Ése de la camisa rosa –dijo Rainy mientras se acercaba a señalarlo–, ése es Chucky.

Stick no dijo nada de momento. Su primera impresión fue que Chucky era uno de esos pobres desgraciados con los que se meten todos los niños y les lavan la cara con nieve, tras lo cual él se escabullía frotándose las lágrimas y los mocos para ir a comerse unos caramelos.

–¿Es de Chucky ese barco?

–No lo creo. Si es suyo, no me ha invitado nunca a dar una vuelta en él.

–Unas tías bien majas...

Lo dijo para ver si Rainy lo corregía y le decía que no, que eran nenas. Pero Rainy no dijo nada y Stick se alejó de las fotografías.

En una pared había una diana y la madera de alrededor estaba cuajada de agujeritos.

También había un televisor. Al principio, Stick pensó que había dos, uno al lado de otro, pero luego se dio cuenta de que el más pequeño era un ordenador personal. Recordaba que hacía siete años los ordenadores eran unas grandes cajas metálicas. Ahora, los niños jugaban con ellos. Él todavía no había probado ninguno de aquellos juegos; parecían complicados.

Recogió del suelo un sombrero de cowboy con ala ancha y miró al interior. Era el modelo Crested Beaut y tenía las iniciales CLG grabadas en la tira de piel. Lo colocó en el perchero, cargado de sombreros y gorras de todo tipo. Había gorras de golf de distintos colores, una gorra de marino, un casco naranja, un *canotier*, una boina roja, un gorro de marinero, una gorra de los Yankees de Nueva York, una visera de tenis. Por lo visto, a aquel tipo le gustaban los sombreros y los teléfonos.

Stick se dirigió a las puertas de cristal y las abrió.

–Lionel nos ha dicho que esperemos aquí –dijo Rainy.

–No pienso irme lejos.

Hacía más calor fuera que dentro, y ello le produjo una sensación agradable. Tendría que volver a acostumbrarse al aire acondicionado. El sol avanzaba ahora rápidamente para desaparecer detrás de lo que debía de ser los Everglades; sólo se veía ya la parte superior, de un rojo intenso, pero se podía mirar directamente. Casi se percibía cómo descendía.

Justo debajo, en el canal, parecía que era mucho más tarde pues ya estaba oscureciendo, los barcos llevaban las luces encendidas y una hilera de pequeñas bombillitas ámbar rodeaba el toldo de la terraza de Wolfgang's. Ésta quedaba casi debajo de Stick e incluso se alcanzaba a oír la música, un ligero golpeteo rítimico que hubiera jurado era disco. Luego tenían que acordarse de regresar allí para pagar las consumiciones. Se acordó de Bobbi, la amable camarera, de la facilidad que tenía para tratar con los hombres que entraban y se saludaban haciendo aspavientos y comentarios a voz en grito. Rainy tenía razón, tenía que relajarse y volver a coger el ritmo. Los comentarios que en Jackson podían ser motivo de una puñalada, fuera no querían decir nada. No eran más que unos cuantos presumidos que querían hacerse los machos. Desde luego, aquella Bobbi era muy guapa...

Stick se enderezó después de estar apoyado en la barandilla, y paseó la vista por el balcón. Vio a un individuo corpulento con la camisa por fuera, quizás a unos nueve metros de distancia, y lo cogió por sorpresa. Al principio le pareció que estaba vomitando por lo inclinado que estaba sobre la barandilla, pero luego se enderezó y se volvió un poco. Stick vio que estaba hablando por teléfono. Tenía que ser Chucky, aunque no llevara la camisa rosa de la fotografía; sí, era Chucky. No aparentaba ser el dueño de todo el piso superior de un edificio de apartamentos. A Stick le pareció más bien que, si alguna vez pasaba por Jackson, sería la pareja estable de alguien en cuanto llegara.

–No te estoy escondiendo nada –decía Chucky al teléfono–, no digas eso. Tú y yo hemos hecho negocios... Venga, sabes perfectamente que no... ¿Qué?... No. ¿Por qué iba a querer cerrar mi fuente, por el amor de Dios? Mira, ya hemos hablado de todo eso. Mira, la jodí. Me dejé engañar igual que tú. Mira, hasta pasé las placas por el ordenador, y no salieron... ¿Qué?... Bueno, sí, tienes razón... ¿Néstor?... Oye, Néstor, venga ya está hecho, ya ha pasado... Sí, lo siento. Ya te lo he dicho, Dios mío, ¿cuántas veces te lo he dicho? Lo único que quiero saber, y te agradezco que me hayas llamado... me gustaría saber si, ahora que has tenido oportunidad de reflexionar y de calmarte un poco, ¿qué te parece si te pago los doscientos y en paz? –Chucky volvió a inclinarse sobre la barandilla, concentrándose mientras escuchaba el fuerte acento extranjero de su interlocutor. Por fin dijo–: Oye, si tanto te importa... No, pero he de decirte que me parece raro. –Volvió a incorporarse y miró hacia la curva superior del sol, lo único que quedaba–. ¿Estamos discutiendo? Lo único que he dicho es que me parece raro, pero cómo lo veas tú, amigo, eso es cosa tuya... ¿Qué? No, en mi opinión deja de ser cosa mía en cuanto mando al hombre con el dinero. Como cualquier otra entrega... No, no quiero hablar más de esto. Si les quieres dar una propina a los chicos, es cosa tuya...

Kyle vio cómo colgaba el teléfono y se enderezaba muy despacio, se quedaba quieto y contemplaba el cielo. Estaba cambiado. Durante la conversación telefónica parecía animado, se encogía de hombros, extendía el brazo, gesticulaba y hacía oscilar el trasero cuando se inclinaba sobre la barandilla. Permaneció inmóvil durante unos instantes.

Luego volvió a moverse, como si le hubieran dado cuerda, y regresó con una sonrisa pintada, sacudiendo la cabeza.

–¿Qué te parecen unas acciones en una empresa de chalecos antibalas? Tal como se están poniendo las cosas por aquí...

Parecía esperar una respuesta en tanto la sonrisa se transformaba en una mirada de niño travieso.

–Conozco una filial norteamericana de una empresa israelí que fabrica chaquetas de esquí, monos y ropa deportiva a prueba de balas. Pueden ser de nilón o de pana y llevan una capa desmontable de una fibra protectora Du Pont. Creo que se llama Kelvar Veintinueve.

Hizo una pausa para ver si él quedaba impresionado.

–Acabo de hablar con un amigo que está buscando inversiones en Estados Unidos –dijo Chucky, mirándola fijamente–. Está forrado y quiere que le encuentre algo. Pero ¿sabes lo que saco en claro de los corredores de bolsa, los expertos en inversiones?

–Dímelo –declaró Kyle.

–Dicen unas cosas... Les preguntas cómo está el mercado y contestan: «Bueno, ha de tomar un giro bastante dinámico si las incertidumbres dominantes relativas a las ta-

sas de interés y el precio de los productos básicos se re-
suelven durante el próximo trimestre...». A mí no me gustan las incertidumbres –dijo Chucky, de nuevo en movimiento–. Me revuelven la tripa, y es cuando me entran el
estreñimiento y los retortijones. Pero ya sabes adónde
quiero ir a parar, ¿no? No hace falta que lo diga con todas
las letras.

–No, más vale que no –rogó Kyle–. Demuestras interés por los chalecos antibalas y, ¿cómo lo has dicho?: «tal
como están las cosas por aquí...». Supongo que quieres decir en este Miami tan repleto de acción.

–¿Lo ves? –dijo Chucky–. Lo sabes todo.

Kyle se inclinó hacia adelante y se apoyó en las rodillas. No, si Chucky seguía de pie, no funcionaría. Volvió a
recostarse en el respaldo y se apartó el flequillo con las
puntas de los dedos.

–Chucky, cuando se me presenta un cliente con trastornos nerviosos, que no hace más que tragar píldoras,
ante todo le digo que no soy médico, y luego, si los negocios que le propongo no le dejan dormir, sugiero que se
dedique a bonos del tesoro o a fondos del mercado de valores. Aparte de eso... –Kyle se encogió de hombros.

–No. Mi problema... –empezó a decir Chucky, pero
vaciló.

Kyle volvió a inclinarse hacia adelante, despacio.

–Es encontrar a alguien que comprenda tu problema,
¿no es así?

–Exacto –asintió Chucky. Tú me comprendes perfectamente. Ésos vienen aquí con sus trajes con chaleco y
relucientes zapatos negros, que parece como si se ducha-
ran y afeitaran cuatro veces al día. A ésos les digo que
tengo un problema muy especial...

Detrás de Chucky, en el balcón, un hombre con una
camisa blanca miró hacia el interior, mientras pasaba al
otro lado de la puerta corredera abierta. Kyle lo vio unos
instantes antes de que desapareciera.

–No, eso no es cierto. No les digo nada de ningún
problema. Se convierte en problema cuando empiezan a
jugar con las gafas y con los apretados nudos que llevan en
sus corbatas de pijo, como si no hubieran oído hablar

nunca de negocios en efectivo. Es como cuando voy a esa clínica que hay aquí cerca, a pasar unos días para ver si tengo úlceras, gastritis o algo... me hago todas las pruebas, la lavativa de bario inclusive. ¿Sabes que ahora te puedes ver por dentro en televisión? Va el médico y te dice: «Venga, eche un vistazo». Y yo le digo: «¿Está usted loco? ¿Para qué demonios quiero yo verme por dentro?»... Voy a pagar y la cajera no ve que conste ninguna hospitalización en mis papeles y me dice: «¿No tiene ninguna mutua?». No, le digo que le pago en efectivo y se queda con la boca abierta. «Pero si su cuenta asciende a cuatro mil trescientos ochenta y dos dólares con cincuenta y tres centavos.» O algo así. Y yo le digo: «Ya lo sé. ¿Hay algún problema?». La chica no sabe qué hacer si le pagas en efectivo. Lo mismo les pasa a esos tipos de los trajes azul marino...
–Chucky no cesaba de moverse y revolverse.

En el preciso momento en que el hombre de la camisa blanca que estaba en el balcón pasaba otra vez junto a la puerta, mirando hacia el interior como la otra vez, él se volvió hacia allí.

–¡Eh!

Chucky lo detuvo, mientras Kyle observaba sorprendida.

–¿Le importaría decirme qué hace aquí?

–Estoy con Rainy –contestó Stick.

–A mí no me da la impresión de que esté con Rainy. Me parece que se está dando una vuelta turística por mi casa. ¿Es que es usted tasador?

Stick comenzó a alejarse.

–Espere un momento –dijo Chucky–. Espere un momento. Le he hecho una pregunta. Se está paseando por mi casa como si le hubieran invitado... ¿Ha visto algo que le guste?

Kyle observó que el hombre se sintió incómodo un momento, como si no supiera qué hacer con las manos ni supiera tampoco contestar, aunque su expresión era tranquila y no dejó de mirar fijamente a Chucky. Le sorprendió ver que entraba en la sala y miraba a su alrededor con toda calma. Luego la miró directamente a ella. Hecho esto, volvió a mirar a Chucky y dijo:

–No, me parece que no.

Y acto seguido se marchó. Chucky se volvió entonces hacia Kyle.

–¿No te parece increíble? ¡Joder! –Dio un paso hacia el balcón, pero dio media vuelta con su ímpetu habitual–. ¡Al carajo, ya lo solucionaré luego!

–¿No lo conoces? –preguntó Kyle.

–No lo había visto en mi vida –se movía de nuevo–. Nos cuesta un poco hablar de negocios. –Se volvió hacia ella y le cogió las manos–. ¿Estás segura de que no quieres tomar nada?

Kyle sacudió la cabeza.

–No, pero tú toma algo si te apetece.

–¿Lo ves por qué me salen úlceras? Siempre aparece gente rara. No quiero decir constantemente, pero de vez en cuando he de tratar con algunos tipos muy extraños –dijo Chucky–. ¿Te ha contado Barry...? Me ha dicho que es cliente tuyo. ¿Te ha contado muchas cosas de mí?

–Me dijo que esperara a conocerte, mirándome por encima de las gafas y con las cejas arqueadas, como suele hacer.

–Me lo imagino –dijo Chucky–. Bueno, lo que quiero decirte, en esencia, es que tengo unos fondos esperando que los haga producir y no sé dónde ponerlos. No sólo porque no leo el *Wall Street Journal*: es que como no tengo ninguna mutua y la gente no sabe cómo actuar cuando les dices que trabajas con dinero en efectivo... Esto va bien para traficar con urbanizaciones, pero ya estoy harto de ellas, de que los constructores traten de tomarme el pelo y de sacarle poco rendimiento a la pasta. Ni siquiera me gustan esos bloques de pisos, y no sé por qué vivo en uno. –Hizo una pausa–. Pero aquí me encuentro seguro, ¿sabes? Generalmente, es bastante seguro.

–No hace falta que me descubras tu alma. De hecho, prefería que no lo hicieras.

–De todos modos, ésa es mi meta, el sueño americano –dijo Chucky–. ¿Qué otra cosa puede ser? Meter el dinero en algún artefacto que todo el mundo se vea obligado a tener, para hacerme rico y retirarme. Basta de preocupaciones y basta de miradas por encima del hombro. Así que los chicos de los trajes azul marino con chaleco suben aquí con sus relucientes zapatos negros, yo empiezo a hablar y ellos empiezan a tirarse de las corbartitas. Seguro que si alguna vez les enseñara el dinero, vaciara las maletas y las cajas fuertes delante de ellos, y lo apilara todo en una mesa, se morirían del susto.

Kyle asentía con la cabeza, tratando de ser objetiva y advirtiendo que no le costaba demasiado aceptar el problema de Chucky. Le sorprendió no sentir aversión. Pero, al fin y al cabo, el dinero no era más que dinero. Carecía de valor moral intrínseco. Pasaba de mano en mano... y un billete de cien dólares que hoy estuviera en Miami mañana podía estar en Minneapolis, uno entre los mil usados para comprar una maquina fresadora.

—Pero yo no llevo corbata —replicó llevándose la mano a la garganta.

—No, creo que no —dijo Chucky, mirándola con ojos centelleantes.

—Sin embargo, conviene que sepas que tampoco me dedico a lavar ropa —añadió Kyle.

—Muy aguda —comentó Chucky sonriendo—, pero ¿de qué me sirve a mí eso?

—Bueno, no veo ningún motivo que me impida asesorarte, introducirte en alguna operación prometedora. Dispongo de varias. El mes pasado Barry compró acciones de una compañía preciosa de Dayton. Fabrican instrumentos para medir señales analógicas y digitales.

—Veo que la alta tecnología va a estar presente en mi futuro. Ordenadores. Parece ser que ahí es donde reside la clave. —Vio que Kyle le miraba fijamente, a la espera—. Leo bastante. ¿Crees que no estoy informado de todas estas cosas?

—Cuando sale algo en *Time* sobre alguna tendencia —dijo Kyle—, la oportunidad ya ha pasado. Entonces es cuando hay que vender a bajo precio si es que se va a vender. No te preocupes: ya te encontraré algo. Si la empresa necesita la inversión, le da lo mismo que sea en billetes de un dólar trasportados en una carretilla. Eso tampoco debe preocuparte, mientras a mí me pagues con un cheque. ¿Estamos de acuerdo en esto?

41

–Perfectamente –contestó Chucky–. Caramba, es divertido tratar contigo, ¿sabes? Eres tan femenina y a la vez tan... –Su expresión comenzó a cambiar y el brillo de sus ojos se trocó en complacencia–. ¿No perjudicará en nada a tu, digamos, honor profesional, el hecho de trabajar conmigo?

–Tendrás un abogado, ¿no?

–¿Lo dices en broma, verdad? Tengo un bufete entero.

–Y te cobrará honorarios...

–De entrada, como anticipo... Sí, ya veo que lo que quieres decir. –Chucky sonrió, siempre con la misma complacencia–. Así pues, no he de preocuparme por tu ética personal. –Le guiñó un ojo–. Es broma.

–Muy bien –dijo Kyle–, y yo me preocuparé por tu adicción a la droga. –Le dedicó una de sus sonrisas de buena chica–. Y no es broma.

Entró Lionel con la maleta y la dejó sobre la mesa. A Stick, esto le pareció una especie de ceremonia: todos estaban de pie alrededor, esperando. Rainy cogió el maletín, lo colocó a su vera y lo sopesó.

–Lo ha puesto a prueba un gorila de ciento ochenta kilos –dijo Chucky–, así que estamos seguros de que no se te romperá.

–Siempre dices lo mismo –replicó Rainy con una sonrisa.

Stick se limitaba a esperar, sin nada más que hacer. Lionel lo miraba con expresión soñolienta y la cara desencajada. Rainy le había dicho que Lionel se apellidaba Oliva y que era cubano; según él, todos los hombres de Chucky eran cubanos. Tenía cinco o seis en casa y otros a su disposición para cuando los necesitara. Stick trató de mirar fijamente a Lionel, sin darle importancia, y Lionel le aguantó la mirada durante unos cinco segundos antes de apartar los ojos. Chucky apenas lo había mirado desde que había entrado, procedente de la sala y solo. La chica debía de haberse marchado. Daba la impresión de estar fuera de lugar. Parecía una asistenta social con dinero, si es que existía tal cosa. O una tenista. Lo había mirado. Tenía unos ojos de esos que saben muchas cosas, pero no le dicen a uno lo que sienten.

—He pensado que uno de nosotros debería llevar una pistola —dijo Rainy.

Esto cogió a Stick por sorpresa. Quiso llamar la atención a Rainy disimuladamente, y decirle que no con la cabeza, pero tal vez no fuera necesario, pues Chucky le contestó:

—Me has dicho que has traído a este tipo porque es pan comido. Entonces, ¿para qué quieres una pistola?

—Hasta ahora, siempre me habías dado una, por si las moscas. ¿Por qué no esta vez?

—¿Quieres hacer este trabajo o no? —inquirió Chucky—. Si lo quieres hacer, lárgate de aquí... ¿Lionel?

Lionel se encaminó a la puerta y permaneció allí hasta que hubieron salido. Entretanto, Rainy dijo:

—¿Y qué hay del dinero? Has dicho cinco de los grandes.

—De eso ya nos ocuparemos mañana. Estaré aquí. Ya sabes que no me moveré de aquí... Venga, largaos...

Chucky marcó un número de teléfono en el sistema de comunicación, se acercó al perchero y se colocó el modelo Crested Beaut sobre los ojos. Cuando se oyó la voz de Moke, Chucky anunció:

—La mercancía ya está en camino.

Silencio.

—¿Me oyes?

—No estoy sordo.

«No eres más que un idiota», pensó Chucky.

—En cuanto a la otra parte del trato —dijo—, en lugar de Rainy, ¿por qué no mandas al tipo que va con él? ¿Podrías?

—A mí me da lo mismo —contestó la voz de Moke.

—Bueno, socio, hasta mañana.

Moke había empezado ya a trabajar para él, y ni siquiera lo sabía.

5

Rainy, al volante de la camioneta Chevy, echaba una mirada a Stick de vez en cuando, mientras hablaba, y luego volvía la vista hacia los cuatro carriles de la autopista y las luces rojas que se movían en la oscuridad.

–Tal como yo lo veo, Chucky debe el dinero porque fue culpa suya que Néstor Soto tuviera que dejar una fianza, los doscientos mil, para sacar a uno de sus hombres. Luego, cuando el tipo se marchó a Colombia, a Néstor no le importó porque dice que Chucky tiene que pagarle. Es que Chucky conocía a un tipo de Nueva York o un lugar así, que pensaba que era muy buena persona. Lo había visto en el Mutiny y en otros sitios, y sabía que el tipo compraba producto. Este tipo le dijo a Chucky que quería hacer una compra importante –no sé cuántos kilos, tío–, me refiero a coca. Y Chucky piensa muy bien, perfecto. Hará de mediador en el trato, pondrá al tipo en contacto con Néstor Soto y sacará entre un cinco y un diez por ciento del tipo, y todo el mundo contento. Pero, sorpresa, el tipo de Nueva York resulta ser de la brigada de narcóticos. Y lo había organizado todo. Asaltaron la casa que tiene Néstor en Homestead, a orillas del canal, mataron a uno de sus hombres y se llevaron al otro. Ahí es donde fue la fianza de doscientos mil. ¿Qué te parece? Y Néstor creyó que todo lo había preparado Chucky. ¿Qué otra cosa iba a pensar? Además, Néstor está loco. A veces lo llaman *El Chaco*, porque nació en un sitio que se llamaba así. El Chaco. Y cree en la santería, tío. Es como el vudú. Empieza con coca pura, mata a unos animales como sacrificio, con un cuchillo. Si lo ves, te cagas de miedo. Chucky le explicó que no, que a él le sorprendió tanto como a Néstor que el tipo fuera un narco. Le dijo que le preguntara a cualquiera del Mutiny, que ellos se lo dirían. Por fin Néstor dijo que bueno, pero Chucky tiene que pagarle la fianza que perdió Néstor.

–A fondo perdido.

–Sí, a fondo perdido. El juzgado no se lo va a devolver. Y eso es lo que llevamos en el maletín. Chucky siempre dice eso del gorila –dijo Rainy con una sonrisa–. Ay, tío...

–¿Por qué te ha escogido a ti?

–¿Para llevarlo? Y yo qué sé.

–Tiene todos esos hombres que trabajan para él. ¿Por qué no ha mandado a uno?

–Le dije que necesitaba trabajo, un poco de dinero...

Stick lo pensó, tratando de aceptar que Chucky le hiciera un favor a Rainy.

–¿Qué es lo que toma?

–¿Quién, Chucky? *Quaaludes*, tío. ¿No se lo notas, en la manera de moverse?

–Parece que ande por el barro –dijo Stick.

Mientras atravesaban Miami por la 95, Stick quedó perplejo ante la cantidad de cemento que habían echado desde la última vez que había estado allí, cuando estaba casado y vivía en la zona. Había empezado a pensar en su ex esposa, Mary Lou, cuando Rainy tuvo que frenar bruscamente y Stick notó que el asiento se le iba hacia adelante, por lo que tuvo que pararlo con los pies. El Camarero de su mujer tenía un asiento como aquél. Él siempre lo ajustaba, pero se soltaba al cabo de unos días y les daba algo de qué discutir cuando su esposa no se quejaba del calor, de que no tenía tiempo de ver a sus amigas, de que su madre la volvía loca... hasta que se trasladaron otra vez a Detroit y empezó a quejarse del frío, de que trasportaran a los escolares a otro barrio para fomentar la integración racial y de que los negros se estaban apoderando de las galerías comerciales. Ahora, según creía Stick, había vuelto de nuevo a la zona porque echaba de menos poder quejarse de su madre. Formaban una buena pareja, con las bocas cerradas para siempre. Esperaba que a su hijita no le perjudicara oír siempre el lado negativo de las cosas. Su hijita se llamaba Katy. Mientras estaba en la cárcel, le había mandado tarjetas de cumpleaños y del Día del Padre, hechas a mano, algunos años las fotos del colegio y veinte cartas, la mayoría de ellas escritas cuando tenía doce años. Mañana la llamaría... y le compraría un regalo...

Salieron de la autopista y Stick dejó entonces de saber dónde se encontraban; debían de andar por South Miami. Todas las calles, arriba y abajo, a derecha e izquierda, tenían nombres de números. Finalmente, Rainy giró por la calle Setenta y tres Suroeste y se paró delante de una casa en la que se veía un letrero: «Neon Leon's». Rainy dijo que tenían que encontrarse con un individuo que les diría adónde tenían que ir. Un individuo que se llamaba Moke.

–¿Por qué no le das la bolsa a él? –dijo Stick–. Así nos la quitaríamos de encima.

–Tengo que dársela a Néstor Soto o a su suegro, uno que se llama Avilanosa, y a nadie más. Néstor no va por ahí anunciando dónde está. Tengo que averiguarlo. Echa el seguro de tu puerta.

Stick observó cómo entraba Rainy en el local, un bar o un restaurante. Fuera lo que fuera, parecía nuevo, ostentoso. Neon Leon's. De categoría. Los sitios como aquél y Wolfgang's cansaban a Stick sólo con mirarlos. Se estaba haciendo viejo. Pasaban los años y poco progresaba. En Jackson ganaba cinco dólares a la semana trabajando como mozo de oficina en el Centro de Orientación, archivando, fregando suelos y limpiando retretes, y consiguió recoger seiscientos ochenta dólares. Ciento cincuenta se los había gastado en el viaje a Florida; había pagado una semana por adelantado en el hotel Bon–Aire de South Beach, y le quedaban unos trescientos. Sacaría uno de los grandes de Rainy sólo por ir allí sentado a oscuras, vigilando el maletín de Chucky, que contenía casi un cuarto de millón. Dios...

Entonces salió Moke, soltó la puerta, y Rainy tuvo

que pararla. Stick observó cómo se acercaba al lado de la camioneta que ocupaba él, en tanto Rainy daba la vuelta y entraba.

—Viene con nosotros.

Cuando Stick abrió la puerta, Moke le dijo, moviendo la cabeza y el cabello, que le llegaba hasta los hombros:

—Pasa a la parte de atrás.

Parecía flipado, medio dormido, y apretaba el brazo izquierdo, el codo, contra el cuerpo. Llevaba una chaqueta de piel vieja y gastada, con la cremallera subida hasta la mitad, y nada debajo. Stick hubiera apostado a que tenía un par de tatuajes en algún sitio, una obra de arte cruda y aterradora.

—Antes de que entres, tengo que salir yo, ¿no? —dijo Stick que deseaba que retrocediera.

—Supongo que si eres idiota sí —dijo Moke.

Rainy señalaba el espacio comprendido entre los dos asientos.

—Por aquí, hombre, pasa por aquí.

Stick pasó entre los asientos a la parte de atrás, mientras oía a Moke decir con aquel tono lánguido y engreído tan familiar, un gangueo de pura ignorancia:

—¿Dónde lo has encontrado?

Moke saltó al interior y cerró la puerta de golpe. A continuación se volvió, para mirar a Stick.

—Dame el maletín. Tengo que asegurarme de que no tramáis nada, imbéciles.

Puesto que la parte de atrás quedaba totalmente vacía, Stick estaba a punto de sentarse en la maleta. La levantó, arrodillado en la moqueta, y pensó en lanzarla con fuerza contra la cara de Moke. Notaba cómo le latía el corazón.

Moke cogió la maleta, se la colocó en el regazo y manipuló los cierres hasta que la abrió. Rainy miraba por las ventanillas laterales; luego encendió la luz interior. Stick se enderezó para ver mejor. Vio unas bonitas hileras de fajos de billetes de cien dólares sujetos con una goma. Moke cogió un paquete y pasó el dedo gordo por el borde, cogió otro, lo levantó hasta la altura de la oreja e hizo lo mismo.

–Sí, aquí está todo.

Rainy se echó a reír y Moke se volvió ligeramente, para dedicarle una mirada socarrona a Stick.

–¿Qué coño miras?

–Oye, ¿adónde tenemos que ir, tío? Venga, ya es hora de ponernos en marcha.

Stick pudo contemplar los soñolientos ojos a placer antes de que Moke recuperara su posición y le dijera a Rainy que se dirigiera al sur por la avenida Ochenta y siete.

Todavía notaba cómo le latía el corazón.

Lo que tenía que hacer era convencerse, seguir convenciéndose, de que él no tenía nada que ver con aquello, que sólo iba de paseo. Tenía que detenerse a pensar para darse cuenta de cuál era su situación, y no limitarse a reaccionar ante las cosas.

El tipo aquel que había salido en el periódico el invierno pasado, el que escribió un libro mientras estaba encerrado y le dieron la libertad provisional, ése no se había parado a pensar. Quizás el otro, el que trabajaba en el comedor, que le dijo que allí no había servicios para los clientes, porque el departamento de sanidad o algo así no lo autorizaba, quizás había metido la pata y el que acababa de salir notaba cómo le latía el corazón. Era comprensible. Pero fuera no se amenazaba con un cuchillo a cualquiera que le dijera a uno que podía hacer pipí. Dentro, uno se le hubiera meado encima. Pero fuera... ni siquiera hubiera debido llevar un cuchillo. Y de entrada, no debería haber estado fuera, sabiendo que había matado mientras estaba dentro y que no tenía la vida humana en gran estima, después de pasar tanto tiempo en el agujero. Podían haber leído el libro que había escrito y saber que no debían soltar a un tipo así. Fuera era todo tan distinto... Por un lado, las luces, los faros y las farolas, las luces de neón y las luces de toda la gente que no tenía nada que ver con uno. Pero dentro todos vivían juntos bajo la misma luz fluorescente, o bajo la luz de las bombillas metidas en jaulas metálicas, sin pantalla. Estaban juntos bajo la misma luz constantemente. Si un individuo como Moke miraba de aquella manera o trataba de meterse con uno de alguna manera, todo el mundo miraba y más valía pararle los pies o coserse el ano porque si se le daba un centímetro se tomaría el resto cuando le apeteciera.

«Tuviste suerte –empezó a pensar Stick–. Dios mío, ya lo creo que tuviste suerte, ¿sabes?»

Les había parado los pies a algunos, los duros de los gorros de punto, pero no les hubiera parado los pies a lo largo de siete años si no hubiera tenido la suerte de encontrar un amigo del alma, de dos metros y ciento diez kilos, que se llamaba DeJohn Holmes. En cierta ocasión se encontró pensando que se iba a morir contra la pared de cemento, pero inmediatamente vio el rostro de DeJohn sonriendo, enseñándole unos dientes de oro y una lengua rosada. «Tío, tú eres mi amigo –le dijo DeJohn–. ¿No lo sabías?» Stick sacudía la cabeza pensando que se iba a morir, mientras DeJohn seguía diciendo: «Tío, me he enterado que fuiste tú el que te cargaste al que me metió aquí. Dime lo que te apetece, ¿quieres hierba, quieres mierda? Dime lo que quieres...».

–Gira por aquí y a la izquierda en la próxima –dijo Moke–. Yo tengo un Dos ochenta Z que ganaría a este trasto en marcha atrás. Es en la Ciento quince, antes de llegar a Montgomery... Después de la escuela.

–No tengo ni idea de dónde demonios estoy –dijo Rainy.

–Da la vuelta... ¿ves esa entrada? Métete por ahí.

–¿Vamos a ir a la escuela? Me parece que está cerrado –observó Rainy.

Avanzaron junto al viejo edificio; a su izquierda se extendía un patio de recreo o un campo de deportes.

–Para aquí, de cara afuera. Para el motor.

–No veo nada –dijo Rainy.

Permanecieron sentados en silencio.

–¿Tienes hierba? –preguntó Rainy.

Moke no le contestó.

–¿Y si ponemos un poco de música? –prosiguió–. Mira, ahí viene alguien. Tío, espero que no sea la bofia.

Stick se incorporó. Vio unos faros que se acercaban a

ellos, cautelosamente, procedentes de la oscuridad. A la luz de los faros distinguió un campo de béisbol.

–Enciende y apaga las luces... Que las apagues he dicho, idiota –ordenó Moke.

Stick permaneció callado, observando cómo se detenían las luces a unos quince o veinte metros de distancia, a la altura de la línea de la tercera base. Los faros se apagaron. Luego volvieron a encederse, con las luces largas.

–Bueno, sal –dijo Moke, y contempló cómo Rainy abría la puerta y bajaba–. Espera. Quiero que sea este chico el que la lleve –declaró, volviéndose a mirar a Stick.

–Tío, como la tengo yo pues la llevo yo –replicó Rainy–. ¿Qué más da?

–El que la tiene que llevar es el chico, y no se hable más de ello.

–No, tío, soy yo –insistió Rainy, apartándose de la camioneta con el maletín.

Stick miraba el rostro de Moke, los párpados medio bajados, a la luz de los faros.

–¿Por qué tengo que llevarla yo? Yo sólo he venido de paseo.

Oyó que Rainy decía desde fuera:

–Voy a ir, ¿de acuerdo? Quiero saludar a Néstor. Hace tiempo que no lo veo.

–¡Por Dios santo! –exclamó Moke sacudiendo la cabeza–. Venga, vuelve, haz el favor.

Stick vio que se encendían las luces interiores cuando una puerta se abrió detrás de los faros, iluminando un coche americano de los grandes. Junto al guardabarros frontal derecho apareció una figura. Rainy quedaba ahora enfocado por los faros, justo delante de la camioneta.

–¿Néstor? –gritó–. ¿Quién es? –Levantó el maletín con una mano y le dio un golpecito con la otra–. Lo tengo.

–Mierda, a mí me da lo mismo –dijo Moke.

Todo ocurría ante los ojos de Stick, que observaba desde segunda fila. Vio que Moke rebuscaba en el interior de la raída chaqueta con la mano derecha.

–Hoy tenemos una oferta especial, dos al precio de uno –dijo Moke.

–¡Rainy! –gritó Stick.

51

A través del parabrisas vio que Rainy se volvía. Vio que la figura situada junto a los faros levantaba algo con las dos manos y vio fulgurar la boca de una pistola mientras oía una explosión de arma de fuego y un martilleo. Vio que Rainy daba un traspié y observó un resplandor de níquel dentro de la camioneta, el gran revólver que sacaba Moke.

Stick arremetió con manos y hombros contra el asiento de Moke y notó cómo avanzaba por los raíles hasta detenerse en seco; oyó el gruñido que profirió Moke cuando su cabeza se estrelló contra el parabrisas. Stick no se detuvo a mirar. Los faros delanteros iluminaban el interior de la camioneta y vio el cerrojo de la puerta posterior. Saltó a través de ella y se alejó de la camioneta corriendo; el martilleo lo persiguió hasta que hubo dejado atrás la escuela.

Sin tener idea de la dirección que había tomado recorrió las calles residenciales de casitas con cubierta de tejas entre los arbustos, despertó a unos cuantos perros guardianes, volvió a salir a la luz de la zona comercial y se encontró en South Dixie Highway sin saber dónde estaba. Paró un taxi, dejó que el taxista lo mirara de arriba abajo, le dijo que lo llevara a South Beach y no pronunció ni una sola palabra más. Hubieron de dejar atrás las calles y el tráfico de la ciudad y salir a MacArthur Causeway para que se decidiera a abrir la ventana con intención de respirar la brisa procedente de la bahía, contemplar las distantes luces solitarias perdidas en el océano Atlántico, y escuchar cómo decía Moke: «El que lo tiene que llevar es este chico...».

El que tiene que morir.

Dentro vendían cigarrillos normales, champú y todas esas cosas; también vendían alcohol hecho con patatas, jugo de patata a dos dólares y medio el litro, o esperaban a que se pudriera el zumo de naranja y entonces se lo bebían. El antiguo socio de Stick, Frank Ryan, murió a causa de las patatas en el hospital de la cárcel.

DeJohn Holmes decía que conseguía todo lo que quería. ¿Y una chaqueta de satén? Azul y oro y con su nombre a la espalda. «Stick.» Quedaría bien; sería un hombre con estilo.

Lo extraño era que no fuese ninguno de los tipos de color que llevaban los gorros de punto a quien tenía que vigilar.

No, de los cinco mil ochocientos y pico perdedores que daban vueltas por allí, tomaban el aire en el patio, se flipaban o perseguían a los mariquitas, era un blanco llamado Luther, que cumplía de dos a cinco, el que se lo había quedado mirando hacía unas semanas, se había acercado a él y le había dicho que lo iba a matar. ¿Por qué?

(Tampoco tenía motivo para vigilar a Moke. Él no tenía nada que ver con aquella operación.)

No tenía sentido estar sentado allí en el comedor, una mañana, delante de los huevos revueltos fríos, escuchando cómo aquel maldito tipo con ojos de flipado, que masticaba con la boca abierta, le decía que iba a rajarlo cuando menos se lo esperara. Los de color... por Dios, con los de color se llevaba perfectamente y estaban al corriente de toda su historia por boca de DeJohn Holmes.

DeJohn era uno de los «alcaldes» de Jackson y dirigía una zona del patio, cobraba una comisión por los juegos de cartas y de números, y alquilaba pesas por cuartos de hora cuando él no las usaba.

—Quédate a mi lado cuando te haga falta —le dijo DeJohn a Stick—. Yo te enseñaré a vivir en la cárcel. No pierdas el tiempo tratando con locos.

Pero ¿por qué quería matarlo Luther?

—Porque te ha visto hablar conmigo cuando deberías haber estado con los blancos. Eso para empezar —dijo DeJohn—. Los tíos como él no saben ni lavarse los dientes. Estáte alerta porque no sabes cuándo se le va a subir la mosca al morro y le va a dar el ataque. Es posible que, como está tan sonado, piense que tú eres otra persona o que le recuerdes a alguien que una vez le dio un pisotón. Puede que quiera ser como tú y no pueda. Él dice que te va a quitar de en medio y tú dices que sólo con verlo comer te entra la vomitera. Pero es tan lenta su cabeza que tiene que pensar para parpadear. Así que pienso mandarlo a la carnicería y que averigüe lo que le pasa si hace el tonto con mi amigo Stickley.

Pura suerte. Caer cerca de DeJohn y caerle en gracia. Ésta es la historia de DeJohn:

–Un hombre me señaló en el Tribunal Municipal de la Ciudad de Detroit y dijo: «Sí, es ése, es ése». Dijo que era yo el que había entrado en su tienda con una pistola y había limpiado las dos cajas. Sí, es ése. Me echaron de treinta a perpetua por tercera y última vez. Y ese hombre me señaló, no porque me hubiera llevado lo que había en la caja, sino por llevarme a su mujer, una vez, una única noche, y a ella le encantó. Ese hombre era Sportree, y murió de un disparo que salió de la mano de mi amigo Ernest Stickley, Jr. Faltan algunos detalles, pero pasaron unas cuantas cosas curiosas cuando tú y Frank robasteis en la J. L. Hudson Company en el centro de Detroit y os pescaron.

Stick había tomado precauciones. Había dicho que estaba cumpliendo sentencia por atracar una tienda de comestibles en el condado de Oakland, no por homicidio y robo en el centro de Detroit.

–Ya lo sé. No pasa nada –dijo DeJohn–. Tranquilo, hombre, tú eres de los míos y no pasa nada. Pero eso no cambia que te cargaras a Sportree y al que estaba con él.

Stick sólo le dijo a DeJohn que sí, pero que había sido inevitable.

–Siempre es inevitable cuando tienes que hacerlo –dijo DeJohn–. Como los dos hermanos del aparcamiento de las galerías, creo que fue en Northland.

Stick dijo que sí, que aquello también había sido inevitable; los dos hermanos querían atracarlo a él, quitarle la comida, joder.

DeJohn dejó al descubierto sus piezas de oro y su lengua rosada.

–Comida, ya, ¡y una mierda! –exclamó de buen humor–. Y la pasta que teníais debajo de las galletas de la tienda donde Frank y tú comprabais. Dijeron que os podían haber echado cien años sólo por los coches que usasteis en la operación. Tú cargaste con lo de la tienda de comestibles, pero a Frank lo cogieron por lo gordo, ¿eh? La tienda de Hudson.

Stick no sabía cómo se había enterado de todo aquello.

—Es que eres famoso, nene —le dijo DeJohn.

Luther se decidió a dar el paso una vez que Stick estaba jugando a baloncesto en el patio. Abandonó el partido sin respiración, pues no estaba en forma. Se puso la chaqueta y se sentó en un banco, con la cabeza entre las manos y tratando de recuperar el aliento. Notó que tenía la espalda mojada y al principio pensó que era sudor. Empezó a oler algo... ¡Hostia, gasolina! Y oyó como Luther prendía la cerilla y se la echaba. Luego ¡buf! la espalda de la chaqueta en llamas, se tiró al suelo de espaldas, sobre el cemento y rodó a un lado y otro tratanto de apagar la quemazón... y viendo a aquel tío allí de pie, con la botella de líquido transparente, mirándolo.

DeJohn dijo que era su estilo y que tenían que habérselo imaginado.

—Pero te mintió, ¿no? Dijo que te iba a rajar.

Tres días después, hubo un accidente en la carnicería. Tres testigos con gorros de punto y delantales blancos juraron que Luther estaba cortando chuletas de cerdo con un cuchillo, éste se le escapó y se cortó la mano izquierda.

—Tuvo suerte, ¿verdad? —dijo DeJohn—. Podía haberse hecho una herida grave y haberse desangrado. Es lo que yo le he dicho.

La suerte podía ser de muchas clases.

Stick estaba sentado en la terraza del hotel Bon—Aire escuchando cómo los clientes, personas de cierta edad y con acento de judío neoyorquino, se quejaban de los precios, de la Seguridad Social y de que Reagan los había traicionado. El hotel era un edificio de cuatro plantas pintado de verde claro, que más parecía un asilo que un hotel. Stick notaba cómo lo miraban los viejos; uno de ellos preguntó si era funcionario y si estaba haciendo alguna inspección.

En agosto no había turistas, pero todavía quedaba mucha gente en South Beach.

Cruzó la calle, siempre llena de coches, y se adentró en la arena, más allá de los montones de algas y de las familias cubanas que preparaban la comida en las parrillas y comían en las mesas de madera; se tumbó al sol y se puso a escuchar los fragmentos de voces españolas que le llegaban. Por el sonido parecía que se estaban peleando, pero al mirarlos parecía que se divertían. ¡Cualquiera entendía a los cubanos! Yacía al sol, sin moverse, pensando en si debía ir a Stuart o a Daytona, o quizás a la costa oeste, a Naples, y trabajar en la construcción. Siempre podía conducir una hormigonera, ya lo había hecho muchas veces.

Con el ardiente resplandor sobre las gafas y los ojos cerrados, trataba de buscar en el futuro un lugar donde un hombre de cuarenta y dos años que deseara volver a empezar pudiera encontrar algo interesante y recuperar el tiempo perdido. Si quería trabajar, tendría que quedarse en Florida y regresar a la construcción. Pero no por los alrededores de Miami, ni de Detroit. Allí, la gente con antigüedad estaba cobrando el paro. No miraba con la suficiente perspectiva para verse convertido en un viejo indigente: se veía ahora, pero, por más que lo intentara, no se imaginaba haciendo nada.

Todavía no había hablado con su ex esposa ni con su hija. Y ahora, tal como estaban las cosas, creía que no era el momento.

Iría a comprar algo de ropa y ello le traería suerte. El gerente del hotel, un viejo encorvado, le enseñó unos paquetes de ropa que un cliente se había dejado en la habitación y se los ofreció por treinta dólares. Camisas de diversos colores con unos diminutos jugadores de polo bordados a un lado, pantalones bonitos que le quedaban un poco apretados, un par de chaquetas ligeras, todo limpio y bien doblado, y en bastante buen estado, pero sin que pareciera por estrenar, lo cual le pareció perfecto a Stick. El gerente dijo que el joven que dejó la ropa se marchó en mayo a Cayo Oeste, a pasar el fin de semana, y no regresó. Bajó el precio a veinte. Luego Stick salió y se compró un par de zapatillas con rayitas azules a los lados.

Eran los zapatos más cómodos que había tenido en su vida. Al atardecer subía por la avenida Collins desde la calle Siete hasta la Cuarenta y uno, algunas veces por la zona de los grandes hoteles, y al regresar buscaba un bar tranquilo, se tomaba unos bourbons con hielo, saboreándolos en tanto meditaba, y al cabo de unas cuantas veladas de esta guisa empezó a tranquilizarse y a recuperar la confianza. El primer día que tomó el sol se quemó, pero al cuarto día ya parecía que volvía a trabajar en la construcción; se puso moreno más de prisa que nunca. Hasta el cabello parecía diferente, más claro; dejó que cayera a su aire en lugar de peinárselo por detrás de las orejas. Al cabo de cuatro días, ya parecía un nativo cualquiera de Florida. La próxima cosa que haría sería ir a las discotecas, a hacer esos habilidosos números con las señoras. Y señoras no faltaban; cada noche se le insinuaba una camarera o dos, pero no tenía prisa por avanzar en esa dirección. Antes tenía que tomar una decisión; cada cosa a su tiempo.

Compró una postal para mandársela a DeJohn. En la foto aparecía un grupo de cocodrilos, uno con la boca abierta de par en par junto a una piscina ovalada. Permaneció sentado con el bourbon, contemplando el lado de la postal en que debía escribir y pensando:

Querido DeJohn: La otra noche casi se me acabó la buena suerte...

Querido DeJohn: Oye, ahora sí que me vendría bien tu derechazo...

Querido DeJohn: Rainy me pidió que lo acompañara en una operación que iba a ser un paseo...

Si empezaba a contarle aquello, tendría que escribirle una carta, para contarle lo que había pasado y lo que pensaba hacer.

Bueno, por lo que parecía cuando empezó a pensar, nada.

Porque no podía hacer nada. Y porque no era asunto suyo; era de Rainy. Rainy sabía que siempre se corría un riesgo en este tipo de negocios, pero así era como se ganaba la vida. Daba igual cuál fuese el trato y no servía de nada pensar en ello, porque no conocía todos los datos.

Chucky le debe dinero a un cubano. Chucky paga. El

cubano se lleva el dinero –suponemos– y mata al emisario de Chucky. ¿Por qué? Porque, como había dicho Rainy, el cubano estaba loco, nada más. Tratándose de gente, no sólo hay tipos raros, sino que además tienen ametralladoras.

Durante el día, tumbado en la playa o dando paseos por la orilla, lo que trataba de hacer era no pensar en otra cosa que en su futuro. Allí estaba, a la luz del sol. El mundo. Y ¿qué podía ofrecerle? Lo único que había visto era una parte sombría. El pensamiento lo llevaba a una sola cosa: coger un coche y largarse. Y luego el pensamiento empezaba a saltar de una cosa a otra.

Pero al atardecer se calmaba, volvía a ser él mismo, estrechaba su ángulo de mira, observaba fragmentos de lo que había ocurrido y llegaba a una conclusión que tenía un agujero pero que aun así era suficientemente lógica. Y era ésta:

No mataron a Rainy porque fuera Rainy. Parecía que no les importaba a quién mataban. Cualquiera de los dos, Rainy o él, les servía. Moke había dicho: «Mierda, a mí me da lo mismo». O los dos. Moke había dicho: «Un especial, dos por el precio de uno».

Pero Rainy no era la primera opción.

Stick veía cómo lo miraba Moke y decía: «Este chico es el que tiene que llevarla».

Para entender esto tenía que hacer un gran esfuerzo.

A lo mejor no lo había oído bien. O Moke solito había decidido mandarlo a él con el maletín, de forma que en la mente de Moke era él quien tenía que llevarlo y nada más.

Porque, si lo había oído bien, tal como sonaba, alguien le había dado instrucciones a Moke. «Manda al tipo que va con Rainy.» Y ¿quién sabía siquiera que iba alguien con Rainy? Sólo Chucky.

Así pues, la segunda cosa que creía Stick era que Chucky le estaba ofreciendo al cubano alguien a quien matar. Como parte del trato. Rainy había dicho que Chucky le debía dinero al cubano. Rainy no sabía que le debía mucho más que eso, que también le debía una vida. Quizá Rainy no había dispuesto del tiempo necesario para saber cómo funcionaban esas cosas. Stick lo sabía.

Mientras saboreaba el bourbon, sabía exactamente por qué lo había elegido Chucky. Porque había cruzado la línea, había puesto el pie donde no debía. Porque había mirado a Chucky de cierta manera. Porque había estudiado la casa de Chucky, al menos una habitación, y había dicho que no era para tanto.

–¿Ves algo que te guste?

Él se lo había buscado. ¿Qué quería que dijera: sí, me encanta, y que le preguntara quién era su decorador?

Una vez Stick hubo llegado a tal conclusión, fue capaz de volver la vista hacia lo que había pasado, incluido el asesinato de Rainy, y aceptarlo. Pensaba que ojalá hubiera podido ayudar a Rainy. Pero Rainy y toda aquella gente llevaban el mismo tipo de vida. Así se trataban unos a otros. Para ellos, ya se hallaran dentro o fuera de los muros de seis metros de altura con torres de vigilancia, la vida era la misma. Si Stick era capaz de quitarse Jackson de la cabeza, también podría olvidarse de este asunto. Y para empezar tenía que poner tierra de por medio.

Pero entonces empezó a pensar en Chucky y en el agujero –que en realidad era un interrogante– de la conclusión.

Chucky podía haberlo preparado todo, pero una cosa seguía siendo cierta: el maletín puesto a prueba por el gorila de ciento ochenta kilos había sido entregado. ¿No le debía Chucky cinco mil dólares a alguien?

En la postal de los cocodrilos que le mandó a De-John, escribió:

Querido DeJ:

Hasta ahora no te has perdido nada por no estar aquí... como ves por el ramillete de jovencitas que juguetean por la piscina. Incluso preferiría tu vieja, Antoine, a una de éstas. ¡¡¡UGGGG!!! Diles a los chicos que la música disco está pasada y el soul es lo último. Que Dios te bendiga. Cuídate mucho. Yo voy a salir en busca de fortuna. Deséame suerte.

Stick

Se puso el polo verde limón, unos pantalones de un tono caqui descolorido con los que no hacía falta llevar cinturón, y una chaqueta de popelín a juego. Se calzó las zapatillas nuevas de las rayitas azules y metió el resto del guardarropa nuevo en una bolsa blanca de lona con asas azules. «Un tío deportivo», se dijo a sí mismo mirándose al espejo del tocador; lo que más le gustaba era el tono tostado de su sonriente rostro.

Había llevado ropa del Estado durante siete años. Al rechazar las ofertas que le hacía DeJohn de chaquetas de satén y camisas deportivas, le decía que así se recordaba a sí mismo que era un rufián y que no fingiría ser nada más hasta que saliera de allí.

Y ahora ¿qué era?

Pronto lo averiguaría.

6

Se preguntaba por qué cuando uno entraba en un bar vacío o casi vacío, percibía su olor y si estaba lleno no.

Se preguntaba por qué había más coches en el aparcamiento que gente dentro.

Al entrar con su bolsa de lona, el contraste de la penumbra con la intensa luz de fuera obligó a Stick a abrir y cerrar los ojos. Vio que había sólo unas pocas mesas ocupadas y un par de tipos con casco acodados en la barra. Había tan poco barullo que al principio pensó que se había equivocado de sitio. Mientras estaba allí de pie, sonó el timbre que indicaba que iban a levantar el puente, pero no se oyó la bocina de niebla. Tal vez había llegado en buen momento. No se sentía viejo; todavía se encontraba bastante bien, tal vez un poco cansado. Le había costado tres horas y media y siete coches distintos hacer el trayecto de Miami a Lauderdale en autostop por la US I y luego andar hasta la playa desde la autopista federal.

No, no se había equivocado de sitio. La camarera, Bobbi, estaba sirviendo a los dos del casco.

Stick se dirigió al otro extremo de la barra, donde todavía no se había hecho de noche porque la luz del sol penetraba por el ventanal que daba a la terraza. Era un buen sitio. Podía dar un giro de un cuarto de circunferencia en el taburete y ver la fachada de la casa de Chucky, así como la carretera asfaltada que ascendía hasta la entrada, al otro lado de la Intracoastal.

Cuando Bobbi, con el holgado polo de color rosa, se

acercó a lo largo de la barra para decirle «Hola, ¿qué tal?» y ponerle una servilleta delante, Stick tuvo la seguridad de que lo había reconocido. Contestó que bien y pidió una caña de Michelob. Cuando le trajo la cerveza y él dejó un billete de diez y otro de cinco encima de la barra, Bobbi dijo:

–¿Para qué es eso?

–¿No te acuerdas? El otro día estuve aquí con Rainy.

–¿Ah sí?

–Te dijimos que te pagaríamos luego.

Tardó unos segundos en reaccionar.

–Eso fue la semana pasada... –Se puso a estudiarlo inclinando la cabeza–. ¿Y estabas con Rainy?

–¿Te acuerdas de aquel tipo peludo? ¿Él que se te insinuó?

–¿Eras tú?

–No... Uno que iba de turista, con el pelo largo. Te cogió la mano.

Abrió la boca y al cabo de un momento dijo:

–¿Y lo llamaste pederasta?

–Sí, es posible.

Bobbi asintió con la cabeza, pensativa.

–Sí, me acuerdo. –Luego frunció el ceño–. ¿Qué quiere decir pederasta?

–Generalmente, se refiere al que persigue a menores.

Bobbi esperó haber elaborado un pensamiento para hablar. Luego, como si estuviera segura de la respuesta, dijo:

–Estabas con Rainy allí en Michigan, ¿verdad?

–Jackson –dijo Stick.

La cerveza estaba buena; era una de las cosas que más había echado de menos.

–Yo solía escribirle –explicó Bobbi–. Bueno, le escribí un par de veces. Sí, ahora me acuerdo que cuando dijiste eso pensé que parecía algo que se debe de decir donde estabais Rainy y tú.

–En la cárcel –dijo Stick–. No hay nada malo en decirlo. Estuvimos juntos en la cárcel.

–Pero ¿por qué lo llamaste así?

–Es que me lo pareció, en ese momento. Ya sé que no era asunto mío.

–Ya estoy acostumbrada. Tendrías que ver a algunos de los viejos verdes que tratan de ligar conmigo. Son asquerosos.

–Lo creo –dijo Stick.

Él no se sentía un viejo en aquel momento. Se sentía en forma, tal como lo miraba Bobbi y le hacía confidencias. Se la imaginó con él en breves escenas, un balcón que daba al mar, sus ojos sonrientes a la luz de una vela, unas copas de vino, una bossa nova dulce, una mirada soñadora en tanto estiraba los brazos y se quitaba lentamente el polo rosa.

–¿Dónde está Rainy? Hace días que no lo veo.

Stick sacudió la cabeza.

–Yo tampoco lo he visto.

–Me parece que no ha vuelto desde la última vez, desde que estuvo aquí contigo. –Sonrió y luego añadió–: Sí, ahora te recuerdo. ¡Cómo has cambiado!

Parecía que se encontraba cómoda con él, como si fueran viejos amigos.

–Es bonito que se acuerden de uno –dijo Stick–. Al menos a veces. –Deslizó el vaso hacia ella–. ¿Por qué no me pones otra?

Y le sirvió varias más, mientras él contemplaba cómo pasaban los barcos. Finalmente vio a los tipos morenos de aspecto cubano con los trajes ceñidos y las camisas deportivas al otro lado del canal, y empezó a pensar en otro tiempo, en otro bar, en Detroit, donde estaba sentado con Frank Ryan mientras Frank le contaba cuáles eran sus reglas del éxito y la felicidad en el robo a mano armada. Stick, que acababa de salir de la cárcel del condado de Wayne, y se sentía tan afortunado y seguro como ahora, lo escuchó. Si se hubiera alejado de Frank, se hubiera ahorrado siete años.

También podría alejarse de aquel sitio...

Un individuo moreno, de complexión robusta, que vestía un traje azul pálido y una camisa estampada en azules, entró procedente de la terraza, pasó por detrás de

Stick y se quedó de pie junto a la barra vacía, unos taburetes más allá. Dio un golpe con la llave del coche en el borde redondeado de la barra y exclamó:

–¡Eh, Bobbi!

Stick se volvió y lo vio de perfil. Era Lionel Oliva. Éste pidió un ron con tónica. En tanto esperaba, dando ligeros golpecitos en la barra con la llave, le gritó a Bobbi:

–¡Pon un poco de música! Esto parece un velatorio.

–¿Qué tal? –le dijo Stick.

Lionel lo miró, mantuvo los ojos fijos en él unos momentos con expresión de desinterés y se encogió de hombros. Seguidamente, se volvió y se dispuso a esperar su copa.

Stick se sentía cada vez más relajado mientras saboreaba la cerveza.

Podía marcharse limpio. Salir al aparcamiento. Al llegar se había fijado en un Mercedes, un par de Cadillacs, un Corvette flamante por el que podría sacar fácilmente cinco de los grandes, incluso sin orden de entrega... Y no tendría que subir al último piso de aquella casa, tratar de convencer a Chucky ni preocuparse de que lo tiraran por el balcón del piso quince.

La joya del aparcamiento era un Rolls Silver Shadow, gris claro, de unos quince años y en perfecto estado. Pero el Corvette sería más fácil de mover. Bastaba con buscar unas matrículas de otro coche, ir con él hasta Atlanta y entregarlo. Podía volver en avión al día siguiente, ver a su hijita... Pero los Corvettes, los nuevos, decían que había que hacer un orificio en la columna de dirección y que era fácil cagarla. Sería mucho más fácil entrar en el viejo Rolls y llevárselo.

Lionel pasó junto a él con su vaso, camino de la terraza. No se volvió a mirar. Y en casa de Chucky se habían mirado fijamente.

Entonces se le acercó Bobbi. Stick pensó que iba a decir algo de Lionel, pero dijo:

–La cuenta que me querías pagar, ¿te acuerdas?, ya está pagada.

–¿Quién la ha pagado?

–¿No teníais que encontraros con Chucky aquella

tarde? –Stick asintió con la cabeza–. Pues como no volvisteis lo puse en su cuenta. ¿Hice mal?

–Muy bien. Y esto también puedes cargárselo a su cuenta, si quieres.

–Chucky siempre se olvida de firmar, y tenemos un bolígrafo que escribe igualito que el suyo.

–Tendré que darle las gracias –dijo Stick.

–Ése que acaba de salir era su guardaespaldas, de modo que probablemente Chucky está al caer.

–Ya. Y ¿para qué necesita un guardaespaldas?

–Soy camarera, pero no tonta –dijo Bobbi–. Si eres amigo de Rainy, tú lo sabes igual que yo, y no pienso decir nada más.

–No te culpo.

Observó cómo se alejaba y empezó a pensar de nuevo en su socio, Frank Ryan. Estaba sentado en el bar, diciéndole a Frank que se iba a Florida a ver a su hija... ¡Por Dios, y casi siete años y medio más tarde aún no la había visto! No, escuchó cómo Frank le decía que, en lo que se refería a llevarse dinero que no es tuyo –a diferencia de hacerte con cosas que hay que vender después– el método más rentable, en proporción con el riesgo a correr, era el robo a mano armada. Vaya cosa, había dicho él. ¡Después de tantos preparativos! Y Frank le dijo: «Al contrario, puede ser una gran cosa». Incluso citó estadísticas y dijo que podían seguir sus reglas del éxito y la felicidad en el robo a mano armada y ganar entre tres y cinco de los grandes a la semana fácilmente. Entonces era cuando tenía que haberse marchado, en aquel preciso momento, cuando no tenía ni un céntimo pero conservaba la calma. Confiado y razonablemente feliz. Y, lo más importante de todo, libre.

Llamó la atención de Bobbi. Mientras se acercaba, ésta preguntó:

–¿Otra?

–No –contestó Stick sacudiendo la cabeza–, me parece que ya es hora de que me vaya. –Vaciló y luego añadió–: Voy a ver a mi hija.

–Ah –dijo Bobbi sorprendida–. ¿Cuántos años tiene?

–Catorce –respondió Stick–. Tú me la recuerdas. Os parecéis un poco.

Salió con la sensación de haber sido absuelto, casi orgulloso de sí mismo. Pero no pudo evitar imaginársela otra vez quitándose el suéter rosa a la luz de una vela, mientras las olas rompían en la oscuridad...

Barry bajó del *Seaweed* con el flanco de babor todavía a un metro del muelle y los motores zumbando, impulsando suavemente el Hatteras de dieciocho metros hasta su amarre.

Chucky, una chica llamada Pam y Aurora, la amiga de Barry, estaban de pie junto a las tumbonas de popa, observando a Barry con deseos de detenerlo. No es que se estuvieran precisamente retorciendo las manos, pero sí los había pillado por sorpresa. Chucky llevaba una camiseta de rayas blancas, rojas y azules que le llegaba hasta las caderas y las dos chicas unos diminutos bikinis.

–¿Vas a volver o qué? –preguntó Chucky.

–¡Barry, espera, por favor! –gritó Aurora, la del reluciente cabello oscuro, con un gemido.

Barry señalaba la codera que el marinero había lanzado al muelle, gesticulaba y le decía algo a Lionel, que estaba allí plantado con su traje azul claro, aparentemente sin saber qué hacer. El capitán de Barry estaba sentado en el puente del *Seaweed*, observándolo todo despreocupadamente a través de las gafas de sol, mientras el marinero echaba a correr y saltaba al muelle con la bolina.

Barry levantó la cabeza para mirar de soslayo y dijo en dirección al barco:

–¿Rorie? Chucky te llevará a casa, nena, ¿de acuerdo? Yo tengo que marcharme corriendo.

–¿Yo? –exclamó Chucky.

–Me habías prometido que iríamos a cenar –protestó Aurora haciendo pucheros.

–Es que me han llamado por teléfono –explicó Barry–. ¿No has visto que me han llamado por teléfono? He estado por lo menos... no sé cuánto rato hablando por el maldito teléfono.

–Siempre estás hablando por el maldito teléfono –dijo Aurora.

–Ya te llamaré luego, cielo.

Aurora trató de detenerlo una vez más.

–¡Bar-ry!

Pero se fue.

El rostro de Bobbi se iluminó y se hizo todo él sonrisa al verlo venir. Luego trató de disimular inútilmente y todavía quedaba una sonrisita cuando Barry se aproximó a la barra, inexpresivo, ni sonriente ni serio, inexpresivo.

Imitó la forma de una pistola con la mano derecha manteniendo el dedo índice extendido y la apuntó hacia el rostro de Bobbi.

–¿Qué es lo último que le pasa a un insecto por la cabeza cuando se estrella contra el parabrisas?

–No lo sé. ¿Qué? –dijo Bobbi.

–El culo... ¿Dónde están las llaves?

–¿Qué llaves?

–Las del coche. Ha venido Cecil, ¿no? No me digas que no ha venido.

–Sí, ha venido.

–Y te ha dado las llaves del Rolls.

–Qué va. Aunque ha tratado de darme la tarde.

Barry se llevó la mano a la frente y dijo:

–Ay, Dios. –Dio media vuelta, antes de mirar de nuevo a Bobbi para preguntarle–: ¿Iba bebido?

–Aún no entiendo por qué lo contrataste –dijo Bobbi con el semblante serio y ojos inocentes.

–Oye –repuso Barry, e hizo una pausa para ganar expresividad–, de Cecil ya me ocuparé yo, ¿de acuerdo? ¿Has dicho que iba bebido?

–Aquí se ha tomada unas cuantas.

Barry sacudió la cabeza y luego se apoyó en la barra, preocupado.

–¿Ha dejado el Rolls? No sé de qué me va a servir, pero al menos dime que ha dejado el coche.

–Y yo qué sé –dijo Bobbi–. Ha entrado, se ha sentado ahí mismo. No iba de uniforme...

–Hoy tiene fiesta.

–Se ha tomado cuatro Chivas y un par de cervezas y se ha ido, cabreado.

–¿Cabreado?

–Eso he dicho.

–Mierda –exclamó Barry dando un puñetazo sobre la barra. A continuación miró hacia la terraza al oír la voz de Chucky, que se acercaba con las dos chicas. Éstas se habían puesto unos vestiditos que les llegaban a las caderas y daba la impresión de que no llevaban nada debajo–. Si se sientan a beber, son amigas de Chucky, no mías. Y no le sirvas ningún martini a Aurora; se tiraría a todo macho que entrara –le dijo a Bobbi, y volvió a mirar hacia la terraza mientras avanzaba hacia el extremo de la barra–. Hasta luego, Rorie. Te llamaré en cuanto pueda.

–¡Bar-ry! –oyó que le gritaba, pero continuó andando hacia la salida.

Stick observó cómo el tipo de los pantalones cortos tejanos y las zapatillas blancas –tenía las piernas muy peludas– avanzaba violentamente hacia el Rolls-Royce. Probó la puerta. Cerrada. Se inclinó a mirar hacia el interior del coche, poniéndose las manos a modo de visera. Luego comenzó a tirar de la puerta, intentando arrancar la manija. A continuación se enderezó y dio un puñetazo en el techo, al tiempo que soltaba una sarta de maldiciones. Estaba muy enfadado. Parecía que le estaba dando un pequeño ataque de cólera. Stick –suponiendo que se había dejado la llave dentro del coche– se preguntaba por qué se sulfuraba tanto.

Stick se encontraba sentado en las escaleras frontales de Wolfgang's, debajo del toldo, después de decidir que aquél no era el lugar adecuado para apoderarse de un coche, al menos a la luz del día –sería mejor ir a un centro comercial o al aparcamiento de un cine–, cuando salió hecho una furia el individuo de los pantalones cortos. El oscuro cabello le cubría las orejas. Al principio le pareció cubano –aquello estaba lleno de cubanos–, pero luego decidió que no, pues ningún cubano que tuviera un Rolls iría por ahí en pantalones cortos y un polo amarillo de los del cocodrilo con los faldones por fuera. No, seguramente sería judío, un judío rico de poco más de treinta años. Le recordó a Frankie Avalon, por el pelo, o a un Tony Curtis joven.

–¿Necesita un colgador? –le gritó Stick.

Barry reparó en Stick por primera vez, con esperanza o con sorpresa. Luego dio la impresión de que perdía todo interés y se llevó las manos a las caderas encorvando los hombros, aunque parecía que mantenía el cuerpo erguido.

–No tengo llaves. No me serviría de nada aunque pudiera entrar.

–¿Las ha perdido?

–El imbécil de mi chófer tenía que traerme el coche y dejar las llaves en el bar. Parece fácil, ¿verdad? Sacas las llaves y se las das a la chica. Pues no.

–¿No puede llamarlo por teléfono?

–¿Adónde? Hoy tiene fiesta. Esté donde esté, estará como una cuba a estas horas. Por aquí ya no paso. Se me ha terminado la paciencia.

Stick se levantó, se sacudió la parte posterior de los pantalones nuevos, se alisó el suéter verde limón con el jugador de polo bordado, e iba a recoger la bolsa de lona cuando decidió que no, que todavía no era el momento. Adoptó una expresión de interés, pero no excesivo.

–Es posible que pueda ayudarlo.

–¿A qué, a entrar en el coche? –preguntó Barry–. Si lo que quisiera fuera entrar en el coche, rompería la ventana. Pero, además de entrar, tengo que ir a Bal Harbour. –Miró su Rolex–. Mierda. Me quedan menos de cuarenta minutos. Y necesito unas cosas que hay dentro del coche, y además tengo que hacer cinco llamadas telefónicas por el camino.

–¿Tiene teléfono en el coche?

–Tengo dos teléfonos. Un Channel Grabber en el coche y otro en el maletín que hay en el portaequipajes.

–¿De qué año es el Rolls?

–Del sesenta y siete. Es un Silver Shadow. Dejaron de fabricarlos al poco tiempo –contestó Barry.

–¿Qué se juega a que soy capaz de entrar y ponerlo en marcha en menos de cincuenta segundos? –dijo Stick.

–No me tome el pelo.

–Le apuesto cien dólares.

–No es broma, ¿verdad? Dios, me parece que va en serio.

Contempló cómo Stick se inclinaba sobre la bolsa de lona, la abría y revolvía en el interior. Vio cómo sacaba un colgador, revolvía un poco más y sacaba un trozo de cable eléctrico con pinzas metálicas en ambos extremos.

–¿Es que es usted ladrón de coches? –preguntó Barry, y se quedó con la boca abierta–. ¡Es increíble! Vaya, cuando necesitas un ladrón de coches, ¿crees que es normal encontrarte uno esperando? Es increíble, por Dios. Delante de mis propios ojos. –Hizo una pausa–. Y ¿qué va a hacer? ¿Largarse con mi coche?

–Cien dólares –dijo Stick doblando el colgador de alambre sin mirarlo siquiera.

Barry lo contemplaba con expresión grave.

–Entra el polaco y dice: «Dame un colgador, rápido. Tengo a mi mujer y mis hijos encerrados en el coche». –Levantó la mano para mirarse el Rolex, hizo una pausa y dijo–: Adelante.

Stick no quería aparentar precipitación. Se acercó al Rolls y cuando alcanzó la puerta ya tenía el alambre dispuesto, lo metió por la parte superior de la ventana y bajó el extremo curvado hasta la manija, lo enganchó y tiró dos o tres veces. Sacó el colgador y abrió la puerta.

–Abra el capó –le dijo a Barry.

Stick se colocó debajo de la cubierta y Barry observó con interés cómo conectaba un extremo del cable a la batería y el otro a la bobina de encendido. Dobló el colgador en forma de U y a continuación puso un extremo en contacto con el terminal activador del solenoide y el otro con el terminal de la batería. El encendido emitió un zumbido y el motor lanzó un rugido y luego se calmó. Stick volvió la cabeza hacia Barry para preguntar:

–¿Cuánto he tardado?

–Le quedan unos cuatro segundos –contestó Barry mirando el reloj–. Acaba de ganarse cien dólares. No está nada mal.

Stick bajó el capó y se frotó las manos.

–Sin embargo, hay un problema. Si circula mucho tiempo así, se cargará el encendido. Tiene que poner una resistencia.

–No me hace falta preocuparme por el encendido;

para eso lo tengo a usted, el ladrón fantasma. Entre en el coche, ya me lo contará todo... su historial, cuántas veces lo han condenado... todo lo que quiera. Y conduce usted.

Stick todavía se encontraba junto al morro del vehículo.

—No pensaba ir a Bal Harbour.

—Pero ¿qué dice? —exclamó Barry, que se había colocado junto a la puerta de los pasajeros—. Si se me para el motor, la he jodido, ¿no? Tendrá que conectarlo otra vez. Venga, usted me ha metido en esto y tiene que llevarme hasta casa.

—¿Y vive en Bal Harbour? —preguntó Stick.

—Le gustará —dijo Barry—. Haga el favor de entrar.

7

AL PRINCIPIO Stick pensó que hablaba de coches con el que estuviera al otro extremo del teléfono.

–No, a largo plazo ahora sólo miro convertibles –como si fuera a comprar una flota–. A corto plazo sí, te escucho.

Pero entonces se dio cuenta de que hablaba de acciones y títulos, y probablemente al otro extremo del hilo telefónico había un corredor de bolsa. Hablaban de «potencial capital-beneficios» y «riesgo de incumplimiento».

Avanzaban hacia el sur por la 95 y el tráfico comenzaba a intensificarse. Era la misma ruta que habían recorrido Rainy y él la semana anterior.

Aquel tipo, Barry Stam, tenía el teléfono aprisionado entre la mejilla y el hombro en tanto anotaba palabras y números en un cuaderno, garabateando en líneas inclinadas con un bolígrafo de oro. El individuo estaba allí sentado, en pantalones cortos y zapatillas, con el *Wall Street Journal* y el maletín de cocodrilo marrón oscuro sobre las peludas piernas. Era una imagen nueva para Stick. Mientras salían del aparcamiento de Wolfgang's, le había dicho, tendiéndole la mano: «Barry Stam». Stick se la estrechó, diciendo a su vez: «Ernest Stickley». «Pero le llaman Stick, ¿verdad?», adivinó Barry.

–Repite –decía ahora al auricular–. ¿Parkview?... Sí, un millón y medio, ¿cómo? ¿Ocho y medio?... Ocho coma siete... Sí, lo tengo. ¿Para cuándo?... ¿Qué?... Ya sé que no, por Dios, es municipal. Oye, a lo mejor te ayudo, Arthur. Déjame pensar un momento. Ya te llamaré.

Stick no apartaba la vista del tráfico y de la superficie gris perla del capó, entrecerrando ligeramente los ojos para protegerse del resplandor de la tarde. Dentro del coche el ambiente era fresco y tranquilo, y el asiento de piel proporcionaba una agradable sensación.

–Tiene que seguir trabajando –le dijo Barry mientras marcaba otro número en el teléfono–. Nosotros dormimos, pero el dinero no descansa nunca. Nosotros jugamos al golf los fines de semana, pero el dinero sigue trabajando. Trabaja, trabaja, trabaja...

–¿Se refiere a los intereses? –preguntó Stick, pero Barry empezó a hablar por teléfono de nuevo.

–Hola, soy yo otra vez... No, el barco está en Lauderdale. Yo voy camino de casa. –Estaba relajado, cómodo; empleaba un tono cálido, distinto del que usaba con el corredor de bolsa–. Acabo de hablar con Art. Quiero decir Arthur, perdona, no sé lo que me pasa. Tiene una nota de adelanto de impuestos, un millón y medio a ocho coma siete que vence en julio... Escuelas públicas de Parkview. –Junto a ellos pasó un coche de la policía con la sirena a todo volumen y las luces encendidas–. ¿Qué? La policía, que va detrás de algún pobre desgraciado. No, de mí no... Ya sabes que soy un conductor excelente.

Stick lo miró y Barry, que lo estaba esperando, le guiñó el ojo. Con su espeso cabello oscuro de estrella de cine sobre las orejas y la frente, parecía actuar hasta cuando hablaba por teléfono.

–Sí, vence en julio, el quince. –Hizo una pausa para escuchar–. ¿Por qué en junio? –Escribió algo en el cuaderno–. Sí, bueno, a ver lo que dice. Eh, Kyle... te quiero. –Escuchó un momento, mientras esbozaba una sonrisa–. Va, venga. No lo digas si no lo dices en serio. –Volvió a escuchar–. Espera. ¿Cuándo volverás?... ¿Y por qué no vienes a Miami? Ahorrarás un poco de tiempo. Te iré a buscar... Claro que no, perfecto... Muy bien, que tengas buen viaje. Hasta pronto.

Colgó y marcó otro número.

–Póngame con Arthur. –Esperó y dijo–: ¿Arthur?

Anótame el quince de junio en la nota de Parkview. Te voy a hacer un favor especial, me lo quedo todo. –Esperó un instante–. A fines de junio estoy metido en... –recorrió la página del cuaderno con el bolígrafo– ...viviendas o algo así. ¿O es soja? No lo sé... No encuentro el... ¿Qué? –Escuchó y luego dijo pacientemente–. Porque ya tengo comprometidos los fondos, Arthur, asignados. Los saco de esto y los meto en aquello. No descansa nunca. No para nunca, ni para recuperar el aliento, joder. ¿Es que no conoces tu negocio, por Dios? –Miró a Stick pero no obtuvo reacción alguna de él–. Sí, muy bien. Ya me lo dirás. No, llámame a casa... Oye, Arthur, basta de bonos del Estado. Quédatelos para ti durante un tiempo... Sí, muy bien.

Stick dejó que tomara unas notas y metiera el cuaderno en el maletín antes de mirarlo.

–Hace muchas inversiones, ¿eh?

–¿Quiere que le conteste sí o no o que le dé una respuesta pormenorizada? –replicó Barry volviéndose para echar el maletín y el periódico en el asiento de atrás. Luego cruzó las piernas y se acomodó en el asiento–. Lo que debería preguntar es qué hago cuando no invierto, no comercio ni especulo con esto o aquello. Y la respuesta es nada, porque haga lo que haga también estoy a la vez invirtiendo, comerciando o especulando. Es como la fuerza motriz de mi vida. ¿Me entiende? Igual que se respira mientras se hacen otras cosas, pero si no respiráramos no haríamos nada. –Parecía bastante satisfecho de sí mismo–. ¿Queda así contestada su pregunta?

Stick se preguntó por qué la habría formulado. Asintió con la cabeza. Barry lo miraba fijamente.

–¿A qué se dedica usted, cuando no está robando coches?

–A lo mismo que usted, a nada –dijo Stick–. Pero cuando lo hago no invierto, no comercio ni especulo. Cuando no hago nada, no hago nada.

–¿Cuántos coches ha robado a lo largo de su carrera?

–Entre trescientos y cuatrocientos.

–Se puede ganar dinero con eso.

–No sé. Ya no lo hago –dijo Stick–. Eso fue hace mucho tiempo.

–Pero ha dado la casualidad de que llevaba un cable en la bolsa.

Stick no dijo nada. ¿Para qué molestarse?

–Déjeme hacerle una pregunta más fácil. ¿Vive aquí, en Florida?

–Antes vivía aquí.

–¿Ha estado encerrado?

–Sí –Stick no apartó los ojos de la carretera.

–¿Rainford?

–No, en el norte. ¿Ha oído hablar de Jackson en alguna ocasión?

–¿De veras? –dijo Barry impresionado–. Ésa es de las buenas.

Stick lo miró un momento.

–¿Por robar un coche?

–No, por robar otra cosa.

–¿El qué? ¿Un edificio? ¿Escalo?

–A mano armada.

–¿En serio? No me diga que un banco...

–No era un banco –dijo Stick que empezaba a entrar en calor y no le importaba contárselo todo a aquel individuo, o quizá tuviera ganas de impresionarlo–. Los bancos son para los que buscan emociones.

–¿Cuántas veces lo han encerrado?

–Estuve un tiempo en Milan. No mucho, diez meses.

–¿Qué es Milan?

–Federal. Está cerca de Detroit.

–¿Apropiación indebida de coche?

–No, pero salí en libertad condicional por una de ésas. Por la siguiente fui a Milan. Normalmente, vas allí desde por conducir sin documentación hasta por desacato a una orden de pararte; luego ya te cae más tiempo, y por cruzar la frontera del estado te buscan los federales. ¿Le suena todo esto?

–¿Por qué lo dice?

–Porque me parece que antes de empezar a no hacer nada mientras juega en la bolsa –dijo Stick–, era usted abogado.

–Muy perspicaz por su parte –comentó Barry–. Ejercí un par de años, redactaba contratos, tonterías para las empresas, cómo evitar pagos de impuestos... Así que, después de dos temporadas en Michigan, ha venido donde está la acción... ¿Va en busca de la tercera?

–He venido a ver a mi hija.

–¿De verdad? Es magnífico... Un joven Robert Mitchum. Joden a un buen chico... «Es mentira. No fui yo, lo juro.»

–Sí que fui yo –dijo Stick.

–¿Y se arrepiente de todos sus pecados anteriores?

–De la mayoría.

–De la mayoría –repitió Barry–. De los que le han hecho pagar. Magnífico. Y ¿cómo lo pasó allí dentro?

–¿Que cómo lo pasé? –preguntó Stick mirándolo.

–¿Le hacían mucho la puñeta?

–No hacían otra cosa.

–Pero le fue bien. ¿Se rehabilitó?

–Sí, señor. He aprendido la lección.

–¿Quiere trabajar? –preguntó Barry.

–¿Haciendo qué? –dijo Stick mirándolo un momento.

–Lo que hace ahora. Conducir.

–¿Quiere decir hacer de chófer? No lo he hecho nunca.

–Pero si ha conducido trescientos o cuatrocientos coches (eso ha dicho, ¿verdad?) debe de estar bastante acostumbrado.

Stick vigilaba los letreros verdes de la autopista.

–Bal Harbour... ¿dónde salimos?

–Ciento veinticinco. Es la próxima. Va hasta la Broad Causeway.

–¿Y qué pasará cuando lleguemos allí?

–¿Qué quiere que pase?

–Quiero decir si no acepto su oferta. ¿Me pagará el autobús o qué?

–Dios mío, ya le debo cien dólares.

–Me los debe, pero todavía no los he visto –dijo Stick.

Miró por el retrovisor y empezó a pasar al carril de la derecha.

–No se preocupe, se los pagaré.

Stick alcanzó el carril exterior, tomó la salida, descendieron, giró a la izquierda por la calle 125 y avanzó lentamente. Había más tránsito de lo que recordaba haber visto nunca, y al parecer pasaba lo mismo en toda la zona. Cuando por fin pudo parar junto al bordillo en una gasolinera Amoco, puso el freno de mano y se enfrentó a Barry.

–¿Cuándo?

–¿Cuándo qué?

–¿Cuándo me va a dar los cien?

–Dios mío –exclamó Barry–, ¿no se fía de mí?

–No le conozco de nada –contestó Stick–. Pudo haber ganado el concurso de mentirosos y no haberme enterado yo. La semana pasada participé en un negocio con un amigo mío, no pedimos que nos pagaran por adelantado y nos la jugaron. Y no vea cómo se la jugaron a mi amigo. Pero no era un negocio en el que se pudiera llevar al tío a los tribunales y denunciarlo, ¿entiende?

Barry parecía sorprendido y Stick no estaba seguro de que lo hubiera escuchado.

–No se fía de mí...

–Si me fiara, tendría que fiarme de todo el mundo, ¿no cree?

–¡Por Dios! Pero si el que ha estado en la cárcel es usted, no yo.

–Eso es verdad –dijo Stick–, y le voy a contar cómo se hacen las cosas allí. Si le debes dinero a alguien, más vale que le pagues lo antes posible. Si haces esperar a la gente, piensan mal de ti y tu madre recibe una carta diciendo que falleciste cuando te estaban haciendo una operación. En cambio, lo que haría aquí sería salir del coche, quitar el cable e irme a casa.

–¡Eh! –exclamó Barry.

–¿Qué?

–Muy bien –le dijo mirándolo directamente, como si fuera uno de los suyos–. ¿Quiere que le pague en este mismo instante? Pues muy bien, le pago. Pero supongo que me había imaginado que lo entendía –dijo muy en serio, haciéndose a un lado mientras hablaba y metiéndose la mano en el bolsillo de atrás para sacar un fajo de billetes.

–¿Qué es lo que tengo que entender?

–Que mi palabra... que cuando doy mi palabra, joder, cuando le digo a un tipo por teléfono que voy a poner un millón y medio para anticipo de impuestos, quiere decir que voy a poner un millón y medio y él lo sabe. No tengo que firmar nada, él lo sabe. ¿Me sigue?

–Tenía que haber subido la apuesta –dijo Stick.

–Le he dicho que le debo cien, pues tenga... –Barry extendió un billete nuevecito y se lo alargó–. Aquí están los cien. ¿Está bien así? ¿Estamos en paz?

Stick cogió el billete y dijo:

–Muchas gracias.

Puso el Rolls en marcha y continuaron hacia el oeste por la calle 125, siguieron la calzada elevada por encima del brazo superior de la bahía de Biscayne, pasaron junto a las islas de Bay Harbour y salieron al océano Atlántico por una avenida Collins muy distinta de su homónima de South Beach. El trayecto desde la gasolinera de Amoco duró un cuarto de hora y ninguno de los dos abrió la boca ni emitió ningún sonido hasta que se encontraron frente al mar, y entonces Barry dijo:

–A la izquierda.

Se encontraban ahora en la Florida de las postales, el mar, el sol y una frondosa vegetación tropical. Stick lo observaba todo y percibía que mejoraba cada minuto. Volvieron a girar a la izquierda, dejaron la avenida Collins y llegaron a la caseta de un guarda. Un vigilante vestido con una camisa blanca con charreteras y un salacot azul –y que iba armado– dio entrada al Rolls, sin inclinarse siquiera para mirar al interior, después de lo cual la vista mejoró todavía más, aunque con un aire acicalado. Comenzaba allí un parque tropical muy cuidado, con muros blancos, setos recortados, palmeras contra el cielo, todo tipo de flores y de vez en cuando una calzada asfaltada, un trocito del país de las maravillas... a años luz de una casa encalada junto a un pozo de petróleo de Norman, o un piso en el barrio oeste de Detroit, jugando a la pelota junto a las vías del tren y las chimeneas de Ford Rouge.

–La próxima a la derecha –dijo Barry–. Ya estamos en casa.

Stick entró en el camino de acceso, el número 100 de Bali Way, siguió la calzada asfaltada que cruzaba una diminuta selva hasta que alcanzó a ver la casa, blanca con un tejado aún más blanco; le recordó un mausoleo, limpio y sencillo.

–Dé la vuelta hacia la parte de atrás –dijo Barry.

Llegaron a un ensanchamiento cubierto de grava en el que se abrían cuatro puertas de garaje y una pasarela cubierta que conducía a la casa, cuyo tamaño le pareció increíble a Stick. Era como una serie de módulos bajos unidos por muros y mamparas de cristal colocadas en ángulo, que se distanciaban gradualmente de la casa en hileras comunicadas por una escalinata que parecía la de un museo, que conducía a un patio y una piscina. Había una extensión de césped que terminaba en el muelle y una vista de la bahía de Biscayne, tras la cual se levantaba el centro de Miami con sus rascacielos. En el extremo más alejado de la piscina, más allá de los arbustos y las palmeras, Stick vio una pista de tenis de suelo rojizo, con un toldo de rayas rojas a un lado, y más allá una segunda casa que era una especie de ampliación del edificio principal, un módulo aislado a unos ciento cincuenta metros de distancia. La mirada de Stick volvió a concentrarse en la hilera de puertas de garaje.

–¿Cuántos coches tiene?

–Cuatro –contestó Barry–, en este momento. –Salió y luego volvió a meter la cabeza para coger el maletín–. No le sepa mal sentirse impresionado, yo lo estoy y soy el dueño.

Stick permaneció sentado detrás del volante, asimilándolo todo. Vio a una mujer con una bata verde, de pie en la terraza y mirando hacia allí, el cabello castaño y con mechas rojizas a la luz del sol.

–¿Cómo estás, nena? –le gritó Barry. Luego volvió a meter la cabeza en el coche para coger el periódico y, mirando a Stick, dijo–: La señora de la casa. También tendrá que llevarla a ella, pero generalmente sólo al club. Leucadendra. Está en Coral Gables, por si no lo sabe. Dudo que ella sepa ir. Pero a quien tiene que impresionar es a mí. No será alcohólico, ¿verdad?

—No lo había pensado —dijo Stick.

—Buena respuesta. Cecil es capaz de decir que va a una reunión de Alcohólicos Anónimos y volver como una cuba. Bueno, ya sabemos lo que ocurre si se saca a un tipo de un centro de rehabilitación.

—¿Por qué quiere contratarme? —preguntó Stick.

Bárry estaba ligeramente inclinado, mirando hacia adentro.

—¿Qué quiere decir con eso de por qué quiero contratarlo? Le ofrezco un trabajo. Ya está sentado en el coche, y no tengo que ir a la agencia.

—¿A cuánto sube el sueldo?

—Dios mío —dijo Barry. Se enderezó y volvió a inclinarse—. Dos billetes a la semana, comido y dormido. Comida en abundancia, tengo una cocinera estupenda. Pero no se permite acostarse con las criadas. Son buenas chicas. Viene una mujer a lavar la ropa; eso lo decide usted. ¿Qué más quiere saber?... En cuanto a la ropa, los uniformes los pago yo.

—¿Tengo que llevar uniforme?

—Por Dios —exclamó Barry—, ¿qué es esto? Sí, tiene que llevar uniforme. Un traje con tres botones. Tiene uno negro, uno gris oscuro y otro marrón claro, según la ocasión. ¿Le parece bien?

—¿Y dónde viviré? ¿Tendré una habitación para mí solo?

—Esto es increíble —dijo Barry. Se volvió y señaló hacia el ala del garaje—. Hay un apartamento de dos habitaciones. Tiene que compartirlo con el mayordomo, pero sí, tendrá una habitación para usted solo. ¿Quiere el puesto o no? Dios...

—Déjeme explicarle una cosa para que lo entienda —dijo Stick—. Es que me pasé siete años, día a día, en una habitación de dos metros de ancho por tres de largo. Ya sé que tengo que superar muchos obstáculos y rachas de mala suerte, así como una tendencia a tomar atajos, podríamos decir, si no quiero volver allí o a algún lugar parecido, pero mientras esté fuera tengo derecho a escoger dónde quiero vivir. De modo que, si me lo permite, primero echaré un vistazo a la habitación y luego decidiré. ¿Estamos de acuerdo?

–Claro –dijo Barry al cabo de un momento, como si no supiera qué otra cosa decir.

8

Chucky esperó afuera porque, al sugerir Wolfgang's por teléfono, Kyle le había dicho que ella no trabajaba en los bares. No lo había dicho de mal talante, sino con bastante tranquilidad, en su estilo natural, afirmando una realidad. Le dijo que iba a estar en la zona y quería dejarle unos papeles, o que, si le gustaba la oferta, podía firmar una orden de compra.

Chucky le dijo que muy bien y que firmaría en la línea de puntos, pero que tenía un compromiso apremiante y había de ir a Wolfgang's, y que si hacía una excepción por esta vez ello no volvería a ocurrir.

Lo que quería era que Kyle McLaren conociera a Eddie Moke y le dijera algo agradable. Un pequeño favor. También quería impresionar al chico. Quería meterse a Eddie Moke en el bolsillo como «garantía de protección anticubana». Un chico blanco que actuara de parachoques entre Chucky y los locos. Alguien que pensara a la norteamericana pero trabajara para los matapollos. Chucky no pensaba hacer más ofertas de un cuarto de millón de dólares para compensar errores honrados.

Estaba allí de pie, con su camiseta de rayas rojas, blancas y azules de la talla 44, propia de un enamorado de los barcos o de un patriota, charlando de coches con el encargado del aparcamiento, que había llegado para hacer frente a la hora de mayor afluencia de público. Al ver entrar el Porsche gris, el joven dijo:

–Eso es lo que yo llamo ruedas. Hostia, un novecientos veintinueve.

Chucky sabía que era Kyle. Un Porsche gris con una
rayita fina naranja claro. Aquella chica tenía carácter.
Palm Beach, dossiers de acciones y acero de alto rendimiento. Papá y mamá habían hecho todo lo posible para
contentarla. Preparó la sonrisa y apareció Kyle.

Vestida de amarillo pálido, con unas sencillas gafas
oscuras, una cartera con cremallera en una mano, y apartándose el flequillo con la otra. Esta vez le gustó más su
pelo; era más rubio a la luz del día, sí, tenía un aire natural muy propio de ella. Una tía guapa y con cerebro. Se
preguntó si Pam y Aurora habrían terminado ya las
copas...

Era consciente de todo lo que se movía simultánea-
mente por su cabeza, de todo lo que entraba y salía flotando de su visión cerebral, imágenes y ahora acción en
vivo con un vestido amarillo pálido. ¿Preparado?

–¡Kyle!

Ella se levantó las gafas mientras se acercaba y luego
se las quitó.

–¡Chucky! –exclamó casi con la misma intensidad
con que la había saludado él. Pero inmediatamente su expresión se relajó y recuperó la compostura–. ¿Estás a
punto para convertirte en un accionista corporativo?

–Si no hace falta que lea la letra pequeña... Vamos
adentro, quiero presentarte a unos amigos. –Mientras subían las escaleras y le rozaba la espalda con las manos,
añadió–: ¿Me harías un favor?

Ella lo miró, pero no aparentó sorpresa.

–¿Qué?

–Dile al chico que te voy a presentar que te gusta el
sombrero que lleva.

Chucky acercó una silla a la mesa, saludó a los pre-
sentes con la mano y les preguntó cómo estaban. Las dos
chicas, Pam y Aurora le hicieron sitio, pero el joven que
bebía cerveza de la botella y que fue presentado simplemente como Moke, no se movió. Estaba muy serio, con
el sombrero oficial de cowboy norteamericano inclinado

sobre los ojos. Torvo, mientras su cuerpo trataba de aparentar despreocupación, el macho indiferente.

–Me gusta tu sombrero. Tiene carácter –dijo Kyle.

Moke se removió. La miró, miró detrás de ella, volvió a mirarla y luego se estiró para mirar la habitación, enseñándole la puntiaguda manzana de Adán en su vulnerable y blanca garganta. Era posible que no la hubiera oído pues la música estaba muy alta, una campana repicaba en el exterior y sonaba una bocina acompañada de vítores y risas forzadas; mal momento.

–He dicho que me gusta tu sombrero –volvió a decir ella inclinándose sobre la mesa.

En esta ocasión provocó una reacción. Moke se tocó el ala, se lo echó hacia atrás y luego otra vez sobre los ojos. Los mechones de cabello oscuro que descansaban sobre sus hombros no se movieron.

–Es un Crested Beaut auténtico –explicó Chucky.

–También me gusta la camisa –se obligó a decir Kyle, aunque no estaba segura del motivo.

Era una camisa azul clara con rosas rojo oscuro en el canesú y botones de nácar desabrochados casi hasta la cintura, dejando un pecho huesudo al descubierto–. ¿Eres vaquero?

–Moke es de Texas, auténtico –aseguró Chucky–, ¿verdad, Moke?

Moke se encogió de hombros, como si aquello no tuviera importancia.

–Lo creo –dijo Kyle.

Con aquello bastaba. Se preguntó qué se proponía Chucky, a qué venía tanto teatro, si necesitaba estar rodeado de gente.

Kyle supuso que la chica que se llamaba Pam era la pareja de Chucky. Kyle nunca había visto tanto cabello en una cabeza humana. Rubio ceniza. Más que todos los Ángeles de Charlie juntos. Hacía que la cara pareciera diminuta, escondida allí en medio. Su mano, que lucía un diamante solitario, descansaba en el brazo de Chucky. Bostezaba, pero parecía contenta.

La otra chica, Aurora, era morena, tenía cara de gato, ojos de dormitorio y movimientos lánguidos; llevaba anillos en siete dedos, un diamante, un ópalo e intrincados diseños de oro. No bostezaba; se enrollaba la paja de su collins alrededor del dedo gordo, la desenrollaba y la volvía a enredar.

–Hoy hemos estado con Barry –anunció Chucky–. Hemos venido desde Dinner Key. Una pequeña fiesta en el barco.

–Lo sé –dijo Kyle–. Me ha llamado cuando estaba a punto de salir de casa.

–Cada vez que salimos en el barco –dijo Pam muy despacio, arrastrando las palabras– y luego venimos aquí y voy al lavabo a lavarme las manos y peinarme, cuando me miro al espejo después de haber estado en el barco, los granos parecen mayores.

–Lo son –aseguró Aurora.

–¿Así que trabajas en casa? –preguntó Chucky.

–Tengo un despacho.

–Estas dos también trabajan en casa.

–¿Qué quieres decir con eso? –dijo Pam, dándole un manotazo en el brazo.

–Pensaba que me ibas a llevar a casa –rezongó entonces Aurora. El tono lastimoso sorprendió a Kyle, que esperaba un ronroneo.

–Si te quieres marchar, llama a un taxi –declaró Chucky.

–Eres un farsante. Barry ha dicho que me llevarías –volvió a gimotear. No eran ojos de dormitorio; eran tristes, como máximo soñolientos.

–Oye, no sabía que trabajaba para Barry –dijo Chucky–. Si te quieres ir a casa, vete. Si quieres esperar, cuando hayamos acabado te llevaré. Sé buena chica.

–¿Y por qué no puede llevarme Lionel? –quiso saber Aurora.

–Porque Lionel está ocupado.

–¿Qué hace? ¿Comer? –dijo Moke–. No he visto a ese gilipollas hacer otra cosa.

Moke sonrió y miró a Kyle para ver cómo reaccionaba.

Ella sonrió, por cortesía, pero se arrepintió. Animado, Moke añadió:

–Sí, si ese Lionel mete el morro en el comedero se puede pasar todo el día tragando, ¿verdad?

–Es que es un pedazo de hombre.

–Si fuera mío, lo tendría en los pastos.

–Te voy a dejar esto –dijo Kyle, levantando la cartera en el regazo. Abrió la cremallera y sacó un folleto y unos papeles sueltos–. Puedes leerlo con tranquilidad y luego llamarme... Esta semana no, me voy a Nueva York.

–No puedo esperar –dijo Chucky–. Quiero solucionarlo ahora.

–No sabe leer –dijo Moke–. Ése es su problema. ¿Tú sabes?

–¿Quieres hacerlo aquí? –preguntó Kyle sin apartar los ojos de Chucky.

–Será una cosa nueva. El único negocio legítimo que se haya hecho aquí –dijo Chucky.

–Bueno... –accedió Kyle, y le colocó el prospecto delante–. Es una empresa de software que lleva dos años funcionando.

–Software –repitió Moke articulando despacio–. ¿Son los que fabrican ese papel higiénico que no rasca nada cuando te limpias?

–Eres un asqueroso –dijo Pam.

Kyle no levantó la vista.

–Han creado una serie de programas para ordenadores personales. –Miró a Chucky–. Tú querías que fuera algo de alta tecnología.

–Me encanta. Yo también tengo un ordenador. ¿Te lo enseñé?

–No, no me lo enseñaste –dijo Kyle negando con la cabeza.

–No sé hacerlo funcionar –confesó Chucky–, pero tengo un chico de catorce años que viene cuando lo necesito. Se llama Gary. Es capaz de meterse en Dade y Broward County, en los dos sistemas. Si le pido que compruebe un número de matrícula, en diez segundos me dice si es de un coche del condado, del gobierno o particular. Y no para de hacer globos con el chicle.

–¡No jodas! –exclamó Moke.

–Pregúntale la fecha de nacimiento de tu polizonte

preferido, por si le quieres mandar una tarjeta con algo dentro el día de su cumpleaños –dijo Chucky.

–Con esto entras en Dow-Jones –intervino Kyle–. Su especialidad son programas de listas de correspondencia, previsiones, análisis de costes, presupuestos y tratamiento de textos. Han organizado un diccionario de ochenta y ocho mil términos en noventa y tres K bytes de disco..., no sé si te parecerá interesante.

–Interesantísimo –dijo Chucky–. ¿Qué más?

–Bueno, tienen mercado. Ha aumentado un tercio anual, mientras que esta empresa ha triplicado sus ingresos en los últimos dos años y ahora están bastante seguros de conseguir un crecimiento anual del trescientos por ciento, al menos hasta el ochenta y cinco.

–¿Cómo sabes todo eso? –preguntó Aurora.

Kyle miró hacia donde estaba la morena, que tenía fruncido el ceño.

–Lo siento. ¿Qué has dicho?

–Que cómo sabes todas esas cosas.

–Leo –explicó Kyle. Colocó delante de Chucky una carta mecanografiada dirigida a una empresa de inversiones de Nueva York, y luego volvió a meter la mano en la cartera para sacar un bolígrafo–. Es el impreso de suscripción. Firma donde pone tu nombre en la parte de abajo, y serás socio accionista con el uno y medio por ciento de Stor-Tech, Limited.

–Pero, ¿cómo ha aprendido todo eso? –insistió Aurora.

–Es lista, eso es lo que pasa –dijo Moke, por si a alguien le interesaba la respuesta.

–Tengo una idea –propuso Kyle a la asombrada Aurora, que la miraba ceñuda–. Te acompaño a casa y te lo cuento todo por el camino. ¿Qué te parece?

–Oye, no te irás a marchar ahora, ¿verdad? –dijo Chucky.

–Tengo que irme. ¿No ocurre siempre así, justo cuando más te estabas divirtiendo...?

Bobbi levantó la mano para llamar la atención de Chucky, que se dirigía a la terraza, y enseñarle la cuenta. Observó cómo regresaba entre los clientes que llenaban el local, seguido por Moke, con aquel ridículo sombrero de cowboy.

–¿Quieres firmar o pagarlo?

–Me gusta firmar. Dame el bolígrafo –dijo Chucky.

Bobbi tuvo que ir hasta la caja a buscarlo. Allí estaba también la cuenta que su jefe quería que le enseñara para que le diera el visto bueno, de modo que la cogió y se la entregó a Chucky con el bolígrafo.

–Dice Gabe que te enseñe ésta. Yo misma puse tu nombre la semana pasada.

Chucky la cogió y la miró.

–Escribes igual que yo.

–Trataba de ahorrarte la molestia, pero Gabe lo ha notado.

–Termina la onda en línea recta y luego ponle una colita. Ésta casi es legible –dijo Chucky–. No te pusiste propina.

–Claro que no. ¿Crees que te estoy timando?

–No, cariño –contestó Chucky sin dejar de mirar la cuenta–. ¿Con quién estaba? No me acuerdo.

–En realidad –contestó Bobbi, que estaba temiendo que se lo preguntara–, tú no estabas, pero Rainy dijo que lo pusiera en tu cuenta –Chucky había levantado la vista para mirarla– porque él y el tipo con quien estaba tenían que encontrarse contigo aquí, pero no te presentaste.

–¿El jueves? –preguntó Chucky, con las grandes pupilas clavadas en ella.

Moke estaba muy cerca, apoyado en la barra y mirando la cuenta por encima del hombro de Chucky. Bobbi levantó la mano para alisarse el cabello y tener algo que hacer, pero entonces vio que Moke, el idiota, le miraba fijamente el sobaco. Moke era muy raro. A veces se sentaba en la barra con la mirada perdida, sosteniendo la botella de cerveza por el cuello, sin apartarla de la boca, y haciéndola girar levemente cuando quería tomar un trago. Si se sentía gracioso, pedía una paja para la cerveza y esperaba que ella se riera. Iba a tener que esperar mucho tiempo, el idiota. Vaya capullo.

–¿Y dijo que me esperaba a mí? –dijo Chucky.

–¿Quién, Rainy? Sí, que había quedado contigo aquí,

Rainy y su amigo. Ha estado aquí hace más o menos una hora, acabo de verlo.

–¿Rainy? –Chucky parecía confuso.

–No, el amigo.

–¿Mientras estaba yo aquí?

–No lo sé. Es posible, no me he fijado.

–No creo que haya sido mientras yo estaba aquí. –Chucky se enderezó y se volvió hacia Moke–. ¿Lo has visto?

–¿A quién?

–Al tío ese que estaba con Rainy la semana pasada. Ya sabes, el que fue con él...

Ahora fue Moke el que se incorporó.

–¿Ha estado aquí? ¿Cuándo?

–Dice que hace sólo un rato.

–No sé –dijo Bobbi, cuyo instinto le decía que se retractara–, a lo mejor hace un par de horas.

No le gustaba la expresión de Moke, ni tampoco la de Chucky.

–Seguro que nos hemos cruzado –aseveró Chucky–. ¿Cómo has dicho que se llamaba?

–No sé cómo se llama. Sólo sé que es amigo de Rainy.

–Uno delgado, con el pelo castaño –dijo Chucky.

Nunca había visto a Chucky tan interesado, tan serio. Un momento antes iba a decir que el amigo de Rainy había cambiado mucho exteriormente, como si hubiera estado enfermo y luego se hubiera recuperado, pero cambió de opinión y dijo:

–Un tipo corriente, supongo.

–¿Dónde vive? –le preguntó Chucky.

–¡Y yo qué sé! –contestó con irritación Bobbi para demostrar que se estaba cansando del interrogatorio–. Pregúntaselo a Rainy.

Ninguno de los dos dijo nada.

Parecía que Moke estaba a punto de hablar, pero arqueó las cejas y sonrió. Luego se pasó la mano por la boca y apartó los ojos, como los actores de televisión, fingiendo inocencia. Inmaduro o imbécil, pues Bobbi pensaba que cualquiera de los dos adjetivos eran aplicables a Moke. Incluso flipado era el colmo de la simplicidad.

—Bueno, no importa —dijo Chucky y se inclinó para firmar.

Moke dijo entonces algo que no se le borró de la cabeza a Bobbi durante mucho tiempo.

—Cuando lo vi estaba oscuro, pero reconocería a ese capullo, te apuesto lo que quieras. —Y lo dijo expresando ansiedad.

Bobbi se alegró de no haberles dicho que el amigo de Rainy había cambiado mucho. Se preguntó si volvería. Y se preguntó qué le diría si lo volvía a ver.

Iban por la acera del puente, cruzando en dirección al piso de Chucky. Lionel caminaba detrás.

—La chica ha dicho que le preguntes a Rainy —dijo Moke—. Menuda faena. Te pones una botella de aire, un par de pies de pato...

—No quiero saber nada de eso —replicó Chucky.

—Pues más vale que te ocupes de ese individuo. Si se lo digo a Néstor, me va a decir que lo quite de enmedio.

Chucky se secó el rostro con la palma de la mano. Tenía ganas de correr, de correr hasta su casa, de subir los quince pisos corriendo —el ascensor era muy lento— y tomarse unas cápsulas; cuando estaba en vena, tenía que moverse sin dilación.

—Ha debido de equivocarse. No es posible que se pasee por aquí, así que no te preocupes.

Moke agarró a Chucky por el brazo y le obligó a detenerse en mitad de la acera del puente. La gente empezó a dedicarles miradas de desdén, pues les obligaban a bajar a la calzada para rebasarlos. Lionel los alcanzó, pero Moke no le prestó atención ni a él ni a los transeúntes.

—Tú eres el que mandó a ese tipo con Rainy. Yo vi cómo se escapaba. Y Amilanosa estaba allí de pie, con la Mac-ten humeante; él también vio cómo se escapaba. Y Avilanosa dijo: «¿Quién era ése?». Yo le dije que ni idea, que un tipo al que Chucky se quería cargar.

Chucky, tratando de dominar la mandíbula, dijo:

—Estaba con Rainy. Yo ni siquiera lo conocía. Escucha, tengo que marcharme.

–Sí, pero por teléfono me dijiste que me llevara al tipo que iba con Rainy. ¿Te acuerdas?

–Es posible –dijo Chucky moviéndose, retorciendo los hombros, con deseos de chasquear los dedos–. Da igual si lo dije o no. Ya me ocuparé del asunto. Si está por aquí, lo encontraré.

–Si jodes otra vez a Néstor –dijo Moke–, mandará a Avilanosa. Y yo no podré hacer nada al respecto, ni querré intentarlo... por muchos sombreros que me regales, socio... ¡Eh! ¿Me oyes?

Chucky corría como si estuviera haciendo footing, justo a tiempo para contener el pánico que empezaba a hacer presa en su sistema nervioso. Si Moke lo tocaba, si trataba de detenerlo...

Se sentía exactamente igual que cuando a los doce años mató al perro con sus propias manos.

9

–¿LE GUSTA? –dijo Cornell Lewis, el mayordomo, procurando quizá, demostrar a Stick que tenía modales, pero sin burlarse de él.

Stick no esperaba una cama doble y vistas de las palmeras.

–Me parece que me la quedo.

–No me extraña –dijo Cornell–. Compartimos el cuarto de baño, ducha y bañera... –Se hizo a un lado y Stick avanzó para echar un vistazo: relucientes sanitarios y azulejos–. También tenemos el cuarto de estar, con televisión en color... Allí está la nevera y el fogón... por si no queremos comer en la cocina con el servicio.

–¿Cocinas?

–Sí, ¿tú no? –dijo Cornell mirándolo.

–Probablemente cocino mejor que arreglo coches –contestó Stick–, pronto te darás cuenta.

–Aquí no hay nada que arreglar. Cuando se rompe uno, lo cambia por otro nuevo... Vamos, tengo que enseñarte el resto. El amo quiere que sepas dónde está cada cosa. Te dirá: «Eh, Stickley, tráeme un teléfono a la salita». Y tú tienes que saber dónde está la salita. ¿Me entiendes?

–Sí, pero yo no tengo por qué trabajar dentro de casa.

–A él le gusta que el chófer haga un poco de todo y que ayude en la casa y cuando tienen invitados. Menos Cecil. Cecil lo rompía todo, se lo cargaba todo y no le importaba un pimiento. Un ser humano estupendo. Por eso el señor Stam no le dejaba entrar en casa. Tenía que haberlo atado con una correa.

–Hasta ahora no he oído nada bueno de Cecil –dijo Stick–. ¿Te llevabas bien con él?

–Para llevarse bien con Cecil hace falta un látigo y una silla, o una de esas picas que usan con las vacas. En primer lugar, no le gustan los negros, y en segundo lugar los odia. Tendría que volverse negro, a ver si le gustaba el tratamiento.

–Ni siquiera sabe que lo han despedido, ¿no?

Cornell hizo una mueca, una expresión de dolor.

–Todavía no.

Parecía más un museo que una casa donde viviera gente: todo era mármol, cristal o espacios abiertos, lleno de plantas colgantes, de ramos de flores y palmeras en macetas. Desde cierta distancia no se sabía qué parte era interior y qué parte era exterior.

El salón era como una galería de arte: había que bajar dos peldaños para alcanzar un suelo de mármol gris, dividido por una separación totalmente blanca. Entre los almohadones había sitio para que una docena de personas se sentara a contemplar los cuadros y esculturas, cuyo significado resultaba absolutamente indescifrable. Toda la habitación era gris, rosa y blanco, menos una mesa de mármol negro. Encima de ésta había flores blancas, ni un cenicero, y varios ejemplares de una revista llamada *Savvy* dispuestos en forma de abanico.

Stick descendió al salón y se detuvo ante una tela de unos tres metros por uno y medio, unas manchas grises que podían representar partes del cuerpo humano, órganos y huesos, esparcidos sobre un fondo blanco.

–¿Qué es?

–Lo que te diga tu imaginación –explicó Cornell.

Estaba de pie en los escalones de mármol. Era más alto que Stick, un negro de piel clara y edad indefinida con el cuerpo de un corredor de fondo, tan impecable como la decoración, con sus pantalones grises perfectamente planchados, tirantes negros sobre una camisa blanca de vestir con el cuello desabrochado, relucientes mocasines negros con borlas: el mayordomo casi a punto de emprender tareas nocturnas.

–¿Tienes que limpiar?

–Eso lo hacen las criadas.

–Pues lo hacen muy bien –observó Stick.

–Ni basura, ni polvo –aclaró Cornell–, ni corrientes frías que entren por cristales rotos. –Hizo una pausa. Stick lo miró y Cornell prosiguió–. Has estado a la sombra, ¿verdad?

Stick se acercó a él sin dejar de mirar a su alrededor, se detuvo ante una piedra pulida que habría podido ser un búho si hubiera tenido ojos, y dijo:

–Es una suposición.

–Sí –dijo Cornell–, pero me has contestado.

–Bueno, como dicen...

–¿Qué dicen donde estabas tú? –Parecía que Cornell se encontraba incluso más a gusto, dispuesto a sonreír–. Yo estuve en Raiford, luego pasé un tiempo de atenuada en Lake Butler, de eso hace cuatro años, y luego encontré una carrera nueva.

–Yo estuve en Jackson –dijo Stick.

–Mmmm, seguro que le has impresionado. Jackson; allí hay motines y todo.

–Me parece que le ha gustado.

–Lo que le gusta es pasar rozando el peligro y salir sin una mancha –explicó Cornell–. Se cree muy macho. ¿Me entiendes?

–Va y me dice: «¿Cómo lo pasó allí dentro?». Como si él hubiera estado alguna vez. Parece un funcionario de vigilancia.

–Exacto... Vamos. –Cornell se volvió y prosiguieron el recorrido–. Te entiendo perfectamente. Te pregunta cómo lo pasaste como si supiera cómo podías pasarlo. Yo traté de contárselo, empezando por las puertas que se cierran de golpe. Para abrirse, todas las puertas se deslizan, pero para cerrarse dan un golpe. Entras en la celda y *clac*, allí te quedas. Y él hace ver que lo sabe... Si alguna vez entrara allí, se lo pasarían de uno a otro, para que todo el mundo tuviera un trozo.

95

–Le pondrían ropa de muñeca y jugarían a papás y mamás –dijo Stick–. Pero él quiere hacerte creer que lo sabe todo.

–Quiere hacerte creer que lo tiene todo dominado. ¿Me entiendes? Sí, como si fuera él el que lo sabe todo y te estuviera poniendo a prueba, pero no sabe nada si tú no se lo dices. –Cornell estaba a sus anchas y hablaba a Stick en tono coloquial–. Cuando veas a algunos de los tipos con los que tiene tratos, ya te darás cuenta. La gente que viene a su casa, tío, luego la ves en los periódicos, en alguna investigación del abogado del estado, cosas así. Por eso te ha contratado a ti, y por eso me ha contratado a mí. Va y se sienta en el club con sus amigos ricos y dice: «Sí, sí, yo entro en la propia jaula con ellos. Y no me hacen ni un rasguño. No, yo sé tratarlos». Se lo dice a todo el mundo. ¿Me entiendes? Así, que si hay alguna orden de búsqueda en algún sitio... ya me entiendes, más vale que te las pires de aquí.

–Lo cumplí todo –dijo Stick–. Hasta el final. He terminado.

–O eso esperas.

–¿Te sacó de una casa de rehabilitación o pasabas por aquí?

–¿Sabes cómo me encontró? El tío no sabía nada de mí. Yo trabajaba de portero en otro lugar más abajo, un edificio de apartamentos. Se presenta con el coche. Todo está lleno de coches porque hay una recepción. Yo no aparcaba coches, sólo estaba en la puerta, pero el señor Stam baja la ventanilla y saca la mano con un billete de diez entre los dedos. Va y me dice: «Tienes sitio para otro, ¿no?». Y va y me lanza el billete, como diciendo: «Venga, cógelo». Así que lo cojo, me lo meto en la camisa y le digo: «No señor, no tenemos». Y me marcho. Sale del coche y me sigue. Se me planta delante, así. –Cornell se puso la palma de la mano delante de la nariz y luego la bajó hasta la barbilla–. No, más bien así. Como si él fuera el jefe y yo un subordinado. ¿Me entiendes? Aquí mismo. Y me dice: «¿Qué pasa? ¿Eres un impertinente?». Y yo le digo: «Usted me ha echado el dinero para que lo cogiera. ¿No hubiera sido tonto no cogerlo?». Se da media vuelta y luego regresa enseñando los dientes. «Tienes nervio, chico. Me gustan los chicos con nervio», me dice. Se saca un billete de cien del bolsillo, me lo da y me dice con su voz natural, pero muy alto: «Haz el favor de aparcar el coche, joder». Y yo voy y me rasco la cabeza y le digo: «Ah, ¿era eso lo que quería?». Estábamos haciendo un chiste, ¿entiendes? Entró en la fiesta y al cabo de un rato volvió a salir. Yo aún estaba allí. «¿A qué te dedicas cuando no haces de portero?», me preguntó. Y como yo sé que está loco y que le gustan las bromas, le digo la verdad suponiendo que se imaginará que le estoy contando un cuento. «Chorizo, trafico, robo, vendo televisores y cuberterías por la puerta falsa.» Le encantó y me dijo: «¿Y limpias las cuberterías antes de venderlas? ¿Sabes cómo se hace? ¿Eres de los listos?». Y esas cosas. Ahora es parte de la rutina. Si tienen invitados y entro yo con una bandeja de canapés, le dice a una de las señoras: «Vigila el bolso, Sharon, ahí viene Cornell». Y, ¿qué hago yo? Sonrío.

–¿No te molesta?

–¿Molestarme? Me pongo el traje de payaso y sonrío. «Ay, señor Stam.» Y a la señora rubia que se llama Sharon le digo: «Qué cosas más terribles dice el señor Stam». Te pones el traje de payaso y no te ven. Así puedes observarlos. Aprender algo.

Parecía pensativo.

–¿Qué quieres aprender? –le preguntó Stick.

–No sé. Algo. En lo que dice esta gente rica cuando habla tiene que haber algo que te pueda servir.

–Algo que ellos no saben que te están diciendo.

–Sí –dijo Cornell enfáticamente–. Eso es.

–Pero no sabes lo que esperas oír.

–Hasta que lo oigo, no. Pero cuando lo oigo... ¿Me entiendes? Entonces lo sé.

–¿Y hace cuatro años que escuchas?

–¿Qué prisas hay?

Claro, y si no oía nunca las palabras mágicas que esperaba, le daba lo mismo. Stick llegó a la conclusión de que Cornell estaba practicando el jueguecito de la sonrisa consigo mismo. No había nada de malo en ello; seguramente lo admitiría si se le acorralaba. Por otra parte, escuchar y estar preparado en vez de quedarse uno dormido en los laureles, podía tener su parte buena.

Se preguntó dónde estaría el jefe.

–Telefoneando –dijo Cornell–. Cuando no lo ves, está telefoneando. Y cuando lo ves, también está telefoneando.

–A la gente con dinero les gustan los teléfonos.

–Les encantan. Es una verdad digna de ser anotada y recordada.

–Yo conocí a un tipo que tenía doce teléfonos –dijo Stick.

–Eso no es nada. El señor Stam tiene siete en el garaje, contando los de los coches. En casa debe tener quince, y cuatro o cinco fuera. Mira hacia adentro mientras pasamos por el despacho.

Muy cierto, allí estaba hablando por teléfono, sentado detrás de una mesa negra en una habitación pintada de negro, con un teléfono rojo en la mano. Stick percibió pinceladas de rojo y oro. Lo que le hizo detenerse fue la foto (en blanco y negro ampliada), de Barry, un metro ochenta, desde los pantalones cortos hasta la gorra de marino, con unas cejas arqueadas que expresaban inocencia y la cara de «¿Quién, yo?». El Barry en blanco y negro detrás del Barry real hablando por teléfono.

¿Por qué le resultaba familiar aquella expresión?

–¡Eh! –dijo Cornell en un susurro, y siguieron adelante.

Cornell le explicó que le gustaba el negro porque le relajaba, le ayudaba a mantener la calma mientras hacía los grandes negocios. Y le encantaba el teléfono rojo con el negro.

Mientras escuchaba, Stick seguía viendo la expresión de «¿Quién, yo?». En el coche no le había resultado familiar, no tenía la sensación de haberlo visto antes... hasta que se acordó de otra foto, de un grupo de fotos colgadas en la pared de madera del despacho... los tipos vestidos de huevo de Pascua y las dos chicas en la popa del yate... exactamente el mismo «¿Quién, yo?» del tipo que había junto a la chica de la cadena de oro en la cintura, sí, el de al lado. «¿Quién, yo? Yo no hago nada.»

Dios mío. Barry y Chucky.

Podía equivocarse. La misma expresión, pero dos tipos distintos que se parecían un poco, el mismo aire.

–Y ahora la esposa, la señora Diane Stam –decía Cornell–. Es una cosa especial. Va por aquí y por allí. Él dice que no hace más que dar vueltas. Da vueltas por la casa buscando cosas que hacer. Y luego te da una lista. A él le gustan los teléfonos, a ella le encantan las listas. Y en la lista pone que ordenes todos los libros de la biblioteca alfabéticamente por el nombre del autor, que pongas caramelos rojos en el despacho negro, que pongas caramelos verdes y blancos en la salita... Ahí está. Y negros en el salón.

Estaban cruzando una despensa que daba a la cocina.

La señora todavía llevaba la bata verde, de una tela fina, como de seda. Estaba hablando con la cocinera. Cornell esperó. A juzgar por la manera de caerle la bata, Stick hubiera apostado a que tenía unos pechos blancos y redondos con venitas azules, que parecían llenos de leche. Tendría unos treinta años. Una buena edad. Cuando se volvió hacia ellos, Cornell dijo:

–Señora Stam, quiero presentarle al nuevo chófer Stickley.

–¿Stickley?

–Sí, señora.

Era de esas mujeres que parecen suaves y blandas, de movimientos lentos, pasivas... Siempre tenían esa piel pálida.

–Stickley... ¿Es inglés?

De las que si la hubiera visto sola en un bar hubiera notado que la entrepierna le volvía a la vida, y se hubiera puesto nervioso mientras intentaba trabar conversación, seguro de parecer un idiota.

–Sí, señora, es inglés –dijo Stick, aunque nunca había pensado que él o su familia procedieran de otra parte que no fuera el medio oeste.

–Qué bien –dijo la señora Stam–. Bueno...

Stick esperaba algo más, pero aquello fue todo. Salió de la cocina.

Fue presentado a la cocinera, la señora Hoffer, una viejecita patizamba que llevaba un uniforme blanco. Parecía una mujer fuerte. Cuando Cornell le dio una palmada en el trasero, ella le propinó un golpe con un trapo, pero Stick notó que le gustaba. Le dijo que se alegraba de conocerla y ella le contestó:

–Igualmente, chico.

–Esta señora hace unos blinzes estupendos, ¿verdad, mamá? –dijo Cornell pasándole un brazo por los hombros–. Y knedlachs, piroshkis, ¿qué más?, kugel, todo lo bueno. Yo le estoy enseñando unos trucos de gourmet, como guardar la grasa del bacon y ponerla con las berzas.

La cocina era una dependencia bastante agradable. Stick conoció a Luisa Rosa y Mariana, las criadas, a quien Cornell llamaba las gemelas Marielita de Cuba. Sonrieron sin apartarse apenas una de la otra, las dos vestidas con uniformes amarillos y delantales blancos. Cornell dijo que les estaba enseñando a hablar en americano, a decir «estoy deprimida por culpa de la ansiedad» y «que tenga buen día».

Stick llegó a la conclusión de que Cornell no esperaba las palabras mágicas. Se encontraba como en casa.

Después de cenar, mientras regresaba al garaje por el pasaje cubierto, había empezado a pensar otra vez en la ampliación «¿Quién, yo?», preguntándose si podría echar otra mirada al despacho, cuando ocurrió una cosa extraña. Vio un yate amarrado al muelle. Un barco grande y elegante, que debía de medir sus dieciocho metros de eslora. Bajó al muelle y comenzó a medirlo, dando pasos desde la proa. Contó veinte pasos y miró hacia la popa.

Seaweed. Y debajo: «Bal Harbour, Fla».

Regresó al apartamento del garaje tras relacionar la foto de Barry con el barco de la foto del despacho de Chucky, pero todavía no estaba seguro.

Cornell llevaba una corbata gris perla con los pantalones grises y se estaba poniendo una americana negra de tela ligera.

–¿Vas a salir?

–Tío, ¿crees que me pondría esto para salir? Parecería de la funeraria.

–Hay un barco amarrado al muelle.

–¿Un barco? Eso es un yate que vale medio millón de dólares, el *Seaweed*. El amo hace algunas de sus grandes escapadas en él.

–Pensaba que a lo mejor alguien había venido de visita.

–Van a venir unas visitas, pero no por mar. –Cornell se abotonó la americana y se volvió de lado ante el espejo de la cómoda, para mirarse–. Estás hecho un tío bueno –se dijo a sí mismo.

–Da fiestas en el barco, ¿eh?

–¿Qué estás tratando de averiguar? Quizá pueda ayudarte.

–Querría saber si el jefe tiene un amigo que se llama Chucky.

En el rostro de Cornell se dibujó una amplia sonrisa.

–¿Chucky? ¿Conoces a Chucky? Si lo conoces, es que hay cosas que no me has contado.

–¿Son muy amigos?

–A veces juegan juntos. ¿De qué conoces a Chucky?

–En Jackson había uno que se llamaba Rainy Moya y había trabajado para él.

–No conozco a ningún Rainy Moya –dijo Cornell sacudiendo negativamente la cabeza–. Pero Chucky, joder... Chucky es el payaso principal, la principal atracción de nuestro hombre, es amigo de los malos, de los buenos, de todos... ¿Qué miras?

Stick esperó sin decir nada.

–Sí –prosiguió Cornell con calma–, hay cosas que no me has contado.

–Tengo que hablar con una persona –dijo Stick.

–A mí no me metas en ningún lío. Estoy limpio y pienso seguir estándolo.

–Tengo que averiguar una cosa.

–Y yo tengo que ir a trabajar.

–Espera un momento. Quiero preguntarte una cosa, nada más. Creo... –dijo Stick, luego vaciló–, prácticamente sé, que Chucky se cargó a un tío: a ese que te he dicho, Rainy. Lo mandó a entregar una bolsa sabiendo que lo iban a liquidar. Se apeó un tipo de un coche con una pistola capaz de matar a Jesús. Pero tú me dices que Chucky es el payaso principal, que provoca muchas risas... –Stick hizo una pausa.

–Sí. ¿Qué es lo que me preguntas?

–¿Lo es o no lo es?

–Tengo que ir a trabajar –repitió Cornell.

Stick se durmió. No sabía cuánto rato había dormido. Estaba mirando una película de James Bond por la televisión, sentado en una cómoda butaca, pero cuando notó que lo tocaban pegó un salto y vio que estaban dando las noticias.

–No quería asustarte... –dijo Cornell–. El señor Stam quiere que bajes al patio.

–¿No piensas decirme nada más? –preguntó Stick levantando la vista–. ¿Qué tengo que ponerme?

–Ya estás bien así.

–¿Qué pasa?

–Cecil –explicó Cornell–. Cecil ha venido de un humor de perros, me parece que eso de que lo hayan despedido no le ha sentado muy bien.

–Esperaba que viniera y sacara sus cosas de ahí, para poder irme a la cama.

–Bueno, pues ya ha venido. El señor Stam quiere que hables con él.

–Yo no lo he despedido; ha sido él.

–Eso díselo al señor Stam.

–¿Qué se cree? ¿Que le he quitado el empleo?

–No hay manera de saber lo que piensa Cecil.

–¿Ah no? ¿Cómo es?

–¿Cecil? Es un patán y un hijo de puta, eso es lo que es. Y no le gusta nada.

–Oye, un momento –dijo Stick–. ¿Tengo que bajar, y luego él tiene que subir aquí a buscar la ropa? ¿Después?

–¿Y yo qué quieres que te diga?

Era una reunión informal. Habían venido unos amigos a tomar unas copas, unas gambas y unas bocas de cangrejo: el abogado de Barry, su médico y su vendedor de yates, acompañados por sus mujeres y vestidos deportivamente, con jerseys echados sobre los hombros, los rostros inmóviles, tenuemente iluminados por las luces del patio enterradas entre las plantas, las velas del bufete y un círculo de antorchas que ardían sobre unos postes de metal negro.

Barry y Diane vestían túnicas blancas. Diane estaba entre los invitados mientras que Barry se encontraba, con su bata iluminada por el teatral resplandor de las antorchas, frente a Cecil, que se había apoyado en el bar portátil.

Cada vez que Cecil cambiaba el pie que sostenía su peso, el carro se movía y las botellas chocaban unas con otras. Alargó el brazo hacia atrás, agarró una botella por el cuello y, tras coger impulso, la lanzó por encima de las cabezas de los invitados a la piscina; nadie se movió. Había ya varias botellas flotando, casi sumergidas, iluminadas por la límpida luz de los focos del fondo.

Barry tenía los codos apretados contra el cuerpo y las manos abiertas, con las palmas hacia arriba. Gesticulaba mientras hablaba y luego retornaba a la pose de resignación con las palmas hacia arriba.

–Cece... ¿Qué quieres que te diga?

–Ya me lo has dicho, gilipollas. Si no lo he comprendido mal...

Cecil estaba lo suficientemente borracho como para caminar a trompicones. Mientras levantaba la botella de Jack Daniel's hasta la altura de la boca se agarraba al carrito.

–Eso es lo que pienso. ¿Qué más puedo decir?

–Puedes decirme que no, capullo. Podemos volver a hablar del asunto.

–Cece, no me estás dando motivos para escucharte siquiera –dijo Barry solemne. Miró hacia la oscuridad. Parecía que llegaba alguien, por fin–. No quiero llamar a la poli, Cece, pero no sé. Si te denuncio, tendrás una violación de la libertad condicional. ¿No es así? –Barry miró a sus invitados y localizó al abogado–. ¿David? ¿No te parece que está en terreno peligroso?

El abogado se revolvió y se irguió en su asiento.

–Bueno, supongo que es posible...

La figura, que procedía del garaje, avanzaba por el césped. Llevaba algo a un lado. ¿Un cubo? Una cosa redonda con un asa. Una segunda figura, Cornell, lo seguía.

–Bueno, Cece –dijo Barry, con voz algo más alta–, de ti depende. Te voy a pedir una vez más que te marches tranquilamente.

–Y yo te voy a pedir que chupes esto –replicó Cecil, llevándose la mano a la entrepierna–, capullo judío, a lo mejor lo haces bien.

–Ya está, se acabó –dijo Barry–. Te he pagado y aquí está tu sustituto, así que lárgate, coño. Ahora mismo.

Retroceció en dirección a sus invitados mientras Stick penetraba en la zona iluminada por las antorchas. ¿Qué demonios hacía? ¿No llevaba una lata de gasolina?

Stick pasó junto a Cecil sin mirarlo. No quería. Ya lo había visto bastante. Era un tipo del campo, de huesos duros, gruesas venas en el cuello y los brazos pálidos, y grandes ventanas de la nariz... a juzgar por el ruido que hacía al tratar de respirar por ella. No se debía hablar con los Cecil del mundo estando éstos borrachos; lo que había que hacer era echarles una red encima, si se disponía de ella. La policía y los guardias de las prisiones les habían machacado el cerebro. Stick se acercó al bufete. Colocó un vaso en el borde, desenroscó el tapón del bidón de gasolina y lo levantó cuidadosamente para llenar el vaso.

–¿Qué coño bebes? –preguntó Cecil.

Stick dejó la lata en el suelo. Cogió el vaso, lleno hasta el borde, se volvió con cuidado y se acercó a Cecil. Cecil lo miró fijamente, oscilando un poco y retrocediendo hacia el carro mientras Stick levantaba el vaso.

–¿Qué haces? Yo no bebo gasolina, coño. ¿Es normal o super?

Stick se detuvo, casi sonrió. Seguidamente vació el vaso con un movimiento de muñeca en la pechera de la camisa y en la bragueta de los pantalones de Cecil.

Los invitados lanzaron un respingo. Tomaron aire, pero ninguno se movió. Miraban en silencio. Vieron cómo Cecil se derrumbaba contra el bar y derribaba una hilera de botellas con el codo; también vieron cómo levantaba la botella de Jack Daniel's por encima de su cabeza y cómo el líquido le caía por el brazo y la pechera de la camisa, ya empapada. Parecía estar a punto de descargar un golpe con la botella...

Stick levantó la mano izquierda, encendió un mechero y acercó la llama a escasos centímetros del pecho de Cecil.

—Ya tienes la maleta hecha —dijo Stick, mirándolo por encima de la llama—. ¿Te quieres marchar o quieres discutir?

Estaba haciéndose la cama, cambiando las sábanas, cuando entró Cornell, se apoyó en el marco de la puerta y se lo quedó mirando.

—No sé por qué te preocupas por Chucky..., Stickley.

—No sé si estoy preocupado o no —repuso Stick mirándolo—. Tú aún no me has dado una respuesta satisfactoria a la pregunta que te he formulado.

—No te vayas por la tangente —observó Cornell—. Sabes hacer de todo, ¿verdad? Por poco matas a los invitados del susto. Se han tomado un Chivas doble y se han ido a la cama. —Cornell entró en la habitación y se puso a mirar a su alrededor; las paredes, pintadas de verde claro, estaban desnudas—. Me has preguntado si Chucky es un payaso o qué. Si puede haber matado a tu hermano. Según el señor Stam, no. Chucky es el típico traficante de cocaína blanco, anglosajón, raro, muy particular. Pero se habla de Chucky por ahí y se dicen cosas malas. Se dice que se cargaría a su padre y a su madre, y que le daría igual. Trabaja con cubanos y se flipa con *quaaludes*. No quieras estar nunca como él.

—¿Viene aquí de visita?

—De vez en cuando. Pero, como ya te he dicho, los individuos que saben jugar con fuego no tienen por qué preocuparse de esas cosas.

Stick subió la colcha de cuadros escoceses verdes por

encima de las almohadas y luego la retiró y la dobló a los pies.

–¿Quieres saber lo que había en la lata? –levantó los ojos para mirar a Cornell–. Agua.

–¿Y qué más? –sonrió–. Hostia, ¿es verdad?

–¿De dónde iba yo a sacar gasolina? ¿Querías que me fuera andando hasta la gasolinera Amoco?

10

¿Cuándo había sido la última vez que había podido elegir la ropa que se ponía?

Primero había llevado la ropa del Estado. Luego, la ropa deportiva que había dejado el tipo que se había marchado a Cayo Oeste y no había vuelto. Ahora tenía un traje negro, otro gris y otro marrón que le había arreglado un sastre del hotel Eden Roc en tres días, como un favor especial al señor Stam. Doscientos setenta y cinco cada uno.

La última vez debía de haber sido en el 76, pero no se acordaba de la ropa, aparte de una camisa hawaiana con barquitos y palmeras.

Tenía que ponerse una camisa blanca o azul claro, y una corbata negra. El traje negro se lo tenía que poner con el Cadillac negro, el traje gris con el Rolls, y el marrón con el Continental beige. Cuando llevaba a la señora Stam, podía ponerse lo que quisiera; generalmente, utilizaba el Mercedes verde.

—Y, cuando me levanto por la mañana, ¿tengo que esperar en paños menores hasta que me digan qué coche van a usar? —había preguntado Stick.

—Muy gracioso —contestó Barry—. No, no tiene que esperar en paños menores. Yo le habré informado la noche antes. —Tenía una mirada seria e inquisitiva, como si le hubiera entrado la duda—. Su obligación es tener los coches limpios, con el depósito lleno y listos para salir a la hora que yo le diga con un margen de diez minutos a partir de mi aviso. ¿Le parece que puede hacerlo?

Se lo decía a un hombre que no había estado nunca en el ejército pero que acababa de pasarse siete años en la cárcel y estaba harto. Stick esperó un momento, como si lo estuviera asimilando, pero preocupado por algo. Finalmente se relajó y dijo:

–Sí, señor, pero si hemos de sincronizar nuestros relojes tendremos problemas. Yo no tengo reloj.

Se acordaría siempre de cómo lo miraron los ojos solemnes de Barry. ¿Dónde estaban los chistes?

Se lo preguntaría luego a Cornell. El jefe parecía cambiado de un día para otro.

–¿Qué te pasa? –dijo Cornell–. Ya te lo he explicado, ¿no? Él es el jefe. No somos nosotros los que hacemos los chistes, es él. Nosotros, lo que hacemos es reírnos. Ya te lo había dicho.

–Sí, pero me dio un reloj.

–Claro. Y, a la vez que quiere que lo respetes, se acuerda de cuando llegaste con la lata de gasolina... Lo que quiere es que seas tonto pero feliz.

Cogieron el Cadillac limusina para ir a Leucadendra. Barry se sentó en la parte posterior y se dedicó a llamar por teléfono. Habló con el agente de bolsa, Arthur, y le dijo que le volvería a llamar. Marcó tres números buscando a alguien llamada Kyle, no la encontró y estuvo lacónico con Arthur cuando volvió a hablar con él; ya le llamaría luego. Luego habló con una chica que primero se llamaba «Rorie» –Barry le decía con toda dulzura lo mucho que la echaba de menos– y luego «Aurora», mientras le explicaba, casi minuto a minuto, lo ocupado que estaba y por qué no había podido verla. Stick, endomingado con el traje negro, miraba de reojo por el retrovisor y veía a Barry vestido de tenista y haciendo teatro ante el teléfono, diciéndole a la chica que en aquel preciso instante se dirigía a una reunión con sus abogados, pero que qué le parecía si se encontraban luego en el barco, a eso de las seis.

–¿Sabe en qué se diferencian una esposa y una amante? Son como la noche y el día –le dijo a Stick.

–Ya lo creo –repuso éste, mirando por el retrovisor con una nota de admiración en la voz, pero no demasiada.

–A veces uno se pregunta si vale la pena –dijo Barry, y esperó a que Stick mirara por el retrovisor–. Sin dudarlo.

Stick volvió a mirar por el retrovisor y asintió con la cabeza. ¿Por qué no?

Entraron en el recinto de Leucadendra, dejaron atrás las pistas de golf y se dirigieron a las canchas de tenis, situadas más allá del edificio de estilo español, con paredes de estuco y tejado rojizo, que albergaba el club. Al salir, Barry le señaló una entrada lateral del restaurante de los socios y dijo a Stick que aparcara por allí y que esperara. Tardaría aproximadamente una hora.

Se alejó con una bolsa de deporte que contenía tres raquetas de tenis y un suéter sobre los hombros. Stick lo observó desde el coche, donde funcionaba el aire acondicionado. Afuera hacía unos treinta grados y el cielo estaba casi totalmente despejado. Puso el Cadillac en marcha y empezó a maniobrar.

Aparcar y esperar. Muy bien.

«Pero, un momento...»

Se alarmó; en esto no había pensado. En un trabajo como aquél se pasaría más de la mitad del tiempo sin hacer nada, esperando. Veinte minutos de Bal Harbour a Coral Gables y ahora «aproximadamente una hora». ¿Quería eso decir más de una hora pero menos de dos? Si Barry jugaba a tenis y luego se tomaba unas copas y tal vez almorzaba en el restaurante de los hombres... Stick se dio cuenta de que podía estar esperando al menos dos horas. O quizás tres... Mientras conducía, hacía algo, podía distanciarse del tipo que llevaba en el asiento de atrás. Pero mientras esperaba, esperaba a que el tipo regresara y volviera a ponerlo en movimiento. A que le diera cuerda. Podía pasarse todo el día esperando, sin tener derecho a protestar –«Oiga, ha dicho que tardaría aproximadamente una hora»–, porque esperar era parte de las obligaciones del trabajo. Allí mismo había algunos, de pie junto a los coches, alineados en la carretera circular. Tres chóferes uniformados y de avanzada edad, pues todos rondaban los sesenta.

Lo miraban desde la sombra. Conocían el Cadillac

con la matrícula especial BS-2. El Rolls era BS-1 y el Continental BS-3. El Mercedes de la señora Stam llevaba una matrícula convencional. Stick salió y se acercó a ellos. Sí, por lo menos habían cumplido los sesenta. Los tres llevaban uniformes oscuros, camisas blancas y gafas.

El que llevaba gorra, ligeramente inclinada hacia un lado, le dijo:

–Parece que por fin han echado a Cecil. –Stick asintió mientras se reunía con ellos–. Una réplica más joven con el mismo uniforme, el nuevo –y el de la gorra miró a los otros dos–. Ya os lo había dicho, ¿no? –Luego volvió a mirar a Stick–. Se entrompaba demasiado a menudo, ¿no?

–Supongo –dijo Stick.

Mientras hablaban de Cecil, sacudían la cabeza y a Stick le sorprendió que parecieran decepcionados. Le dijeron cómo se llamaban: Harvey el de la gorra, Edgar otro, y John, que hablaba poco. Le dijeron también para quién trabajaban, como si Stick conociera los nombres. Fumaban cigarrillos con una mano en el bolsillo de los pantalones y nombraban a miembros del club a los que Stick debía conocer. Se dio cuenta de que en aquel trabajo se adquiría un aire de suficiencia. Sí, se conocía a mucha gente y nada de lo que decían debía sorprenderle, si bien Stick dejó que lo que decían le sorprendiera cuando volvieron a hablar de Cecil y de su memoria, de lo ignorante que era pero que se acordaba de todo, en tanto que Owen, que era el chófer anterior del señor Stam, se apuntaba las cosas. Los tres hablaban entre ellos de Cecil y de Owen, y Stick escuchaba, hasta que Harvey se volvió hacia él y le preguntó:

–¿Cómo le va al señor Stam en ese negocio que tiene en California, esa empresa de semillas?

–Yo no sé nada –dijo Stick; sin embargo decidió prestar más atención. Aquellos viejos se lo estaban tomando con calma, pero lo iban acosando gradualmente.

–¿Estás en el mercado? –le preguntó Harvey.

Stick dijo que no y los tres fingieron una ligera sorpresa.

–Vaya, qué lástima –dijo Harvey–, estando como estás en la guarida del gato.

Stick sabía que tenía que preguntarle qué quería decir aquello, de modo que lo hizo.

—Trabajando para el señor Stam —contestó Harvey, sorprendido.

—Nosotros le preguntamos: «¿Hay algo que tenga buena pinta, señor Stam?» —dijo Edgar—. Y él nos lo dice. Nos da unos consejos bastante buenos.

—Sí, no son nada malos —confirmó el que se llamaba John, sonriendo afectadamente.

—La mayoría empresas legales pero desconocidas —dijo Harvey.

—O cosas que aún no se han hecho públicas. Negocios de ésos recientísimos que hace él —añadió Edgar.

—Lo he oído hablar por teléfono. No hace otra cosa —dijo Stick.

—Exacto —intervino Harvey—. Cecil se acordaba de los nombres y de los números, de memoria. Owen tenía que apuntarlos. Pero Cecil era como una máquina. Metías una moneda y cantaba. Miraba la pista número dos, repasaba una lista de acciones y te decía el precio inicial y la postura.

—Y le iba muy bien —aseguró Edgar.

—¿Bien? —dijo John—. Se estaba forrando.

—Seguro que sacaba cien a la semana, por lo menos —comentó Harvey.

—¿Cecil jugaba en la bolsa? —preguntó Stick.

—No, en propinas —explicó Edgar.

—No confundas al chico —dijo Harvey—. Cecil te daba la información sobre las acciones y tú le dabas una propina. Pero no estamos hablando de un dólar ni de cinco. Una buena información, como una empresa nueva en la que iba a participar el señor Stam, podía valer cincuenta dólares.

—Pues os debe de ir bien si podéis permitiros propinas de cincuenta dólares.

Harvey miró a Edgar y luego a Stick de nuevo.

—Yo trabajo para una señora que no sabe nada más que lo que le dice el agente, y el agente tampoco sabe nada, aparte de lo que sale en el tablón de anuncios. ¿Me sigues? Hace diez años, Barry Stam era un chico listo que cuando se enfadaba daba golpes con la raqueta en el suelo; se cargaba un par a la semana. Hoy, el pequeño Barry podría comprar todo el club si quisieran venderlo. Empezó con un papá rico, como todos los que hay por aquí, pero dejó al papá atrás. Quiero decir que podría comprar a su papá si quisiera. Empezó en inmobiliarias, pero ahora todo el dinero lo gana invirtiendo en acciones, sobre todo en estos últimos años. Todo lo que toca se convierte en oro. Así que, si le doy a la señora Wilson una información que le parece buena, ella me da una propina y yo me la reparto con Cecil. ¿Ves cómo funciona? Y no sólo conmigo, sino también con Edgar o con John. Lo puedes hacer con casi todos los colegas de aquí.

–¿Los que están por aquí esperando?

–Sí, aquí mismo.

–¿No os morís de aburrimiento?

Chucky estaba mirando una tonelada y media de marihuana colombiana de calidad casi insuperable, con un valor en la calle de prácticamente dos millones de dólares. Néstor Soto la había comprado en Santa Marta a ochenta dólares el kilo, la había traído de Colombia por mar y aire, y se la había vendido a Chucky a cuatrocientos dólares el kilo. Ahora Chucky la repartiría entre traficantes e intermediarios en lotes irregulares –mientras se pasaba dos días tomando más pastillas de lo normal– y doblaría la inversión.

Eran tiempos de mucha tensión en los establos de la avenida 16 Noroeste, más allá de Nialeah, mientras esperaban trasladar la hierba. Los villanos del ramo podían enterarse y jugarle una pasada. O alguien podía chivarse a la Agencia de Prevención de la Droga, al FBI, al Departamento de Narcóticos y Drogas Peligrosas, o la Seguridad Ciudadana del Distrito de Dade y le confiscarían el lote, lo quemarían en el incinerador municipal y de todas formas tendría que pagarle a Néstor seis grandes. Ésta sería la situación durante las siguientes cuarenta y ocho horas. Incluso podía robárselo Néstor y volvérselo a vender a otros traficantes.

Chucky tenía hombres con ametralladoras en las

cuadras, en un pinar próximo y paseando por la avenida 16, en un coche dotado de radio. Lionel llevaba una radio en el cinturón y la americana desabrochada. Chucky vestía el casco y un guardapolvo blanco de laboratorio, que dejaba allí colgado de un clavo o del mango de una horca.

–Lo que debería hacer –explicó a Lionel–, lo digo muy en serio, es dejar esto de la venta al por mayor y trabajar estrictamente como vendedor. No tendría que almacenar y podría convertirse en un ser humano normal. –Levantó la vista hacia los fardos y vio cómo se filtraba la luz del sol entre los tablones. Se imaginó una ráfaga de viento que levantara el polvo de la calle, se filtrara para arrasar la cuadra, le arrancara el guardapolvo y lo dejara allí con los fardos amontonados, al descubierto–. Si vendiera, lo podría hacer todo por teléfono. O la gente pasaría mientras yo cenaba. Como hacía antes. ¿Qué desea? Vaya a ver a Chucky Buck, allí en el primer reservado.

–Suena bien –dijo Lionel–, pero así no se gana dinero. De diez a veinte dólares el kilo.

–Yo hablo sólo de la hierba. ¿Por cuánto saldría este lote si lo vendiera directamente? No me saldría por menos de treinta grandes, por teléfono, sin tener que venderlo siquiera. Y entonces coges los treinta y compras medio kilo de buen polvo peruano. ¿Me entiendes? Mira este montón de estiércol, míralo.

–Lo miro –dijo Lionel.

–¿Cuánto me ha costado, seiscientos grandes? Lo mismo que diez kilos de peruano. Pero para guardar la coca no te hace falta alquilar un establo. Esto de almacenar... No tendría que estar vigilándolo y pensando en quién puede haberse enterado, fuera de la gente necesaria, que son tantos que podríamos celebrar un baile. No habría tanta presión –dijo Chucky metiéndose una mano bajo el guardapolvo blanco para tocarse el estómago–. Tengo los intestinos hechos un nudo. Cada noche, mientras miro las últimas noticias, me tomo un vodka y citrato de magnesia... ¿Has visto cómo han encontrado a Rainy? ¿Lo has visto? Salió por la televisión, y en el *Herald* de esta mañana, en la última página.

–Creo que no –contestó Lionel negando con la cabeza.

–¿Crees que no? ¿Quieres decir que al mismo tipo a quien le diste la maleta, va y le disparan seis tiros y tú quizás lo has visto y quizás no?

–No, supongo que no lo he visto.

–Lo sacaron del puerto. La causa de la muerte eran los disparos, y lo identificaron porque llevaba la cartera con el permiso de conducir en el bolsillo. ¿Qué te parece?

–Sí, bueno, es una lástima. Rainy me caía bien –dijo Lionel–. Hace tres años trabajé para un tipo; no me gustaba trabajar para él. A él también lo mataron a tiros. Yo me alegré mucho...

Chucky se preguntó si Lionel pensaba decir algo inteligente, pero no llegó a averiguarlo. La radio que llevaba empezó a hablar en español. Lionel se la sacó del cinturón y contestó en español. Chucky esperó.

–Dice que parece que viene el coche de Néstor. El Cadillac blanco.

–¿Cuántos? –preguntó Chucky irguiéndose.

–Dice que sólo tres. Parece que Moke y Avilanosa van con él.

–Mierda –dijo Chucky y se acercó a la ventana del establo, desde donde alcanzó ya a ver el coche. Éste levantaba una polvareda que envolvía los pinos del borde de la carretera procedente de la autopista. Cuando hubo rebasado los establos, dos de los hombres de Chucky salieron de las sombras para seguirlo, uno de ellos con un rifle repetidor.

Al salir del automóvil, Moke se volvió para mirarlos, indiferente. Llevaba puesto el sombrero de cowboy, con el ala doblada hacia abajo en línea con la nariz.

–He traído a una persona que quiere hablar contigo, socio –le dijo a Chucky, haciendo alarde de su nueva imagen de matón.

Avilanosa, que salió de detrás del volante, era un tipo completamente distinto y Chucky no sintió vibraciones en esa dirección. Vio a Avilanosa como un hombre primitivo vestido con una americana a cuadros, un cortador de caña con unas manos grandes, una voluminosa barriga y las piernas arqueadas, que le servía a Néstor de guardaespaldas y era su actual suegro. Un palurdo cubano. A Chucky le resultaba difícil incluso saludarlo, pero lo hizo, con una sonrisa.

–¿Qué tal? –dijo, guardándose la concentración para Néstor, con la esperanza de leer algo en el rostro de aquel mequetrefe antes de que lo sorprendieran con una nueva exigencia.

Néstor salió del asiento posterior del Cadillac Fleetwood para mirar a su alrededor a través de unas gafas oscuras, como si no hubiera estado nunca allí. Era típico de él, el salteador. Le distraía a uno mientras se acercaba y le sorprendía mirando hacia otra parte. Levantó la mano en un gesto de reconocimiento y un resplandor de oro y diamantes brotó de sus dedos bajo la polvorienta luz del sol. El pequeño rey de cabello de gigoló y piel caoba. Néstor se hacía pasar por cubano español, pero había gente que decía que descendía en parte de los indios lengua, procedentes originariamente de la miserable región paraguaya de Chaco, que había crecido en las llanuras alcalinas y se había alimentado con huevos de araña, lo cual lo había convertido en un malvado. Otro hombre primitivo haciéndose pasar por natural de South Miami. Chucky pensó que debía pagarle con abalorios en lugar de dinero contante y sonante.

–Néstor –dijo sonriendo–, eres un elemento raro, ¿sabes? Todo un espectáculo, tú solito, y ni siquiera tienes que actuar.

Aparentemente, aquello agradó a Néstor, pues sonrió y dijo:

–Chucky, la has recibido bien, ¿verdad? Es una Santa Marta muy buena. ¿Te gusta?

Entre tanto se fue acercando a la sombra del establo para mirar los fardos de hierba amontonados, y el traje marrón oscuro fue perdiendo brillo.

–No está mal –admitió Chucky–. Si tengo suerte, y no me timan ni me cogen, ganaré unos dólares... ¿Has oído lo de Steinberg? ¿Te acuerdas de él?

–Sí, claro –contestó Néstor–, pero hace por lo menos cinco años que no lo veo.

–Exacto. Lo pescaron en el setenta y ocho y se escapó durante la provisional. Me he enterado de que han vuelto a atraparlo en California. Pero ¿sabes cómo lo han encontrado? ¿Te acuerdas de aquel enorme San Bernardo que tenía?

–Sí, claro, Sasha.

–Exacto. Y ¿te acuerdas de cuántos nombres diferentes usaba Steinberg? No sé qué nombre usaba allí en California, pero no le cambió el nombre al perro, Sasha. ¿Y cómo lo encontraron? Por el veterinario. El médico de Sasha.

Le arrancó una sonrisa a Néstor, nada más. No bastaba para relajarlo, si es que le hacía falta.

–La moraleja de la historia –continuó Chucky– es que cada vez que cambias de identidad tienes que cerciorarte de que también cambian todos los que están contigo. ¿No tenías tú una cabra? ¿Y otros animales?

–Se me murieron todos.

–Ah –dijo Chucky con la terrible sensación de que había metido la pata; no pensaba nombrar a los pollos.

–¿Qué es eso que llevas puesto? Parece que vayas a matar algo. ¿Es esto una carnicería?

Chucky alargó los brazos para enseñarle el guardapolvo.

–No es más que uno de mis muchos trajes.

–Parece que vayas a matar el pollo.

«Mierda.»

–Yo no, Néstor –dijo Chucky, y no pudo evitar añadir–: A mí me gustan los pollos. –Percibió que Avilanosa se acercaba a él y se volvió lo suficiente para ver la horca–. ¡Hostia!

Trató de apartarse de un salto, pero Avilanosa se limitó a darle un golpecito en el casco.

–Así se matan las vacas, ¿verdad? –dijo Néstor sonriendo.

Avilanosa volvió a darle otro golpe, esta vez un poco más fuerte. Chucky notó que el sobresalto le recorría el cuerpo.

–Sí, las vacas gordas –prosiguió Néstor.

Avilanosa levantó de nuevo la horca y Chucky no

pudo hacer otra cosa que sonreír y encogerse de hombros, jugando a ser el objeto de las bromas pesadas con aquellos cubanos flipados. Pero en esta ocasión Avilanosa usó las dos manos e hizo descender el extremo de la horca con fuerza, de modo que Chucky cayó de cuatro patas; el casco, rajado por la mitad, salió rondado. Sintió que Avilanosa le daba un puntapié y que le zumbaba la cabeza a la vez que sentía un dolor horroroso en la nuca. Vio que Avilanosa y Néstor lo miraban desde arriba. Vio a Moke con los brazos cruzados. Volviendo la cabeza, alcanzó a ver a su guardaespaldas, Lionel, de pie junto a la entrada del establo, y dos figuras más detrás de Lionel. Un fardo se precipitaba ahora sobre él. Trató de esquivarlo pero un pie se lo impidió. Otro fardo, más fardos... Tenía la cabeza libre, veía los rostros, pero no podía mover los brazos ni las piernas; los fardos se apilaban uno encima de otro, algunos rodaban. El peso no le dolía, pero no podía moverse. Lo intentó de nuevo, con todas sus fuerzas, mirando a Néstor, suplicante. ¡No podía moverse! Empezó a gritar.

Porque era exactamente lo mismo que lo de Dau Tieng con la 25 de Infantería –una compañía fácil–, que no era el lugar adecuado para un chico reclutado cuando estaba borracho y viviendo a la sombra, flipado pero no lo suficiente, cuando los invadieron y él estaba en la trinchera tratando de hundirse en el fango y el Vietcong se precipitó sobre él, destrozado por sus propios morteros. Ropas negras y barro le cayeron encima; estaba boca arriba y no se podía mover, atrapado debajo de aquellos cuerpos. El muñón de una pierna contra la cara, la cabeza más baja que el cuerpo. Si abría los ojos veía correajes verdes y el borde de la trinchera, cuyas paredes se estaban desmoronando con un tremendo ruido, y se esforzaba por levantar la cabeza por encima del barro cuya altura aumentaba en torno a su rostro. ¡Y no se podía mover! Entonces empezó a gritar para matarse, para que le explotaran los pulmones y se le colapsara el corazón. Gritaba tan fuerte que veía unas luces que centelleaban y no sabía si estaban en el cielo o dentro de su cabeza, gritaba con todo su cuerpo... y despertó en Memphis, Tennessee, en el hospital de ex combatientes.

Avilanosa lanzó la horca contra el fardo que había junto al rostro de Chucky, a unos centímetros, se agachó y dijo:

–¡Eh!

Cuando Chucky dejó de gritar y abrió los ojos, lo vio a través de las púas de la horca, prisionero.

Néstor se cernía sobre él, con el ceño fruncido, mientras los ojos de Chucky lo enfocaban.

–¿Qué te pasa? ¿No te puedes estar callado un momento? ¿Tienes que moverte constantemente cuando te hablo? Quiero que me escuches, ¿entendido? Quiero al tipo ese que estaba con René. Le dijiste a Moke que no era problema para ti, pero no he oído que lo hayas encontrado.

Parecía que Chucky se esforzaba por hablar.

–Nos enteramos hace sólo unos días.

–A eso me refiero. Hace unos días y no has hecho nada. Pero estabas ocupado. Estabas haciendo negocios.

–¡Contigo! –Chucky empezó a toser con el peso y el olor de la marihuana.

–Procura tranquilizarte –dijo Néstor–. Respira despacio. El hombre mejor relacionado. Puedes vender esto en un día, pero no eres capaz de encontrar al que estaba con René.

–Nadie había oído hablar de él. Ninguno de los amigos de Rainy –dijo Chucky tosiendo de nuevo. Respiró profundamente tratando de calmarse–. Lo único que sé es que Rainy me preguntó si podía llevar a un amigo. Un tipo con el que había estado en el talego, pero yo no lo había visto en mi vida.

–No lo conocías –dijo Néstor–, pero querías verlo muerto.

–Era o él o Rainy –explicó Chucky–, así que lo elegí a él y nada más. A Rainy lo conocía. Te dije que te mandaría a alguien con el dinero y que yo me lavaba las manos. Después tú podías hacer lo que quisieras. Y eso es lo que hice. Se te escapó a ti, no a mí.

–Mira –dijo Néstor. Se arremangó las perneras de los pantalones marrones de seda para agacharse con las manos en las rodillas, guardando el equilibrio, el cuerpo erecto–. Me estás causando muchos problemas, ¿sabes? Me has mandado a un federal. Me has mandado a uno que no sabes quién es para que lo mate. Has dicho que lo vas a buscar y no lo buscas. Me has dicho que me vas a decir lugares donde meter el dinero, limpios, y no me los dices. Dime para que sirves.

–He tenido mucho trabajo –protestó Chucky–. Yo mismo estoy buscando inversiones. Déjame levantar, Néstor, y hablaremos.

–No quiero hablar de inversiones –dijo Néstor–. Quiero que busques a ese tipo que estaba con René. Eso es lo primero, lo único que tienes que hacer.

–Tengo que vender esta hierba, Néstor, o no podré pagarte. Ya lo sabes.

–Véndela, eso tanto me da. Lo que me preocupa es ese tipo que estaba con René. ¿Quién es? Me parece que más vale que lo encuentres.

–Lo intento. Hago todo lo que puedo.

–Shhh. Escúchame –dijo Néstor–. Si no lo encuentras, tendremos que hacer la ceremonia. Hacer una ofrenda a Changó y Elegua. Yo puedo hacerlo porque yo era *babalawos*, un alto sacerdote, antes de venir aquí. Si no lo hago, se enfadan y tengo otra racha de mala suerte. ¿Lo entiendes?

–Vamos, Néstor, por Dios –dijo Chucky nuevamente con pánico en la voz, viendo como el Chaco, el curandero, lo miraba desde otro siglo y otra parte del mundo–. Puedes creer lo que quieras, pero a mí eso no me va. Yo soy de otra parte. Yo no sé nada de eso, nada.

–Devolvemos a la tierra un regalo en sacrificio –dijo Néstor al rostro que había detrás de las barras de acero de la horca–. ¿Lo entiendes? Busca al tipo que estaba con René o te quemaremos vivo.

Moke, desde el asiento delantero del Cadillac Fleetwood, miró a través de la ventanilla posterior, y vio como los hombres de Chucky, de pie junto a la entrada de los establos, se volvían de espaldas a la polvareda que levantaban. No iban a intentar nada. Se ajustó el Crested Beaut, aflojándose la cinta pegada a la frente, y miró a Néstor, que estaba sentado con las piernas cruzadas y las manos entrelazadas en el regazo. Un tipo pequeño pero listo.

–El viejo Chucky –dijo Moke–, no hay nada que lo asuste más que no poder moverse. No sé por qué, pero es verdad.

–Le pasa algo en la cabeza –comentó Néstor–. Hay que tenerle lástima. Pero te voy a decir una cosa: sabe mover el producto.

–Ha pensado que lo íbamos a ofrecer allí mismo –dijo Moke, y miró a Avilanosa, que conducía agarrando el volante con sus enormes puños–. ¿Verdad que sí?

–Eso creía –dijo Avilanosa, casi sonriente.

–Seguro –insistió Moke, participando del rito de los cubanos y volviéndose de nuevo para mirar a Néstor–. Les nombras la santería y se cagan de miedo, te lo juro.

–Sí, es útil –dijo Néstor–. Te ahorra mucho trabajo. Hace mucho tiempo, descubrí que los dioses asustan a cualquiera.

11

Esperó tres horas y media, contando el almuerzo que tomó en la cafetería –una salchicha–, mientras escuchaba a los jugadores de golf vestidos de conejito de Pascua explicar sus mentiras sobre cómo evitaron un obstáculo y superaron un desnivel de metro y medio, mostrándose viriles e incluso obscenamente emocionales al respecto. Parecía que toda aquella gente tenía sus problemas.

Por fin Barry salió con sus pantalones cortos blancos y una camisa limpia ribeteada en azul y amarillo. Entró de un salto en la parte posterior, dio un portazo y ordenó:

–Vámonos de aquí.

Mientras atravesaban Coral Gables en dirección a South Dixie, añadió:

–¿Le han pinchado para que les dé información sobre el mercado?

–Sí –contestó Stick mirando por el retrovisor–. Los otros chóferes han dicho que es usted un as, que sólo escoge las buenas apuestas.

Voz de la parte posterior del Cadillac con aire acondicionado cerrado por cristales oscuros:

–¿De veras? Un as, ¿eh? Todos esos tipos trabajan para gente cuyo dinero viene de antiguo, de su familia; nunca han tenido que levantar un dedo. Y menos mal. Si sus índices de inteligencia fueran un grado más bajos, serían plantas, matojos... ¿Un as, eh? ¿Sabe cómo se vuelve uno un as, Stickley?

Diría lo que tenía que decir:

–No, señor.

–A fuerza de trabajar, nada más.

–Sí, señor.

–Ellos no saben nada de eso; jamás se han levantado para ir a trabajar. Les dicen a sus chóferes que intenten enterarse de algo. Pero a mí no me molesta. ¿Le han preguntado algo en concreto, por algún sector especial, como el petróleo o la alta tecnología?

–Querían que les dijera algo sobre…, creo que uno ha hablado de cosas legales.

–Ya, emisiones nuevas, eso es lo que les gusta. Pues mire, tengo una para que se la cuente. Dígales que compren Ranco Manufacturing. Yo estoy a punto de vender, pero eso no se lo diga. Dígales que compren Ranco. Dígaselo bajito… Dígales lo que quiera, gánese unos dólares. Ge-ne-ral Mo-tors. Tendrá que deletreárselo.

–¿Cómo sabe lo de los chóferes? –preguntó Stick mirando al espejo.

–Yo sé algunas cosas, Stickley. Stickley, viejo, mi mujer cree que es usted inglés. ¿Qué le ha dicho, que es de Jacksonshire? Sí, sí, está al lado de Yorkshire… Siga por la Noventa y cinco, vamos a Lauderdale… Sé unas cosas que le harían caer de culo, Stickley. Sé por ejemplo que el asunto por lo que lo detuvieron en Michigan no era ni la mitad, que su socio y usted estaban metidos en una cosa mucho mayor. Su socio, ¿cómo se llamaba?

–¿Quién? ¿Frank Ryan? –dijo Stick al espejo.

–Eso, Ryan. Ryan y usted tenían un trato con unos negros que les salió mal. Pero antes de que los cogieran (creo que mientras estaba con provisonal, según mi información, que es de fiar) se cargó a los negros. ¿Es verdad esa historia?

Stick no se sentía con fuerzas para contar la historia a través de un rectángulo de cristal a un individuo sentado detrás de él, aunque quisiera.

–¿De dónde lo ha sacado?

–Tengo entendido que antes de que organizaran el gran golpe, Frank Ryan y usted, ya había liquidado a otro par de negros. ¿Tiene algo contra la gente de color, Stickley? Más vale que le diga a Cornell que vigile.

Stick miró por el espejo al joven millonario que trataba de parecer uno de los suyos.

–¿Me está interrogando?

–¿Le importa? Como le doy cama y comida...

–Pensaba que trabajaba para ganármelo.

–Ahora se mete en consideraciones semánticas. ¿Quiere que se lo diga de otra manera?

El tono popular no encajaba con las palabras que empleaba. No sabía representar el personaje.

–¿Quién es su informador? Si no le importa que se lo pregunte.

–Sí, me importa. No es asunto suyo.

Ahora se hacía el duro. Tendría que probar suerte en el cine. A ver si dentro de cien años era capaz de ocupar el lugar de Warren Oates. ¡Dios! ¿Por qué no podía descansar y limitarse a disfrutar de su posición? Ya volvía a hablar por teléfono, con su Rorie. Aquel capullo bravucón sentado en la parte posterior de la limusina, vestido de tenis y tratando de parecer un tipo duro, como si fuera Eddie Fisher haciendo de Marlon Brando. Lo primero que tenía que hacer era tirar todos los teléfonos menos uno. Quizá dos. Y conducir él mismo el coche.

–¿Le importa que le pregunte adónde vamos? –inquirió Stick.

–¡Estoy hablando por teléfono! –Y luego, con tono de hastío, añadió–: Ya se lo diré cuando lleguemos, ¿de acuerdo? –Enseñándole a Rorie lo que tenía que aguantar del servicio. Stick guardó silencio mientras escuchaba cómo le decía a Rorie que lamentaba la interrupción, que tomara un taxi y se encontrara con él exactamente dentro de un cuarto de hora. Y levantando la voz–: Porque voy retrasado y no tengo tiempo para recogerte. Ahora dispones exactamente de catorce minutos y medio, ¿entendido? Si no estás, se acabó, nena.

Y colgó.

Stick consideró la situación durante un par de minutos.

–Señor Stam, cuando lleguemos a donde vamos...

–A Wolfgang's –Barry volvía a marcar.

–¿Volverá a querer que le espere?

Stick miró al espejo aguardando una respuesta que, en aquel momento, podía resultar crucial.

–No, me dejará y se irá.

Tenía la mano sobre el teléfono.

–¿No hará falta que le espere? –insistió Stick, que tenía sus dudas.

–Váyase a casa, haga lo que quiera. –Y luego oyó que decía–: ¿Cariño? Lo siento, he tenido mal día –en tono dulzón–. Sí, ya lo sé. Oye, ¿quieres venir a casa conmigo?... ¿Qué?

Ahora se reía. Stick lo observó por el espejo. Se reía con los hombros encorvados, como un niño pequeño.

–No, quiero decir en el barco. ¿Qué pensabas? En serio, cariño. ¿Es que no distingues cuando hablo en serio?... Catorce minutos.

Colgó.

–No digo que sea dura... –dijo Barry.

Stick miró al espejo.

–...pero es la única tía que conozco que pone en marcha el vibrador de una patada.

Stick siguió mirando por el espejo hasta que sonó una bocina a su lado y regresó a su carril.

Tuvo la suerte de encontrar un asiento vacío en el extremo de la barra en la que trabajaba Bobbi. Cuando ésta se acercó con la servilleta, abrió unos ojos como platos al verle el traje.

–¿Lo haces para confundirme o qué?

–No me importaría hablar contigo mientras cenamos en algún sitio –dijo Stick–. ¿Sales alguna vez de aquí?

Bobbi adoptó una expresión de desilusión.

–Entro a las cinco y no tengo ningún descanso. Me encantaría salir otro día... ¿Trabajas?

–No, no trabajo en una funeraria –dijo Stick–. ¿Conoces a un tío que se llama Barry Stam? Tiene un barco aquí. –Bobbi asentía enérgicamente mientras hablaba Stick–. Trabajo para él.

–¿Trabajas para Barry? ¡Dios mío!

–¿Qué te parece? ¿Te cae bien?

–Sí –dijo, aunque no parecía demasiado convencida–.

Es atractivo. Un poco fantasma, pero atractivo. Siempre me anima con... no con un chiste, sino con alguna gracia, cada vez que entra. Veo cómo se acerca y me preparo. Sí, es buen tipo, en el fondo, cuando no se esfuerza tanto. –Hizo una pausa y levantó la mano–. ¡Ah, ahora sé lo que le ha pasado a Cecil! –Vio que un cliente la llamaba–. Ahora vuelvo. Espera. ¿Qué quieres tomar?

Le sirvió un bourbon, sonriendo.

–¿Y cómo está tu hija? ¿Lo pasasteis bien?

–Sí, está bien –dijo Stick tratando de pensar en algo que añadir, pero no fue necesario.

Bobbi volvió a marcharse. La observó preparar las bebidas, deprisa y con eficiencia, ningún movimiento inútil, agradable con los clientes. Todavía tenía que llamar a su ex mujer. Se preguntó si estaría olvidando a propósito, retrasándolo.

Entonces regresó Bobbi, le puso otro bourbon delante y dijo, casi sin mover la boca:

–Se lo cargaré a Chucky; es bobo.

–No está aquí, ¿verdad? –Stick miró por encima del hombro el local, abarrotado de gente, ruido, música y voces.

–No, pero hay otra persona. No te vuelvas. Está saliendo del servicio... Ahora se ha sentado, hacia el centro de la barra.

–¿Quién? –Stick miró por el espejo que había detrás del mostrador.

–Eddie Moke, el idiota. Es amigo de Chucky.

–No lo veo.

–Hacia la mitad. El del sombrero de cowboy... Jesús, tienes que verlo.

Vio el sombrero –de paja clara con una copa alta y ala curvada hacia arriba– y lo reconoció de inmediato. Si no era el mismo era uno idéntico. Colgado de un perchero, con una docena de gorras y sombreros distintos.

–Cada vez que viene me pregunta si te he visto.

Moke tenía la mirada fija en su propia imagen reflejada en el espejo rosado. Levantó el puño, con el que agarraba el cuello de una botella de cerveza, hasta la boca. El sombrero no se movió.

–¿Y tú qué le dices?

–Nada. No hay nada que decir –contestó Bobbi–. Pero es posible que hiciera una tontería. ¿Te acuerdas de la última vez que estuviste aquí y no te reconocí al principio?

–Sí...

–Le estaba diciendo a Chucky lo de la cuenta... de cuando Rainy y tú estuvisteis aquí... y les dije que habías vuelto, que te habías ido poco antes. Empezaron a preguntarme cómo te llamabas y si sabía dónde vivías. Yo les dije que se lo preguntaran a Rainy... Pero no debería habérselo dicho, ¿verdad?

–Da lo mismo.

–Ni siquiera sé cómo te llamas.

–Pero seguramente ahora sabes dónde vivo.

Se dio cuenta de que ella cambiaba de expresión; su mirada era fría.

–Muchas gracias. ¿Crees que les diría nada a esos idiotas?

–No quería decir eso. Me llamo Ernest Stickley y vivo en Bali Way número cien, en el garaje.

–¿Ernest? –su mirada recuperó la calidez.

–Stick.

Bobbi hizo un gesto con las cejas y los hombros, adoptó una expresión soñadora y se dirigió a atender a un cliente.

Stick apuró la copa, dejó un billete de cinco encima del mostrador y recorrió la barra hasta llegar junto a Moke, que llevaba una camisa de punto de rayas negras y amarillas, muy ceñida, y estaba sentado en el taburete, inclinado sobre la cerveza y un platito de cacahuetes. Se echaba un puñadito en la boca y tomaba un trago de cerveza antes de empezar a masticarlos. Stick le puso una mano en un hombro y notó sus huesos. El sombrero se volvió y vio que lo miraban unos ojos opacos entre el ala curvada y el huesudo hombro.

–¿Le importa que le pregunte dónde puede comprarse un cowboy un sombrero como ése? –dijo Stick, plantado con su traje y su corbata negros.

–En la tienda –contestó Moke mientras extraía con la lengua los restos de cacahuete de entre los dientes.

126

Stick entrecerró los ojos, estudiando el sombrero y dando tiempo a Moke para mirarlo bien.

–Me gusta esa copa tan alta.

–Es un Crested Beaut –explicó Moke.

–Ya lo creo. ¿Le importaría quitárselo para que lo mire mejor?

Moke se enderezó y se volvió hacia el espejo de detrás de la barra mientras se quitaba cuidadosamente el sombrero. Lo entregó hacia atrás, por encima del hombro, y empezó a cepillarse el cabello con unos dedos blancos y huesudos.

Stick cogió el sombrero, lo sostuvo en diversos ángulos y le dio la vuelta para mirar el interior.

–Sobresale algo en la cinta.

–Papel higiénico –dijo Moke–. Pongo papel para que me esté más ajustado.

–Parece una paja muy buena –comentó Stick.

–La mejor –corroboró Moke.

–¿No se le agrieta ni se le deforma?

–Lo resiste todo.

–Vamos a verlo –dijo Stick. Arrojó el sombrero al suelo y lo pisó, aplastando la copa contra el reluciente suelo de vinilo. Luego lo recogió y lo colocó sobre el mostrador, delante de Moke–. Gracias.

Se alejó siguiendo la barra, atravesó el vestíbulo y salió a la calle por la puerta principal. El encargado del aparcamiento dijo:

–¿Señor?

–Es aquél –dijo Stick señalando el coche con el dedo.

Finalmente apareció Moke. Se detuvo antes de bajar los tres escalones, a la sombra del toldo que cubría la entrada, con el sombrero aplastado en la mano. Miró a Stick, que lo esperaba. Stick se quitó la chaqueta. El Cadillac se detuvo junto a él y el encargado del aparcamiento se apeó de él. Stick arrojó la chaqueta sobre el asiento. Le dio un dólar al encargado, le dijo algo y éste se alejó. Entonces se quitó la corbata y la dejó en el interior del coche.

Moke descendió un peldaño con sus botas de cowboy, vaciló y se quedó allí.

–Lo he visto en algún sitio –dijo.

Stick se acercó a él, andando hasta el borde del toldo.

Moke se volvió de lado y puso una bota en el peldaño superior. Parecía inseguro, desconcertado. No era normal que un tipo con un Cadillac actuara como un camorrista. Lo miró fijamente pero con precaución, y parecía dispuesto a volver corriendo al interior del bar.

–¿Me conoces o no? –preguntó Stick.

Moke no respondió. Stick regresó al coche. Se detuvo con la mano en el volante para volver a mirar a Moke.

–Yo te conozco a ti –dijo Stick.

Entró en el automóvil y arrancó; en Sunrise tomó la dirección oeste. Moke siguió contemplando el Cadillac hasta que desapareció.

Chucky era capaz de recuperarse de cualquier cosa, incluido el dolor físico, en unos minutos una vez se encontraba en casa y se había tomado unas pastillas. Qué profundo alivio físico poder relajarse, poder moverse de nuevo a pocas revoluciones, una vez bañado, desnudo bajo una bata dorada de lamé que rozaba el parquet mientras él se movía según su estado de ánimo, deslizándose más allá de las apagadas pinceladas que la puesta de sol había dejado al otro lado de las puertas correderas de cristal. Oyó una voz masculina que cantaba en francés *La Mer*, con el suave fondo de la orquesta sobre la que destacaba la batería, y que impulsaba a Chucky a danzar calzado con unos calcetines gruesos, con el mundo boca abajo...

Su estado natural era como haber tomado estimulantes o estar semiborracho y después preguntarse «¿eso hice?», al recordar cosas. El único incidente que recordaba con claridad era cuando mató al perro. Hacía veinte años, al principio. Agarró el perrito, que lo mordisqueaba, corrió hacia la casa, lo estranguló y lo lanzó contra la pared de ladrillo. Sí, pero los otros... ¿Eso hice? ¿Pulverizar al oficial de la compañía? El hijo de puta siempre le estaba encima. Lanzó la granada a su tienda y mandaron al teniente... ni siquiera se acordaba de cómo se llamaba, a casa en una bolsa. ¿Eso hice? ¿Atropellar al tipo que quería discutir por un aparcamiento? Recordaba vagamente que el individuo avanzaba hacia el coche con las mangas ceñidas a los bíceps, uno de ésos. Lo quitó de en medio con un chirrido de neumáticos y se cargó la puerta... ¿Rajar a un buscavidas cubano con un cuchillo de mesa, frente al Neon Leon's?... Bueno, quizá cuando era joven y ardiente, y todavía no había encontrado la cantidad precisa de pastillas. «Explórese el culo y no mi cerebro –le dijo al neurólogo–. Es en la barriga donde empieza todo.»

Oyó que se abría la puerta y se volvió al ritmo de la música para ver a Lionel.

–Ha venido Moke.

Se detuvo bruscamente.

–¿Quién viene con él?

–Nadie. Está solo. Parece enfadado por algo.

–¿Estás seguro? Si viene con ese cortador de caña, si veo a Avilanosa, estás despedido.

–¿Qué iba a hacer yo? –dijo Lionel.

–¿De qué me sirves? –preguntó, imitando el acento de Lionel–. ¿No podías hacer nada? Me están aporreando la cabeza y tú no te mueves.

–No sé qué quería que hiciéramos. No nos dijo nada.

–¿Cómo os iba a decir nada si estaba en el suelo? Y vosotros allí mirando.

–No quería dejarlo solo –alegó Lionel.

Chucky dio media vuelta lentamente, con los brazos extendidos como un avión; cuando terminó, Lionel aún estaba allí, el fiel sirviente que no lo abandonaría.

–Dile a Moke que entre –ordenó Chucky en la misma postura, dispuesto a volar ante el traidor lanzando un silbido para confundirlo.

Pero fue a él a quien pillaron por sorpresa. Entró Moke y lanzó el Crested Beaut hacia Chucky. El sombrero aterrizó en el suelo, aplastado.

–¿Qué has hecho?

–El hijo de puta lo ha pisoteado.

–¿Y tú le has dejado?

–El hijo de puta lo ha cogido, lo ha pisado, ha salido corriendo y ha subido a un Cadi antes de que pudiera detenerlo. La matrícula es BS-2. –Moke miró el ordenador personal de Chucky–. Pregúntale de quién es el coche.

Chucky no reaccionó durante un momento; todo le

129

venía de golpe. Sintió una oleada de calor en su interior, cerró los ojos, se llevó los dedos al puente de la nariz y contestó:

–Un Cadillac negro, matrícula de Florida BS-2. Propietario, Barry Stam. Dirección... no sé qué Bali Way. El número no está claro.

Moke lo miraba con la boca abierta. Durante un instante, Chucky contempló la posibilidad de acercarse y darle una patada en los huevos. Sonrió y dijo:

–¿Quieres decir que el pequeño Barry Stam te ha quitado el sombrero de la cabeza y ha bailado un zapateado encima? Ah, Cecil debía de ir con él...

–Iba solo. Me lo ha cogido y ha salido corriendo.

–¿Dónde ha sido? ¿Ahí enfrente?

–En Wolfgang's. Néstor me dijo que rondara por allí y esperara a ver si aparecía el tipo. Y mira por donde... –dijo Moke esbozando una sonrisa con su bocaza.

–Espera –dijo Chucky frunciendo el ceño–. ¿Este tipo del que estamos hablando mide un metro setenta, tiene el pelo oscuro y espeso, y parece judío?

Cuando Moke no comprendía se insolentaba.

–Tú sabes cómo es igual que yo. Delgado, de mi estatura. Pero ahora va muy acicalado, con un traje. Lo he reconocido. Lo que ha pasado es que me sonaba pero no sabía de qué, hasta que me ha dicho: «¿Me conoces?». Aún no estaba seguro, porque en la camioneta aquel día estaba oscuro. Y entonces va y me dice: «Yo te conozco a ti». Y entonces he sabido quién era.

Chucky trataba de seguirlo, de conectar todo aquello.

–Pensaba que te había pisado el sombrero y se había escapado corriendo. Ahora dices que hablaste con él.

–¿No me has oído lo que te he dicho, capullo? –Cada vez se enfurecía más–. Era el que estaba con Rainy. El que estábamos buscando, ¡joder! –Se calmó un poco–. Pero con un traje y con un Cadi negro.

Chucky se quedó como una estatua, preguntándose cuánto tiempo podría resistir sin moverse.

–¡Maldita sea! ¡Di algo! –exclamó Moke.

–Hijo de puta –dijo Chucky.

130

12

OTRA VEZ esperando. Esta vez en el aeropuerto internacional de Miami. Debajo de la terminal, cerca del área de recogida de equipajes de la Eastern. Esta vez en el Lincoln Continental, con el color del uniforme de chófer a tono. Mientras, el deportivo Barry, con una camisa de faena almidonada y unos tejanos descoloridos planchados, había entrado a buscar a alguien que se llamaba Kyle McLaren y llegaba de Nueva York.

¿Se vestiría así para que la gente pensara que trabajaba? ¿Para que lo tomaran por un tipo normal?

La gente normal no tenía chóferes vestidos a tono con el coche.

La gente normal no tenía a las amiguitas en un yate amarrado en el jardín, a cincuenta metros de donde las esposas se paseaban en batas transparentes.

¿Cómo podían disimular?

Poco más de una hora y media antes había ido del garaje a la piscina, vestido de marrón, listo para salir. Había esperado que Barry terminara la sesión matutina de natación y subiera la escalerilla con su eslip, delgado, peludo, muy moreno, sacudiéndose el agua de las manos laxas mientras relucía la cadena de oro. Stick había mirado el reloj nuevo mientras Barry se ponía un albornoz blanco, y había anunciado que eran las once y media.

–¿Y qué? –dijo Barry.

–Ha dicho que el vuelo llegaba a la una.

131

–He dicho que a la una y cinco.

–¿A qué hora quiere salir?

Barry miró hacia la bahía, el estrecho brazo de mar de la costa de Miami, y se llevó las manos a las caderas por encima del albornoz, no desafiante pero sí algo enfadado.

–Stickley, cualquiera que llega a un aeropuerto más de diez minutos antes de que despegue o aterrice un avión no tiene nada que hacer.

–No sabía que estuviera ocupado –replicó Stick. Barry lo miró y Stick añadió–: Muy bien, señor.

Volvió al garaje y encontró a Cornell justo al otro lado de la puerta que había abierto un momento antes para sacar el Lincoln. Desde el borde de la penumbra, con unos prismáticos a la altura de los ojos, Cornell dijo:

–Me lo imaginaba. –Un momento después bajó los prismáticos y se los entregó a Stick–. Mira hacia el barco y dime lo que ves.

Stick los levantó y enfocó.

–Una gaviota.

–Ese pájaro no, otro. Dentro del barco.

Vio la blanquísima estructura, la cubierta vacía meciéndose suavemente, muy cerca, oscilando sobre los pilotes del muelle.

–Hacia la parte de popa –dijo la voz de Cornell.

Por fin vio la figura, una mujer que se movía por el camarote, vestida de blanco, con un albornoz abierto por delante, una mujer joven y de cabello moreno, largo y abundante sobre los hombros.

–¿La ves?

–¿Es Aurora?

–Es Aurora. En este momento, la número uno. Y ahora míralo a él... muriéndose.

Stick orientó los prismáticos hacia la izquierda, dejando atrás los troncos de palmera, y los enfocó en la piscina. Barry estaba sentado debajo de la sombrilla, con los periódicos de la mañana y un servicio de café de plata. Se encontraba de cara al mar, con un trozo de periódico doblado a lo largo en la mano.

–El rey. Me encanta, me encanta... –dijo Cornell–. Oh, oh, ahí viene ella.

132

Stick movió los prismáticos hacia el yate.

–No, por la terraza. Allí en la terraza. Por allí viene la señora Diane.

Stick describió un giro de un cuarto de circunferencia y enfocó directamente a la señora Stam, que cruzaba el jardín en dirección a los escalones de la terraza; un negligé transparente de seda se agitaba entre sus piernas iluminadas por el sol, mientras descendía con el cabello lanzando rayos de fuego y las gafas ocultando su expresión.

–La telenovela del sábado por la mañana –dijo Cornell–. Mejor que las que dan por la televisión. La señora de la casa le dice a la señora del barco: «Contigo se acuesta, nena, pero yo lo tengo todo».

–¿Lo sabe? –preguntó Stick bajando los prismáticos.

–Claro que lo sabe. Anoche lo vio salir de puntillas de casa. Lo sabe. Él le dijo que tenía que ir a ver a Neil, que es el capitán, Neil King; lleva el barco igual que tú llevas los coches. Y ella le dijo: «Neil no está. He visto cómo se marchaba». Y él le dijo: «Sí, ha ido a buscar unos papeles muy importantes que me he olvidado». Siempre se deja papeles importantes en los lugares a los que quiere ir. Ahora querría escabullirse otra vez, pero la señora Diane lo está vigilando con el rodillo de amasar.

Stick volvió a enfocar a la señora Stam, sentada ahora en una tumbona, apoyada en el respaldo, con el negligé abierto dejando asomar el traje de baño, dos tiras de color lavanda y la carne pálida, la parte interior de su muslo levantado.

–Se va a quemar.

–Nunca se pone morena y nunca se quema –dijo Cornell–. No toma el sol. Le gusta más la sombra.

Stick siguió observando a la señora Stam y notó un arrebato en la entrepierna. No tenía cuerpo de *Playboy*, ni medidas perfectas, no era eso. Pero su cuerpo cumplía unos requisitos fijados en su mente hacía mucho tiempo, un día de revelación en Norman, cuando tenía diez años y vio a una mujer adulta, amiga de su madre y que estaba de visita, desnuda. Stick entró en el cuarto de baño y vio la carne blanca y la espesa mata de pelo entre las piernas. Desde entonces había pensado que aquélla era la clave en lo referente a mujeres desnudas, un placer que trastornaba sólo con mirar. Al bajar los prismáticos se quedó pensativo, frunciendo el ceño a causa del sol, preguntándose si sería un simple. Pero si lo era, ¿qué tenía ello de malo?

–¿Y si Diane quiere ir a dar una vuelta en el barco? –preguntó.

–Se marea –explicó Cornell–. El señor está loco, pero no es tonto. Esta tarde dirá: «¿Quién quiere venir a dar una vuelta en el barco?». Algunas veces incluso insiste y dice: «No te pasará nada, cariño. Hoy el mar está en calma». Pero no, ella no pone los pies en el barco.

Stick miró hacia la piscina, donde el cuerpo blanco de la mujer yacía en una tumbona.

–¿Y qué saca de todo esto?

–Todo lo que quiere, créeme.

–Menudo espectáculo, ¿verdad?

–Es el país de los chiflados, eso es lo que es.

–Pero es divertido mirar si no tienes nada que hacer.

–Y sobre todo escuchar. No te olvides de escuchar –aconsejó Cornell.

Primero Barry hablaba animadamente mientras se echaba una bolsa de mano sobre el hombro. Ahora la chica –que debía de ser Kyle McLaren– le replicaba, aunque con movimientos más controlados, levantando la mano para apartarse el cabello de la cara. Llevaba un bolso de paja y una cartera de piel en la otra mano. Detrás de ellos esperaba un mozo con dos maletas. Stick todavía no la había reconocido.

Hizo avanzar el Continental, se colocó en el tercer carril a contar desde el bordillo, pulsó el botón de apertura del portaequipajes y se apeó. Por encima de los techos de los automóviles alcanzaba a ver a Barry desperezándose, con la cabeza levantada, mirando a todas partes menos frente a él. Stick se dirigió a la parte posterior del coche y levantó la tapa del portaequipajes. Cuando volvió a mirar se estaban acercando. Barry, con su almidonada ropa de trabajo, llevaba a la chica cogida del brazo. Le resultaba familiar...

Entonces la reconoció. Era la chica de la sala de estar de Chucky, la del cabello rubio con mechas, que le había parecido atlética, con una mirada sosegada e inteligente. Se dirigió a la puerta y se la abrió.

–Me refiero a la correspondencia entre esfuerzo y resultados. La recompensa, y no hablo del dinero... –se interrumpió. Lo miraba de frente, a la distancia adecuada para darse la mano–. No me satisface lo suficiente.

–Todo el mundo tiene problemas –dijo Barry–. Entra.

Una vez hubieron abandonado la terminal, Stick llevó la mano al retrovisor –Kyle McLaren estaba sentada detrás de él– y lo ajustó para verla. Estaba hablando de su padre, que le había hecho perder la paciencia por primera vez y no estaba segura de por qué. Stick oyó que decía:

–La gente siempre había aceptado que fuera un esnob y un cínico porque es gracioso, con sus secas respuestas. Pero esta vez, no sé por qué, me ha resultado pesado y he pensado: «¿Soy yo así?».

–Quiero llamar a Arthur –dijo Barry–. Dime los nombres, lo que tengas para mí.

–Hoy es sábado.

–Y mañana domingo. A Arthur no le importa. ¿Estás de broma?

–Estoy tratando de hablarte de mí, para variar. ¿Te parece bien?

–Vamos, mujer. Siempre te escucho. Y más vale, para eso te pago.

–Le he hablado a mi padre de Chucky.

Stick miró por el espejo.

Kyle también estaba mirando por el espejo.

Sus miradas se cruzaron.

Los ojos de Stick regresaron a la autopista. Estaban en la 112, camino del mar, y había poco tráfico. Oyó que decía:

–Prácticamente, imité a Chucky. Lo hago bastante bien, modestia aparte.

–¿Crees que no te escucho? Cuando dices esas cosas me sabe mal.

–Cállate un minuto, ¿oyes? Primero imité a Chucky pagando la factura del hospital en efectivo. Los tres mil y pico por el estreñimiento. Luego a Chucky llevando una nevera llena de billetes de cien al First Boston, vaciándola en la mesa de la sala de conferencias, delante del consejo de dirección.

–¿Dónde está el número de teléfono particular de Arthur? –Barry tenía su maletín abierto sobre las rodillas–. Ha de estar por aquí. –La miró y le dio una palmadita en el brazo–. Oye, yo juego contigo. Esta noche me haces la imitación de Chucky, cuando tengamos tiempo.

–Eres igual que mi padre –dijo Kyle–. Le hablo de Chucky y él me dice: «No sé cómo puedes aguantar la humedad que hay allí abajo». Y sólo ha estado aquí una vez. Llevó a mi madre al Roney Plaza en el cuarenta y siete. Entonces ya se dio cuenta de que era un criadero de estafadores y gentuza.

Stick la oyó decir que estaba cansada. Y parecía cansada, desinteresada. Vio que abría la cremallera de la cartera y sacaba una carpeta.

Vio también que Barry descolgaba el teléfono, marcaba y le daba a Kyle una hoja de papel diciendo:

–Coge a Chucky, si quieres un consejo, coge a Chucky y métulo en producos básicos para que se hunda, si no te va a volver loca. Toma.

Kyle estaba mirando por la ventana y Barry tuvo que agitar la hoja de papel delante de ella. Stick apartó la vista. Se acercaban al cruce con la 95 y giraron a la derecha para dirigirse al norte. Hacía un día muy bueno, pero ninguno de los dos había dicho nada del tiempo. Se acordó de que Cornell le decía que escuchara, pues a lo mejor aprendería algo.

Sus miradas volvieron a cruzarse cuando ella levantó los ojos de la hoja de papel.

–Muy bien. No dejes estas cosas baratas de momento. Al menos unos meses. Me gusta Kaneb, y Fleetwood…

–¿Qué quieres decir? ¿Quién es? –decía Barry–. Venga, Arthur, para y pon en marcha la grabadora. Quiero entrar en Kaneb Services. –Miró a Kyle y ella levantó la mano con los dedos extendidos–. Otros cinco mil… Exacto. –Escuchó, dijo un sí y con la mano tapó el teléfono–. Arthur dice que ponga otros diez en Automated Medical. ¿Tú qué crees…? ¡Eh!

—Perdona, ¿qué decías?

—Automated Medical Labs. Se me ha olvidado a qué se dedican.

—Interferona –dijo Kyle–, el tratamiento del cáncer. También se dedican a herpes.

—Por Dios, será broma... Arthur, adelante con lo de Automated Medical... No, un par de miles de acciones... Ya lo creo. –Volvió a escuchar, asintiendo con la cabeza–. Déjame pensarlo un momento. –Se volvió hacia Kyle–. Despierta, Ranco Manufacturing, estaban a doce y han subido a diecisiete. Arthur lleva toda la semana diciéndome que es el momento de vender, ¿a ti que qué te parece?

Stick había oído ese nombre con anterioridad. Ranco. Era el que Barry le había dicho que les dijera a los chóferes, pero cuando él hubiera vendido sus acciones.

—Voy a pasarme la semana durmiendo –decía ella.

—Vamos. Ranco. Está a diecisiete. ¿Vendo o no?

—¿En qué situación estás?

—Cuatro mil acciones. Me lo dijiste tú el año pasado.

Stick observó que Kyle buscaba algo en la carpeta y al cabo de un momento la oyó decir:

—Sí, ahora me acuerdo. Es cosa de poca monta.

—Venga, Arthur está esperando.

—La emisión sólo es de trescientas cincuenta mil. Pregúntale a cuánto suben los beneficios limpios por acción. Y la previsión para fin de año.

Stick trató de descifrar lo que decían. Barry habló con Arthur y luego puso la mano encima del teléfono.

—Dos veinticinco. Está previsto que suba otro dólar, pero Arthur dice que esa canción ya la hemos oído.

—¿Qué es lo qué fabrican? ¿No es algo para el ejército? ¿Depósitos de agua o algo así?

—Exacto. Depósitos portátiles. Los enganchan detrás de un camión. Y otros equipos; todo para el gobierno.

Stick alcanzó a verle el rostro cuando levantó los ojos. Parecía que no le interesaba el tema.

—La proporción de precio/ganancias debería ser de veinte a uno, por lo menos. ¿Prevén tres veinticinco y no están más que a diecisiete?

–Venga: ¿vendo o no?

–Con una emisión tan limitada sería facilísimo hacer que subiera el precio. Me parece que Arthur no quiere que salga de casa.

–¿Estás segura?

–Dile que te parece que van a subir. A ver lo que dice.

Barry: «¿Qué haces, Arthur? ¿Me quieres tomar el pelo? Esas acciones van a subir hasta la luna, joder... Sí, lo creo. So idiota, ¿qué jugada me quieres hacer? –Escuchó y le dijo a Kyle, tapando el teléfono con la mano–: Dice Arthur que es inestable».

Kyle: «Yo creo que el inestable es Arthur. Dile que le darás la autorización cuando lleguen a cincuenta y no antes. Dile que quieres cinco mil acciones más antes de que lleguen a veinte, o si no irás a Hutton».

Salieron de la autopista en la calle 125. Stick estaba concentrado, tratando de recordar Kaneb, Automated Medical Labs, Ranco Manufacturing...

Kyle empezó a leer de la carpeta:

–Titan Valve, dos mil acciones a quince y medio... Delpha Health Services, doce dólares la acción, otros dos mil. Biotech Systems... KMA Industries...

Stick añadió esos nombres a la lista.

Barry: «Arthur dice que el mercado de opciones de beneficio inmediato no es nada firme, que no me meta».

Kyle: «Eso es lo que debe decir Arthur. Tienen que venderlo todo antes de hacer emisiones nuevas. ¿Cuántas veces te lo he dicho?».

Barry: «Arthur dice que no habrá beneficios suplementarios».

Kyle: «Yo no voy a por beneficios suplementarios».

Barry: «Dice que la energía ya no es la mejor flor del jardín».

Kyle: «Me voy a marear en este coche».

Barry: «Dice que la alta tecnología sigue siendo la primera en el corazón de los inversores».

Kyle: «Dile adiós a Arthur».

Era difícil conducir, escuchar y tratar de comprender que Southwest Bell y British Colonial Hydro eran bonos corporativos con buenas perspectivas. Que uno se podía hacer de oro con Firestone si era absorbida y que las posibilidades eran cada vez mayores. Cuando cruzaron por la calzada elevada, ya cerca del Bal Harbour, Stick estaba seguro de una cosa: Barry no sería el héroe de los chóferes sin Kyle McLaren.

Barry no desistió. Al entrar el coche en el camino particular, hablaba de un tal Howard Ruff, que –por lo que deducía Stick– era una especie de experto en inversiones, un futurólogo económico. Barry parecía impresionado.

–Howard Ruff aconseja comprar todo el oro que se pueda, o incluso mejor plata.

–Y también te dirá que compres su disco –dijo Kyle–. Si te crees los consejos de un tío que canta *Climb Every Mountain* y *You Light Up My Life*, yo no te puedo ayudar.

A Stick le daba igual no haber oído hablar nunca de Howard Ruff. Se estaba haciendo una idea bastante aproximada de quién era Kyle McLaren.

Sacó las maletas del portaequipajes y las llevó a la terraza mientras Kyle hablaba con Diane Stam. Barry se dirigía a la salita agachándose bajo el toldo que proyectaba sombra sobre las arcadas. Stick se mantuvo a distancia, observando cómo las dos señoras hablaban educadamente, una con unas finas piernas morenas, sonriendo con soltura y tocándole el brazo a Diane, y la otra totalmente distinta, blanca bajo una bata de rayas. Ahora se separaban con expresiones alegres, parecía que se llevaban bien. Kyle miró hacia donde se encontraba él, a la espera de sus maletas. Diane se volvió y él siguió a Kyle por el sendero que conducía de la terraza a la pista de tenis. Stick todavía no había estado en esa parte de la finca, pero por lo visto Kyle sabía adónde se dirigía. Llevaba una bolsa colgada del hombro y la cartera debajo del brazo. Dejaron atrás la hilera de palmeras y pasaron por debajo del toldo de rayas rojas y blancas –había allí unas tumbonas y un bar, vacío– atravesaron la pista de tierra batida y se aproximaron a la casita de los huéspedes, que estaba justo al otro lado, parcialmente oculta por la vegetación. Había una puerta, pero Kyle pasó de largo y siguió el sendero que rodeaba la casa, hasta el lado que daba a la bahía.

Al volver la esquina, miró a Stick y dijo:

–Le dejaremos al productor el sol de la mañana. Yo me quedo con la habitación con vista.

Stick no sabía de qué hablaba e iba a preguntarle a qué productor se refería, pero llegaron a otra puerta, en la que apareció una de las criadas, y Kyle exclamó:

–¡Luisa Rosa!–como si se alegrara de verla. La criada sonreía–. ¿Cómo va esa depresión?

–Mucho mejor –contestó la criada, todavía sonriente–. Me alegro mucho de volver a verla.

Stick entró las maletas mientras las mujeres hablaban. Miró la sala de estar, que estaba decorada en amarillo y blanco, con muebles de junco; había flores naturales por todas partes y una botella de champán en un cubilete, con tres copas sobre una mesita. No sabía qué hacer con las maletas. Un ventanal ocupaba toda una pared, frente a la bahía. El yate de Barry estaba amarrado a la derecha. Se preguntó si la chica aún estaría allí. Oyó que Luisa Rosa se reía y que decía con su agradable acento:

–Que tenga buen día.

–Déjelas en el dormitorio, por favor –le indicó Kyle.

Había dos camas individuales, juntas, con colchas amarillas y unas cortinas tras las cuales se extendía un patio y una vista algo distinta de la bahía Biscayne. La casa de los huéspedes era mayor que cualquiera de las casas en que había vivido él. Al salir encontró a Kyle lanzando la bolsa y la cartera sobre el sofá.

Stick se detuvo, sin saber qué debía hacer y preguntándose si le iba a dar propina. Esperaba que no.

–Estas últimas... me parece que dos semanas, he sentido curiosidad por una cosa. ¿Se acuerda de que nos vimos en casa del señor Gorman, en Lauderdale? Estábamos en la sala de estar y usted pasó por el balcón.

–Ya sabe que sí –dijo Stick. Y lo sabía. Stick estaba seguro–. ¿Quiere saber qué hacía allí?

–No es por entrometimiento. Siento curiosidad, porque parecía que Chucky no tenía ni idea de quién era usted, aunque estuviera en su propia casa.

–Había ido con un amigo mío. Lo estaba esperando.

–¿Se acuerda de lo que dijo usted?

–Me preguntó si era tasador. –Stick sonrió al ver que

ella sonreía, con familiaridad, y adivinó lo que iba a decir.

–Sí, pero lo mejor fue –dijo con ojos sonrientes– cuando le preguntó si le gustaba algo y usted miró a su alrededor, sin la más mínima prisa, y dijo «No, me parece que no» y se marchó.

–Y se acuerda, ¿eh?

–Fue muy divertido.

–Gracias. ¿Puedo preguntarle yo una cosa?

–¿Que qué hacía yo allí?

–No, eso ya me lo imagino. Le dice a la gente como Barry y Chucky lo que deben hacer con el dinero. Barry interpreta el papel de niño prodigio, pero el verdadero cerebro es usted.

–¿Todo eso lo ha deducido mientras veníamos del aeropuerto? –preguntó arqueando las cejas.

–Y he deducido más cosas. Lo soporta, pero se está cansando. Sólo la escucha cuando habla de negocios...

–Sorprendente.

–No, usted misma se lo ha dicho. Yo sí que escucho. Pero creo que eso no es todo. Usted le decía que estaba cansada, y yo creo que está cansada de lo que hace. Usted le pasa la pelota y él es quien se anota los puntos, gana el dinero.

–Cerca, pero no exactamente. –Aquellos ojos suaves e inteligentes no se apartaron de él. Parecía que iba a decir algo más, quizás a confiarse, pero se recuperó y dijo–: Usted no parece... bueno, un hombre que lleva uniforme de chófer.

–Un criado. No, generalmente trabajo por mi cuenta. Voy a probar esto una semana más, aproximadamente.

–¿No le gusta conducir?

–Lo que no me gusta es esperar.

–A mí tampoco. ¿A qué se dedica normalmente?

–Bueno, vendí coches durante unos años. Usados. He conducido un camión a temporadas... –respondió Stick–. Lo que quería preguntarle es... aquella vez, en casa de Chucky, hace un par de semanas, sólo me vio como medio minuto...

–Sí, algo así.

–¿Cómo me ha reconocido hoy?

–Buena pregunta –dijo ella, algo sorprendida–. Ni si- quiera parece la misma persona. Pero le he conocido en cuanto me he acercado al coche.

13

CORNELL LEWIS estaba sentado en calzoncillos mirando la televisión, con los pies descalzos sobre una silla que se había acercado. Al entrar Stick, no levantó la vista.

–¿Qué pasa?

–Chuck Norris, tío. Mira cómo deja a los chinos a la altura del betún.

–Quiero decir que qué pasa aquí.

–Nada. Estoy descansando. Esta noche no trabajo.

–¿Dicen que va a venir un productor?

–La semana que viene. El lunes, me parece.

–¿Productor de cine?

–Cuidado, Chuck. ¿Qué dices? Sí, el productor les va a enseñar al amo y a algunos amigos cómo funciona el mundo del espectáculo, si no me equivoco. Vendrán unos cuantos a pasar el día.

–Hemos ido a recoger a una chica al aeropuerto...

–Sí, Kyle. ¿Es guapa, eh? Esa Kyle es la única razón por la que me gustaría ser blanco, aunque no creo que a ella le importara.

–¿Trabaja para Barry?

–No, trabaja por su cuenta, es como una asesora. Le dice al amo cómo tiene que invertir las judías que tanto le ha costado ganar.

–En el coche no parecía muy entusiasmada. O a lo mejor es que estaba cansada.

–El amo no la deja en paz. No, lo que pasa es que ella tiene una especialidad, le dice en qué empresas debe invertir. Pero él invierte en todo, acciones, obligaciones... ¿me entiendes? Y ella conoce mejor la bolsa que él, aunque no sea su especialidad. Así que él se aprovecha de ella cada vez que puede.

–Sí, eso me ha parecido.

–Has escuchado, por lo que veo. Mira éste, tío –dijo señalando el televisor–. Hawaiian Punch, con Donny y Marie. Son una preciosidad, ¿eh? Míralos.

–¿Vive en Nueva York?

–¿Quién? ¿Esta chica?

–Kyle McLaren.

–Vive en Palm Beach. Me parece que vivía en Nueva York cuando era agente de bolsa. La primera vez que vino me lo contó. Tiene un hermano en el FBI.

–¡Coño! ¿De verdad?

–No está aquí, me parece que vive en Nueva York. Mira a Donny y Marie. Sí, nena, yo te daría un buen manotazo. Y a él también, es monísimo.

–¿Por qué se aloja aquí?

–¿Quién?

–Kyle McLaren –le gustaba el nombre.

–El amo quiere que esté aquí para el productor, el pez gordo del espectáculo, y para tenerla cerca unos días. Pero no como te estás imaginando. Yo ya lo he visto: una vez estaba medio encandilado y empezó a acosarla. Pero no se comió un rosco. Ella le paró los pies rápido, con mucho tacto. Sin tensiones, sin rencores. El amo dice que no aguanta nada de nadie. ¿Uno de esos millonarios? Sea quien sea, si no le gusta no trata con él.

–¿Está casada?

–Me parece que no. No, vive sola. Tiene un piso allí, en Lake Worth.

Stick se quitó la chaqueta y la corbata. Entró en su habitación para dejarlas sobre la cama y volvió a salir.

–¿Cómo le va a Aurora?

–¿Qué es esto, un interrogatorio? Aún está en el barco. En cuanto habéis llegado, el amo ha entrado a llamarla por teléfono. Casi la oía gritar. Y parecía como si llorase.

–Así que se irán a dar una vuelta.

144

–No, no, hoy no. La señora le ha planeado la tarde. Ha llamado a gente y ha quedado con ellos para tomar unas copas y cenar en el club... y después bailar un poquito. Sí, se van a divertir, tío. Una noche estupenda en el club de campo, con toda la gente guapa.

–Supongo que tendré que llevarlos, ¿eh?

–Ha dicho que te pongas el traje negro.

Contempló cómo Chuck Norris tumbaba a varios orientales con golpes y patadas, pero sin cambiar de expresión. Le sorprendió que Chuck Norris fuera tan poca cosa. Chuck y Chucky...

Chucky, Barry y todos los ricachones que daban la impresión de que todo era cosa fácil.

–¿Cuánto llegaste a ganar en un solo trabajo, antes de que te encerraran?

–¿Quieres decir en la otra vida?

–Sí, ¿cuál fue la vez que sacaste más?

–Fue en una bodega. Tenía un quitapenas que había hurtado en una casa una vez. Entré... Había tenido que tomar estimulantes para hacerlo. Me saqué mil ciento sesenta dólares y nunca más podría volver a hacerlo, por flipado que estuviera. ¿Por qué lo preguntas?

–Estaba pensando que llamar por teléfono a tu agente desde el asiento posterior de un Cadillac a cien kilómetros por hora, con el aire acondicionado en marcha, es mucho más fácil que entrar en un lugar con una pistola, ¿no es así?

Cornell apartó la vista del televisor por primera vez.

–¿Ahora te das cuenta?

–Tengo que aprender unas cuantas cosas.

Los chóferes no observaban con ninguna intención determinada, si bien desde la oscuridad miraban hacia donde sonaba la música, más allá de los parterres de flores y arbustos, el patio del club, iluminado con farolillos de papel, donde las mujeres vestidas con trajes largos bailaban con los varones de americana y pantalón en tonos pastel al son de un popurrí de melodías; algunos además se movían, otros lo hacían como si siguieran una serie de huellas de pisadas, algunas mujeres evolucionaban con estudiado abandono mientras sus parejas, con expresiones pétreas y el resplandor de los faroles reflejado en las gafas, encorvaban los hombros y a veces chasqueaban los dedos.

El sonido del «hilo musical» llenaba la noche. Stick no había visto nunca un baile de club de campo.

Había dejado a los Stam y Kyle McLaren hacía una hora y se había ido corriendo a la calle Ocho Suroeste en busca de un bar donde tomar unos bourbons con hielo, mientras los cubanos lo miraban a causa del traje negro. O quizás lo hubieran mirado de cualquier forma. A Stick no le importaba. Estaba libre, descansando; no molestaba a nadie y lo dejaron en paz. Luego regresó a Leucadendra.

Harvey lo vio, se ajustó la gorra y dejó a los demás, media docena de chóferes agrupados a la luz de una ventana de la zona de servicio del club. Uno de los chóferes parecía Lionel Oliva, pero estaba demasiado oscuro para estar seguro. La luna proyectaba una tenue luz a través de las palmeras y se oía el ventilador de la cocina, que giraba al ritmo de la orquesta de cinco hombres que interpretaba *The Man I Love* seguido de *A Stranger in Paradise*. Harvey, con la gorra echada atrás como si fuera el piloto de un caza, se acercó a Stick.

–¿Qué tal? O debería preguntar qué se oye desde el asiento delantero últimamente.

–Ese tipo corpulento de ahí –dijo Stick–, ¿se llama Lionel?

–Exacto, el cubano. –Harvey se volvió de espaldas al grupo, acercándose más a Stick–. Dice que su jefe lleva toda la tarde en el vestuario jugando a dados y todavía no ha podido cenar.

–¿Por qué no se va y vuelve? –Stick no estaba seguro de si era conveniente que Lionel estuviera allí o si importaba.

–En cuanto se fuera, el señor Gorman saldría a buscarlo. ¿No sabes que siempre pasa lo mismo?

–Supongo que ya lo aprenderé si me quedo el tiempo suficiente.

El bourbon lo había entonado y llegó a la conclusión de que la presencia de Lionel no tenía importancia. Sin embargo, le daba qué pensar; era otra oportunidad de encontrarse con Chucky Gorman. Se había metido en un mundo cerrado y tenso y todavía no había podido salir. Pero estaba aprendiendo.

Harvey retornó al grupo, aparentando indiferencia y diciendo:

—Mira cómo baila el dinero. No tienen ninguna preocupación.

A Stick le pareció que aquel comentario bastaba para darle pie a sacar el tema:

—De los consejos de bolsa de los que estuvimos hablamos el otro día...

—Sí, ¿cómo va el asunto? —dijo Harvey.

—Pensaba que seguiríais un procedimiento determinado.

Vio entonces que se acercaba Edgar.

—Sí, tú nos dices dónde invierte el señor Stam —dijo Harvey, y se encogió de hombros, con las manos en los bolsillos.

—¿Y ya está?

—Quiere saber si hay algún procedimiento para decirnos de qué inversiones interesantes se ha enterado —le dijo Harvey a Edgar.

—¿Qué procedimiento? —preguntó Edgar.

—¿Y si os doy la información y vosotros la pasáis y luego volvéis y me decís que vuestro jefe ya tenía dinero en eso? ¿Me entendéis? ¿Cómo protejo mis intereses? —dijo Stick.

Vio que Harvey y Edgar se miraban mientras él dirigía su atención hacia los compases de *Alley Cat*, con la esperanza de que cambiaran rápidamente, pues de lo contrario tendría que marcharse de allí. Era la única canción en el mundo que le hacía sentir ganas de romper algo.

—¿Te refieres a que el señor Harrison aceptara la información, pero me dijera que ya la tenía?

—Yo estaría jodido, ¿no? —dijo Stick.

—Pero el señor Harrison no sería capaz.

—¿Cómo sé eso yo? Vosotros lo decís, pero, coño, yo no conozco al señor Harrison. —Miró a Harvey—. Ni a la señora Wilson. Sabéis igual que yo que los ricos son raros. No siempre son generosos. —Stick sacudió la cabeza, cansado–. Hoy ha estado hablando por teléfono con el agente todo el trayecto del aeropuerto. Su asesora financiera... ¿sabéis quién es?

–¿La señorita McLaren? –dijo Harvey.

–Ésa, sí. Hoy estaba con él y le ha ido diciendo lo que debía comprar para que él se lo transmitiera al agente. Todo el rato hablando por teléfono. Ella acababa de llegar de Nueva York y supongo que traía información fresca.

–Claro. ¿Y qué le ha dicho? –preguntó Edgar.

–Por eso os he preguntado lo del procedimiento. Tengo unas empresas. –Stick se llevó la mano al bolsillo–. Las he anotado al llegar a casa para que no se me olvidaran. Me he acordado que me habíais dicho que alguien lo hacía así.

–Acciones legales, ¿eh? –preguntó Harvey.

–Sí, supongo que sí –dijo Stick, que no tenía ni idea de a qué se refería Harvey, aunque lo había oído en otra ocasión. Legales. Harvey lo miraba fijamente y Stick añadió–: Tengo una que han dicho que está a punto de despegar y llegar hasta la luna, y ahora sólo cuesta diecisiete dólares.

–Caray –dijo Edgar–. ¿Va a despegar, no?

–Cuando la hagan subir. Llegará al menos a cincuenta, apuéstate lo que quieras. Seguramente más.

–¿La van a hacer subir, eh? ¿De qué tipo de acciones se trata?

–¿Quieres decir qué tipo de empresa?

–Sí. ¿A qué se dedican? ¿Qué producto fabrican?

–Algo militar. Supongo que es una de esas cosas supersecretas...

–Debe de haberse enterado de algún contrato importante con el gobierno. Debe de ser eso. Así es como se hace, por chivatazos. ¿Has comprado tú?

–Ya lo creo.

–Pensaba que no jugabas en bolsa –dijo Harvey.

–Ahora sí.

–¿Cómo vas a comprar en sábado?

–Bueno, no, todavía no he comprado, pero he llamado a un amigo mío, camarero, que juega siempre. Él me lo arreglará el lunes a primera hora. Le he dicho que comprara todo lo que pudiera. Esas puñeteras se van a disparar.

–¿De diecisiete a cincuenta? Eso son...

–Tres mil trescientos a los cien –dijo Harvey–. El trescientos por ciento. No sé, parece una fanfarronada.

–Pero si tienes en cuenta la proporción precio ganancias... –dijo Edgar entrando en terreno poco conocido. Harvey lo miraba fijamente.

–Veinte a uno –dijo Stick mirándolo a los ojos–. Según... –mierda, no se acordaba de la palabra–, ya sabes, los que ganan, el beneficio.

–Rendimiento por acción –apuntó Harvey.

–Eso he dicho. Las previsiones indican tres veinticinco. Bueno, ¿qué os parece?

–Caray –dijo Edgar–. ¿Qué acciones son?

–Volvemos otra vez a la cuestión del procedimiento –declaró Stick. Joder, todavía estaban con *Alley Cat*–. Tengo que irme –y echó a andar.

–¿Cómo que tienes que irte? –exclamó Harvey–. Espera un momento.

–Tengo que moverme. Si me estoy quieto demasiado tiempo... Tengo una rodilla jodida, una lesión de baloncesto.

–Podemos andar contigo –dijo Harvey–. ¿Adónde quieres ir? ¿Al vestuario de hombres? Me parece que hay café.

–Pensaba ir a dar una vuelta en coche –explicó Stick–. El señor y la señora Stam aún tardarán.

–Oye, espera, nunca puedes estar seguro: pueden salir en cualquier momento. Hablemos de eso del procedimiento. ¿Cómo crees tú que podría ser? Digamos sólo para esas acciones de que hablas.

–¿Las de diecisiete que van a subir a cincuenta?

–Ésas –dijo Edgar.

–A mí me parece que la única manera es el dinero por delante. Por dos billetes os digo el nombre. El lunes serán tres, y, si veo que las acciones empiezan a subir, el precio puede ser incluso más alto. ¿Qué os parece?

–O estás loco o crees que lo estamos nosotros.

–Entonces olvídalo. Si te quieres llevar el dinero a casa, a la cama, Harvey, es cosa tuya. Yo, personalmente, pienso que el dinero no debería dormir nunca.

A la una los chóferes sacaron los coches de la oscuridad, a la luz de las farolas, y los alinearon en la calzada circular en la que se abría la entrada principal. A la una y veinte apareció Barry con una chica colgada de cada brazo, como un playboy: su mujer y Kyle. Stick salió del automóvil y se dirigió a la acera.

Pero Barry no las sostenía a ellas; eran ellas las que lo aguantaban a él. Barry estaba borracho; tenía los ojos vidriosos y la boca húmeda. A Stick no le pareció un borracho agradable. En ese momento parecía un colegial con ganas de pelea. Se soltó bruscamente de Diane. Ella se alisó el vestido de gasa color melocotón y se llevó la mano a las perlas. Barry abrió la portezuela del lado y dijo a Stick:

–Entre. Conduzco yo.

–¿Está seguro? –preguntó Stick sonriendo.

–Entre en el coche, leche.

Diane parecía más pálida que de costumbre, alterada. Se volvió como si quisiera marcharse, vio a los acicalados miembros del club que los observaban y se dirigió de nuevo hacia el coche, sin saber adonde mirar. Kyle, que todavía sujetaba a Barry por el brazo, dijo:

–Si conduces tú, camarada, yo me voy andando.

–¿Camarada? ¿Qué es eso de camarada? –dijo Barry.

–En serio –insistió Kyle.

–Pues vete andando, joder. Si quieres andar, pues anda.

–¿Señor Stam? –dijo Stick, agarrando el brazo de su jefe y todavía amablemente–. El que lleva el traje de chófer soy yo.

Barry lo miró con los ojos nublados por el alcohol, la camisa rosa desabrochada y sin corbata.

–Stick... ¡coño!

Stick lo empujó con el cuerpo hacia el interior del automóvil, pegado a él, de modo que Barry se vio obligado a entrar. Stick metió también la cabeza y los hombros. Y así, tapando la puerta con la espalda, a solas en

150

el coche con Barry y lejos de todos los mirones, Stick dijo:

–Oye, cabrón, como vuelvas a abrir la boca te pego un guantazo que te mando al asiento de atrás. El que conduce soy yo. Si quieres, me despides mañana, pero esta noche conduzco yo. ¿Entendido? –Esperó. Barry fijaba la mirada hacia adelante y estaba rígido. Su rostro reflejaba una expresión tensa y su nariz parecía más grande, más vulnerable. Pero no se movió ni dijo nada.

Stick salió del coche. Abrió la portezuela posterior, se volvió hacia Diane y Kyle y dijo:

–Señoras...

La expresión de Barry se había vuelto pétrea. Se negaba a hablar. Cruzó el vestíbulo con exagerado cuidado, rozando la pared con el hombro, entró en su habitación y se derrumbó sobre la cama. Stick miró desde el pasillo y vio a Barry en su cama de sultán, con su dosel, una tienda real, cuyas cortinas laterales estaban recogidas con unos cordones dorados. Pobrecito.

Esperó que saliera Diane.

–Si quiere, lo desnudo, lo meto en la cama... y lo arropo.

–Se las arreglará solo –dijo ella sin sonreír, pero nuevamente calmada, con una expresión impasible–, pero si me hace el favor de bajar al barco... –vaciló–. Quiero asegurarme de que la llave no esté puesta.

–Con mucho gusto.

–No le importa, ¿verdad? –la voz era dulce y sosegada.

Stick no quería marcharse y no se le ocurría nada que pudiera obligarla a sonreír, o a demostrar algún tipo de emoción. Tenía la impresión de que lo miraba con ojos soñadores, transmitiéndole la sensación de estar viviendo un sueño, y de que se complacía en que la mirara... las perlas que descansaban sobre su piel, los labios ligeramente entreabiertos y los ojos que nuevamente reflejaban... ¿qué?

–¿Necesita algo más?

–No, creo que no –vacilante.

–¿Le preparo algo? –insistió, a sabiendas de que aquello era más bien ilógico.

Sin embargo, parecía que ella lo aceptaba sin titubeos. Stick llegó a la conclusión de que si la cogía de la mano y la sacaba de casa en dirección del garaje, de su habitación, le seguiría sin abrir la boca, sin emitir el menor sonido. Su mirada le proporcionaba sosiego.

–Bueno, si me necesita...

Stick se volvió para marcharse y ella declaró:

–No me voy a acostar todavía.

Stick se detuvo. Asintió con la cabeza. No se le ocurría qué decir.

–Muy bien...

Diane apagó la luz de la habitación de Barry, miró nuevamente a Stick y pasó junto a él para dirigirse a la puerta de un dormitorio al otro lado del pasillo, la abrió y entró. En el suelo del pasillo apareció un triángulo de luz. La puerta se cerró. No oyó el chasquido del pestillo. En el reluciente mármol seguía brillando una estrecha franja de luz. Tardó unos instantes en moverse.

Kyle esperaba en la terraza, con los brazos cruzados... los tostados brazos y hombros desnudos, mirando al cielo. Cuando Stick se acercó desde la escalera, se volvió.

–¿Cómo está?

–Se ha dormido.

–¿Qué le ha dicho en el coche?

Tras ella estaba la piscina, de un verde claro a la luz de los focos, y más allá la oscuridad.

–Que se comportara.

Kyle entrecerró los ojos: era broma, no importaba.

–Sí, seguro.

–Si quiere, la acompaño a su casa.

–Bueno.

Y echó a andar como si lo esperara. Cruzaron el patio en dirección al camino que conducía a la pista de tenis, en tanto Kyle le decía que Barry no sabía beber y que era consciente de ello y por eso no se entrompaba demasiado a menudo. El alcohol no era importante para él.

–Como ganar dinero –dijo Stick.

–El día del fin del mundo, Barry lo pasaría hablando

por teléfono con su agente –dijo Kyle–, pero no porque quiera ganar más dinero.

–Lo que le gusta es hablar por teléfono, entonces.

–No, se divierte jugando con el dinero, arriesgándolo. Tiene más dinero del que sería capaz de gastar, pero, cuando juega en bolsa y gana, ha vencido en el juego y eso le produce satisfacción, es una hazaña.

–Pero si no gana –dijo Stick–, ¿qué pierde? No es como jugarse el medio de vida.

–No soy precisamente la más indicada para hablar con usted sobre riesgos –repuso Kyle con intención.

–¡Vaya! –exclamó Stick, dándose cuenta de que Barry le había hablado de él–. Se me había olvidado que ahora soy una de sus piezas de exposición.

–Me había dicho que vendía coches...

–De segunda mano.

–Pero no me dijo que primero los robaba y que estaba a punto de largarse en el Rolls de Barry cuando llegó él y lo sorprendió.

–¿Es eso lo que va contando? ¿Que me sorprendió? No, lo que pasó es que le eché una mano y le caí bien.

–Nunca sé cuándo habla en serio. –Estaban andando por los blancos rectángulos de cemento–. ¿Quiere saber lo que ha dicho? –Cambió de tono para imitar el habla ligeramente popular de Barry–. «Por Dios, tengo a Aurora en el barco y a Diane andando arriba y abajo por la terraza, y un chófer nuevo que ha estado en la cárcel por robo a mano armada y no sé cuál de los coches me va a robar...» Esto ha sido antes de salir hacia el club, mientras esperábamos a Diane. No conozco a nadie que tarde tanto para vestirse como ella.

–¿Ha dicho cárcel?

–No, tiene usted razón. Ha dicho en el talego. Y durante la cena ha vuelto a empezar. Diane parecía interesada y le ha preguntado cosas.

–¿De veras?

–Pero cuando Barry está en vena, no hace falta que nadie lo anime. Y lo está casi siempre. Me parece que bebía tanto para lograr un efecto dramático. Creo que suspiraba por Aurora. O quería que Diane le preguntara qué le pasaba, para poder decir «nada, nada», pero no se lo ha preguntado. Así que ha empezado a hablar de usted –tiene razón, con las palabras apropiadas– porque así se mete en el personaje y se hace el duro.

–Lo que parece es uno de los Bowery Boys de Miami Beach –dijo Stick–. ¿Por qué lo hace?

Habían atravesado la pista de tenis y avanzaban por el camino que conducía a la entrada de la casa de los huéspedes. Stick vio el pálido perfil del yate –no había luz en las ventanas– y pensó si Diane quería que encontrara a alguien a bordo y volviera corriendo a contárselo. O si quería que volviera a decirle que no, que la llave no estaba puesta, aunque ningún grumete a sueldo dejaría la llave puesta, y ella lo sabía.

Kyle decía que quizás Barry se hacía el duro porque era un tipo inseguro.

–A lo mejor, de niño era un impertinente y siempre le cascaban. A Barry le encanta provocar peleas en los bares.

–¿De veras?

–Sí, pero sólo cuando está seguro de que alguien lo detendrá antes de llegar a las manos. Barry tiene problemas.

Se estaban acercando a su puerta.

–Bueno, yo también he hecho alguna tontería, supongo, tratando de arreglar las cosas por la violencia, pero no me he peleado desde que tenía trece años.

–Habla como mi hermano.

–¿De verdad? ¿El federal?

Se volvió hacia él bajo el resplandor ámbar de la puerta.

–¿Se lo ha dicho Barry?

–Cornell. Dice que cambiaría de color por usted.

–Es muy gracioso. Ojalá fuera cliente mío, en lugar de la mayoría de los que tengo. No me importaría oírle hablar un día entero. –Era sincera y sus ojos sonreían–. No, me recuerda a mi otro hermano, el corredor de bolsa. Antes era *pitcher* del Red Sox.

–¿Jim McLaren? ¿Es su hermano?

–Ah, ¿es aficionado al béisbol?

–Claro, siempre lo iba a ver cuando el Sox venía a Detroit. Siempre lo acusaban de lanzar escupitajos, ¿verdad?

–O, como decían ellos, de alterar la pelota con una sustancia ajena. Jim siempre decía que el sudor no era ajeno, era suyo.

–¿Y qué hacía los días de frío?

–Bueno, dominaba unos lanzamientos con efecto que desconcertaban a los bateadores diestros. De no ser así, en Fenway Park lo podían haber matado.

–Ese lado izquierdo tan corto –dijo Stick–. ¿Así que Jim McLaren es hermano suyo? Vaya, vaya. Siempre he admirado su ánimo. El zurdo flaco de los grandes lanzamientos. No es muy alto, ¿verdad?

–Más o menos como usted. Ahora está más gordo.

–Eso era hace unos diez años, ¿no?

–El último año fue el setenta y uno. Yo estaba estudiando en Boston, y siempre lo iba a ver.

–A ver si lo adivino: Escuela de Estudios Empresariales en Boston.

–No, estaba en la Universidad de Boston. Sociología, y luego me pasé a Logopedia. Pero dejé los estudios y empecé a trabajar como analista de mercado. Mi padre es corredor de bolsa y siempre me había empujado hacia Wall Street.

–¿No hace falta tener un título especial?

–No... No se puede ser tonto, pero vender acciones sólo significa cumplir órdenes, por lo general. Yo vendí opciones durante unos años y luego pasé a productos básicos...

–No entiendo nada.

–En este campo, la próxima parada es Las Vegas. Yo dejé el comercio y me trasladé a Palm Beach, donde está el dinero; abrí un despacho de asesoría de inversiones. Bueno, a lo que iba, usted me recuerda mucho a Jim.

–¿Cuando lanza escupitajos o cuando vende acciones?

–Habla como él. Pero no me he dado cuenta hasta esta noche, cuando Barry hablaba de usted. Supongo que por eso lo reconocí.

–¿Se ha divertido en el club?

155

–Ha estado bien. Menos la música. En cuanto les he oído tocar *Alley Cat*, Dios mío...

–¿Sí?

–Iba a marcharme. No soporto esa insípida cancioncilla.

–¿Y *Climb Every Mountain* y *You Light Up My Life*? –preguntó Stick.

Kyle sonrió, mirándole fijamente con aquellos ojos de complicidad.

–¿Una copa? Tenemos whisky, champán y Gatorade.

–¿Toma copas con los empleados?

–Yo también soy una empleada, ¿no?

–La señora Stam me ha encargado una misión. ¿Qué le parece si vuelvo en seguida?

No cambió de expresión, aunque la mirada divertida parecía algo distinta.

–Bueno, esperaré.

Entró, dejando que decidiera él.

14

No sabía si debía entrar silenciosamente en el barco o bien hacer ruido. De las dos maneras podía darle un susto de muerte a la pobre chica, que probablemente esperaba abajo. *A Prisoner of Love*, Perry Como, mil novecientos cincuenta y pico. El preferido de su madre. Al entrar en la cabina principal, tuvo la sensación de que hasta el barco era mayor que cualquiera de las casas en que había vivido él. Había una luz encendida abajo... Descendió a tientas y se encontró en un camarote donde había, por increíble que le pareciera, una cama doble. La colcha, con un arco iris azul, rojo y amarillo, estaba revuelta y las almohadas fuera de su sitio. Oyó un ruido: agua cayendo.

La chica entró en la habitación con la cabeza agachada. Llevaba puesto un jersey de cuello alto, de hombre, y sujetaba el borde inferior levantado con las muñecas mientras se abrochaba la cintura de los pantalones cortos blancos con los dedos llenos de anillos.

–¿Aurora? –dijo Stick.

Dio un salto hacia atrás, con un grito ahogado.

–No pasa nada, soy un amigo.

–¿Quién es usted? –preguntó, con los ojos desorbitados.

–Trabajo para Barry.

–¿Dónde está? –Parecía que estaba a punto de llorar del susto–. ¿Le ha dicho que me venga a buscar?

–Está en la cama.

–¡En la cama!

–Shhh. ¿No querrá despertar a su mujer?

–¡Claro que quiero! ¿Sabe cuánto tiempo llevo en este maldito barco?

Ahora ponía ojos de gato, de gato perverso.

–Sí, lo sé. Ayer le acompañé a buscarla. Soy su chófer.

–Usted no es Cecil.

–Ni lo quiero ser. Soy el nuevo.

Parecía recelosa, pero lo superó inmediatamente.

–Muy bien. Puede llevarme a casa. Ese hijo de puta...

–He venido a ver si está puesta la llave.

–¿Qué llave?

¿Estaba iracunda o hacía pucheros? Tenía el labio inferior por encima del superior.

–La que se usa para poner el barco en marcha. ¿Está por aquí?

–¡Y yo qué sé! No quiero que me lleve a casa en este trasto. No quiero volver a ver este maldito barco en toda mi vida. Quiero que me lleve en coche.

–Me parece que no puedo.

–¿Por qué no?

–Si él no me lo manda...

–Lléveme a casa. Me da igual lo que diga Barry. Me paso la vida esperándolo.

–Usted también, ¿eh?

Aurora no le oyó. Se estaba quitando el jersey por la cabeza y Stick contempló sus pechos. Dos ojos rojos y redondos lo miraban mientras ella luchaba con el jersey, tratando de pasarse el cuello por la barbilla mientras los pechos oscilaban y saltaban arriba y abajo. Eran muy grandes. Cuando por fin se quitó el jersey, tenía el cabello revuelto. Era la mujer salvaje de Bal Harbour, la gata de la bahía Biscayne.

–Usted también, ¿eh?

–¿Qué?

–Ha dicho que se pasa la vida esperando.

–No se lo imagina.

–Ya lo creo –dijo Stick. No podía apartar los ojos de los pechos mientras ella se alisaba el cabello sin mirarlo. Eran muy bonitos. Eran espectaculares–. Tengo que esperarlo hasta que quiere salir, luego vamos a algún sitio y tengo que esperarlo otra vez, a veces varias horas.

–El muy asqueroso –dijo Aurora–. ¿Por qué tiene que ser tan desalmado?

–Bueno, él es así. Pero te digo una cosa, yo no te haría esperar nunca. No, señora.

–¿No? –Lo miró y le atrapó con los ojos clavados en sus pechos, hipnotizado, pero no pareció importarle–. Estoy sola desde anoche. Nadie ha venido a verme. –Ahora se estaba desabrochando los pantalones, se los bajó, sacó un pie y los lanzó al otro lado de la cama con el otro. Se plantó en medio del camarote, cubierta sólo por unas diminutas bragas, con las manos en las caderas, mirando a su alrededor–. No sé dónde he puesto la ropa.

Stick no sabía adónde mirar, a las diminutas braguitas blancas entre el tostado estómago y los muslos, o a los grandes pechos blancos. Era mejor que un sueño de presidiario, inimaginable. Se dirigió a los pies de la cama, se inclinó, con el trasero hacia él, cogió un par de tejanos de marca, se volvió y se sentó en la cama con los pantalones en el regazo.

–No sé qué hacer.

Le temblaba el labio inferior, proyectado hacia afuera.

Stick sabía lo que quería hacer. Quería morderle el labio. Antes que nada. Se acercó a ella, alargó el brazo despacio y le puso la mano en el hombro. Muy bien, muy bien. No se asustó ni se replegó.

–No te preocupes –dijo él–, yo te... –¿qué?– ayudaré. Si puedo.

Y vio cómo levantaba los ojos de gatita, mirando entre largas pestañas oscuras. Se sentó en la cama y comenzó a acariciarle la espalda. Pobrecita. Ella se acurrucó contra Stick y le puso la mano sobre la tensa tela que le cubría el muslo.

–No le importo nada, ni tampoco lo que siento.

Sí, quería que la consolara, se sentía muy sola. Alargó la mano por delante de aquellas bellezas hasta el brazo desnudo y lo acarició suavemente. Vio que ella levantaba la cara a la luz de la lámpara con mirada desconsolada.

–Me siento tan sola.

–Lo sé...

–¿Serás amable conmigo?

–Lo intentaré... Quiero decir que sí. Seré todo lo amable que pueda contigo.

Aurora se revolvió entre el traje negro y la gata se convertía en serpiente. Le rodeó el cuello con los brazos y los tostados muslos se contorsionaron para ponerse a horcajadas sobre él. Sintió que lo empujaba y se dejó empujar para caer sobre la colcha del arco iris. La boca de ella descendía sobre la suya al tiempo que murmuraba:

–¿Me llevarás a casa después?

Su boca, pegada a la de Aurora, emitió un sonido parecido a *mmmmmm*, como si estuviera canturreando.

¿Había dormido? Tal vez un minuto, se había desvanecido y había retornado a la realidad para abrir los ojos ante la mirada perezosa de ella. La oscura melena estaba extendida sobre la almohada del arco iris.

–Lo haces muy bien, seas quien seas –dijo en voz baja. Y, sorprendida, pero todavía en voz baja, añadió–: Aún llevas la corbata puesta. Me encantaría tomarme un vaso de leche –terminó diciendo con voz soñolienta, cerrando los ojos.

Sonaba bien, un vaso bien frío, pero eligió una lata de cerveza, cerró la nevera, se quedó de nuevo a oscuras, y abrió la lata. Aurora ya se tomaría la leche a la mañana siguiente, cuando despertara. Le apetecía fumar un cigarrillo. Hacía casi cuatro años que había dejado de fumar, pero ahora le apetecía. Podría vivir disfrutando de los placeres sencillos. Y de vez en cuando aceptar alguno no tan sencillo. Cuando oyó el ruido en el pasillo pensó en un animal; era como una serie de gruñidos, unos resuellos sordos. Cerca.

Dejó la cerveza en el mármol y se acercó a la puerta, para escuchar. Era la señora Hoffer roncando. La habitación de la cocinera estaba allí mismo, al lado de la cocina. Las criadas se iban a casa, Pequeña Habana, cuando terminaban de trabajar. Barry decía que cada noche se iban a casa y se cepillaban el pelo, cien veces, y luego volvían a empezar.

–Oh –exclamó una voz.

Se volvió y vio una figura en el pasillo –una tenue luz que salía de una puerta en la distancia le indicó que era la señora Stam–, una silueta dentro de una ligera túnica que llegaba hasta el suelo.

–¿Ha oído algo? –susurró.

–Me parece que es la señora Hoffer.

–No, quiero decir fuera.

–Debía de ser yo. Acabo de entrar.

–No, era otra cosa. ¿Quiere mirar, por favor?

Dio media vuelta y Stick la siguió, oyendo los pasos de pies descalzos sobre el mármol. Lo condujo más allá de la salita y de los sillones con almohadas de lona hasta uno de los arcos de fuera. Se detuvieron junto a una hilera de macetas, Stick detrás de ella, agachándose un poco para ver por debajo del toldo. Observaron la terraza, iluminada por la límpida luz de la luna, y el césped del otro lado de la piscina, tras el cual se extendía la bahía como un pequeño océano bajo el cielo nocturno. Stick sintió una oleada de calor, un irresistible impulso, y tuvo que decirlo.

–Brilla sobre mi amor y yo.

Diane volvió la cabeza, con la barbilla sobre el hombro, para que Stick viera su perfil a la tenue luz y percibiera el costoso aroma de su perfume.

–¿Qué? –dijo.

–La luna sobre Miami. Es cierto. Ahí está.

–Ah –dijo ella, y un momento después añadió–: Sí, ahí está.

Y no se movió.

–¿Qué tipo de ruido era?

–Espere –susurró ella.

Se volvió muy despacio, con la mirada fija en la terraza. Le tocó el pecho con el hombro. Permaneció así hasta que volvió el rostro y, sin mirarlo, dijo:

–Tengo miedo.

–¿De qué?

–¿Querría mirar en aquel seto?

–Pero ¿qué es lo que busco?

161

—No estoy segura. Sea lo que sea...

—Pero ¿qué puede ser?

—Por favor...

Se metió por debajo del toldo, cruzó el suelo enlosado hasta el seto bajo que bordeaba el nivel superior de la terraza y observó el terreno que lo separaba de la piscina. Miró luego hacia el otro lado, más allá de la explanada hasta la calzada de delante del garaje. Dio una vuelta completa, despacio, y quedó de nuevo de cara a la casa.

Diane permanecía enmarcada por el arco ovalado, frente a él, a la luz de la luna, esperando. La imagen de sus primeros recuerdos, que se remontaba a más de treinta años, de una mujer desnuda con una mata de pelo entre las piernas, seguía inalterada; era una realidad y más hermosa que nunca, real como la luna sobre Miami, y él era de nuevo un niño vestido con el traje de chófer de un adulto. La señora de la casa lo esperaba para ir a dar un paseo... sobre almohadones de lona colocados en el suelo. Casi lo mató; era una mujer inagotable que no dejaba de decirle «más, más, Dios mío, Dios mío», aquella apacible mujer liberada, y Stick preguntándose qué brillante etapa de su vida estaba transcurriendo que a aquella mujer le proporcionaba un placer increíble y la dejaba sin aliento, siguiendo su ritmo hasta que ella quedó agotada y Stick se remontó a sus propias estrellas y le dijo con petulancia:

—Ahora me toca a mí.

—Te has cambiado. Muy bien —dijo Kyle.

La siguió hasta la sala de estar amarilla suavemente iluminada, donde sonaba una música que no conocía pero que le gustaba; le recordaba a George Benson con unos sutiles toques de percusión. Se había puesto la camisa verde limón y los pantalones caqui recién lavados, se había cepillado los dientes y se había lavado someramente.

—Espero no haber tardado demasiado. Tenía miedo de que te hubieras acostado.

—No, estoy totalmente despierta. El que parece cansado eres tú.

—Ha sido un día muy largo —dijo Stick—. Y cuando no estoy esperando, no me dejan parar.

¿Lo miraba con una expresión extraña? No parecía tan alta como antes. Se había quitado los zapatos pero todavía llevaba el vestido de los finos tirantes. Su piel tostada brillaba a la luz de la lámpara. El blanco de los ojos parecía más blanco. Cuando se sentaron en el mullido sofá, con el whisky que Kyle había preparado, ella se acomodó con las piernas estiradas y los pies descalzos sobre la mesita de centro. Los separaba un cojín. Stick recordó aquella tarde en el coche y dijo:

–¿Qué quiere decir «emisión»? ¿Y «proporción precio ganancias»?

–¿Es de eso de lo que quieres hablar?

Empleó el mismo tono que cuando le decía a Barry que estaba cansada.

–No, pero dímelo cuando estés de humor. ¿Hay que aprender muchas palabras?

–No más que si quisieras ser croupier, o vendedor de coches. Seguramente, tú sabes muchas palabras que yo desconozco, así que mira...

Ahora parecía más relajada que cansada; volvió la cabeza sobre el cojín del respaldo para mirarlo.

–Estaba pensando... ¿No te importa que haya estado en la cárcel? ¿No te pone nerviosa?

–No, me sorprende que vivieras ese tipo de vida. Sé que eres listo, se nota sólo con hablar contigo.

–Parecía fácil. ¿Qué hay que saber para robar un coche? Entras y lo pones en marcha.

–¿Y el riesgo? ¿Era parte de la emoción?

–Era una manera de ganarme la vida. Llevaba un camión de cemento o una hormigonera durante un tiempo y luego volvía a los coches. No sé... a lo mejor me las daba de listo. Entonces era mucho más joven y más tonto. Estuve un tiempo encerrado por los coches y luego me cogieron otra vez y pensé que iba a estar bastante tiempo, pero en la declaración anterior al juicio, el testigo dijo que se había equivocado, que no me había visto en su vida. Yo no me lo creía. Hasta después, cuando averigüé que era un plan. ¿Te ha hablado Barry de Frank Ryan?

–¿Era tu socio?

–Yo no le dije nada de Frank –dijo Stick después de

163

asentir con la cabeza–, pero él lo sabía todo, como si alguien le hubiera leído mi hoja de antecendetes.

–Barry tiene un amigo en la Oficina del Fiscal del Condado de Dade. Ésa es la fuente. El amigo llamó a la policía de Detroit.

–Eso pensaba yo. Bueno, pues Frank Ryan era el testigo. Era vendedor de coches. De los de verdad. Y cuando me soltaron, Frank me cogió por su cuenta y me contó su plan, sus diez reglas del éxito y la felicidad en el robo a mano armada, y empezamos a trabajar juntos.

–¿De veras?

–Sí, tenía diez reglas. Recuerdo que me las escribió en servilletas de papel.

–¿Y tuvisteis éxito?

–Durante unos tres meses.

–¿Estabas contento?

–Cuando no me moría de miedo. Era muy diferente de robar un Cadillac y venderlo en Ohio por piezas, pero se ganaba mucho dinero.

–Dime alguna de esas reglas.

–Ser siempre educado durante el trabajo. Decir «por favor» y «gracias».

–¿En serio?

–Ayuda a mantener la calma. No llamar nunca por su nombre al compañero mientras estás en el lugar del trabajo. No usar nunca el coche propio. No enseñar nunca el dinero. No decir nunca a nadie a qué te dedicas... Cosas así, de sentido común. Y funcionaban.

–Entonces, ¿por qué os cogieron?

–Nos olvidamos de la regla número diez. No tratar con gente conocida por pertenecer al mundo del hampa. Colaboramos con unos tipos que conocía Frank y... bueno, no salió bien.

–¿Dónde está Frank? ¿Todavía en la cárcel?

–Murió en Jackson. Cirrosis. Se quedó enganchado a una bebida que hacían con patatas. Hacia el final tenía el estómago hasta aquí, y el hígado... Yo se lo avisé, pero no me hizo caso. No aprendió a vivir en la cárcel, así que murió.

–¿Erais buenos amigos?

–Estábamos siempre juntos. Teníamos un piso bonito. A veces era como si estuviéramos casados. Discutíamos por tonterías sin importancia. Pero lo pasamos bien durante un tiempo. Fue diferente, eso sí.

–¿Por qué sonríes?

–Me lo imagino quejándose, como una vieja.

–¿Lo echas de menos?

–¿Que si lo echo de menos? No, me acuerdo de él. Supongo que compartimos muchas cosas, pero era una vida distinta y ya ha pasado.

–¿No pensabas que hacías algo indebido al robar?

–Claro que sí. Y sabía que tendría que pagar por ello si me cogían. Lo aceptaba. Y eso ocurrió, y ahora ya ha pasado. Se ha terminado. Ahora voy a entrar en la bolsa y a convertirme en un experto en finanzas.

–Seguramente podrías –dijo ella, todavía con la cabeza apoyada en el almohadón–, si quisieras. ¿Por qué no? Podríamos cambiar. Yo podría ponerme el uniforme de chófer.

–¿Qué tiene de malo lo que haces?

–No sé... Estoy cansada.

–Me parece que eso ya lo has dicho esta tarde.

–Ya lo sé, pero no estoy cansada en el sentido que has dicho tú, porque les digo a mis clientes lo que tienen que hacer y ellos ganan el dinero. El dinero no tiene nada que ver. Estoy cansada de esta situación intermedia, de asesorar. No produce ninguna satisfacción tangible. Creo que me gustaría dirigir una empresa de fabricación. Producir algo, un producto final, y no sólo trabajar con papeles.

–¿Qué te parecen los depósitos portátiles? –dijo Stick–. Tengo entendido que si se los vendes a los militares puedes ganar mucho dinero.

–Eres un poco presumido, ¿no? –dijo ella esbozando apenas una sonrisa–. Pero muy sutil. «¿Ve algo que le guste?» Y antes de que Chucky se dé cuenta se ha convertido en el acto serio. «No, me parece que no», y te vas. Eres un comediante.

–No. Soy un alma muy simple.

–¿Cómo se llama la empresa de los depósitos de agua?

–Ranco Manufacturing.

–¿Qué otras acciones prometedoras recuerdas?

–Automated Medical Labs, Kaneb Services, Firestone quizá, si hay absorción.

–Me das miedo.

Stick se acercó para apoyar la mano en el cojín que los separaba y se aproximó a ella.

–Pero todavía no sé lo que es una emisión, ni las opciones.

–Tengo la sensación de que aprenderías todo lo que hay que saber en un par de días.

–¿Quieres enseñarme?

Le tocó la mano que descansaba sobre el regazo. Con las puntas de los dedos fue explorando los finos huesos.

–No sé si estoy preparada –dijo, pero volvió la mano, rozó la endurecida palma de él y entrelazó los dedos con los de Stick, todavía con la cabeza apoyada en el almohadón del respaldo y una mirada en cierto modo curiosa–. Me parece que he perdido la práctica. Trato con gente que leen hojas de balance, juegan al golf y van del club a reuniones del consejo de dirección.

–¿No te diviertes?

–Tengo amigos... Vamos a partidos de polo, salimos en barco, jugamos al tenis...

–¿Sí?

–Cuando estoy en casa, pero viajo mucho.

–¿Sales con algún hombre?

–No. Casi siempre salgo con la misma gente. Cuando voy a cenar me siento al lado de hombres que se acaban de divorciar, la mayoría muy ricos...

–¿Ah sí?

–Y escucho cómo hablan de sí mismos. O de sus propiedades.

–¿Y te ríes?

–Educadamente. Nunca se dice nada demasiado gracioso.

–Parece que todo el espectáculo es bastante gracioso.

–Sí, si hubiera alguien a quien dar un codazo y decirle: «Mira cómo dogmatiza ese idiota». Pero yo me siento sola; no encajo.

Stick se acercó más a ella, apoyó la cabeza en el respaldo frente a la de Kyle, a sólo unos centímetros de distancia.

–Pobrecita, podrías pasarlo bien y estás rodeada de farsantes. Necesitas a alguien con quien jugar –dijo con la intención de presentarse como voluntario y preguntándose seriamente si se decidiría aquella misma noche.

Tres objetivos, tres chicas distintas, una con unos ojos azules tristes y un dulce aroma, muy por encima de las otras dos, una chica con la que podía hablar e intercambiar miradas de complicidad. Tenía la seguridad de que había dejado una huella en ella y de que se sentía atraída, por la razón que fuera.

–No sé cómo llamarte.

¿Qué más daba?

–Ernest. Me llamo Ernest –dijo–. Pero me da lo mismo. Estoy acostumbrado a que me llamen Stick, no está mal. Pero Kyle es un nombre precioso.

–¿Quieres saber una cosa?

–Ya lo creo, ¿qué?

–Me lo he inventado yo.

–¿En serio?

–¿Quieres saber cómo me llamo de verdad? Emma.

–Emma –dijo él repitiendo el nombre mentalmente y moviendo la cabeza despacio–. Emma. ¿Qué tiene de malo?

–Suena a mema. Eso me llamaban siempre los niños cuando era pequeña.

–Pero ahora ya eres mayor, Em –dijo él, y levantó la cabeza lo necesario para poner su boca sobre la de ella.

La besó cuidadosamente, demostrándole que sabía contenerse, controlarse, para no sentirse extraño si ella lo rechazaba. Pero no lo hizo. Comenzó a participar activamente, cada vez un poco más en serio –Stick se mantenía a la altura, sin volver a pensar en las otras dos, sin comparar ni contar los objetivos– hasta que Kyle dijo:

–Quiero acostarme contigo.

Reconoció que lo que ahora sonaba en la sala de estar era Herbie Hancock; el estribillo le decía «pon todo el corazón», con fuerza y entusiasmo, pero le había ocurrido algo a su percepción del tiempo y al otro lado de la bahía la luna había desaparecido detrás de Miami.

–No sé qué pasa –dijo en la oscuridad.

–Es igual –repuso ella–. Duérmete.

–Supongo que son cosas que pasan. Nunca se sabe.

–No, nunca se sabe.

–¿Qué quieres decir?

–Que estoy de acuerdo contigo. Son cosas que pasan. No te enfades conmigo.

–No me enfado. ¿Crees que estoy enfadado?

–¿Por qué no nos dormimos y ya está?

–Bueno.

15

Lo primero que le dijo a Stick su ex esposa, Mary Lou, después de siete años y medio fue:

—¿Sabes qué hora es?

Sostenía la puerta abierta con una mano y se sujetaba la parte delantera de la bata con la otra. Llevaba tres rulos de color rosa en medio de la cabeza.

—Deben de ser las nueve —repuso Stick—. ¿Puedo entrar?

—Menos diez. Me has despertado. ¿Sabes a qué hora me has despertado?

—Me parece que debían de ser las ocho.

—Las ocho menos veinte. He mirado el reloj. No tenía ni idea de quién podía estar llamando a las ocho menos veinte un domingo por la mañana.

—Lo que ha pasado es que, justo después de hablar contigo, me he enterado de que si acompañaba a una persona a Lauderdale luego podría usar el coche. Así que he tenido que venir inmediatamente, para no pasarme el día haciendo dedo y a lo mejor no llegar nunca.

Mary Lou miraba detrás de él, hacia la calle.

—¿Es ése el coche? Es bastante viejo, ¿no?

—Siendo un Rolls Royce, Mary Lou, da lo mismo los años que tenga.

Stick se volvió a mirarlo; estaba en una calle de casitas pequeñas de cemento, con juguetes y bicicletas en los jardincillos de delante, donde no había entrado jamás ningún Rolls: Pompano Beach, a una manzana de la autopista.

–¿Lo has robado? –preguntó ella, tal como esperaba Stick.

No había cambiado lo más mínimo; todavía tenía el mismo gesto de la nariz arrugada, como si estuviera oliendo su propia amargura.

–Es de mi jefe. ¿Nos vamos a quedar aquí hablando o puedo entrar a ver a Katy?

–Está durmiendo –dijo Mary Lou bajando la voz, pero lo dejó entrar en la sala de estar, decorada con relucientes muebles de arce y cuadros de tono azul verdoso. Stick se acordaba de varias salas de estar como aquélla, pero no precisamente de ésa. No había visto nunca aquellos muebles en concreto, ni el órgano eléctrico, ni el reloj de péndulo–. ¿No esperarías que estuviera levantada?

–Haz lo que estuvieras haciendo. No quiero molestar –dijo Stick en un tono de voz que no había oído en años, como si encontrarse en presencia de aquella mujer lo hiciera retroceder en el tiempo y tuviera que arreglarle el asiento del coche, que siempre se movía cuando paraba.

–No voy a volver a la cama estando tú aquí –repuso ella agarrando la bata rosa con fuerza (el pasado se hacía de nuevo presente) como si pensara que podía tener en mente un polvo rápido de domingo por la mañana. No gracias. Stick se acordó de Kyle y se desanimó. Tendría que procurar que se le presentara una nueva ocasión para demostrarle que normalmente estaba en forma y era fiable. Era orgullo, pero también se sentía fascinado por ella y quizás incluso un poco enamorado. De verdad.

–¿Ahora te pones rulos para dormir?

Mary Lou levantó la mano a medio camino de la cabeza pero no se tocó. Dio media vuelta y salió de la habitación.

Stick se sentó a esperar, procurando no arrugar la raya de los pantalones caqui recién planchados. Miró a su alrededor; no había ningún mueble ni ningún cuadro conocido, ni allí ni en el comedor. Todo parecía nuevo.

Mary Lou no regresó hasta casi las nueve y media. Se había puesto unos pantalones y una blusa estampada sin mangas, se había ahuecado el oscuro cabello y se había puesto colorete en las mejillas.

–¿Aún duerme Katy? –preguntó Stick.

–No he mirado.

–¿Por qué no la despiertas?

–Porque necesita dormir.

–¿Os va bien?

–¿Quieres decir si llegamos a fin de mes sin ayuda tuya? ¡Ni un centavo en siete años! Sí, muchas gracias, nos va perfectamente.

–Os mandé doscientos dólares desde Jackson.

–Mandaste ciento ochenta y cinco, don maravilloso.

–Ahora os ayudaré –dijo Stick–. De hecho... –Se sacó la cartera– me han pagado esta mañana. Incluso me han subido el sueldo. De modo que te puedo dar... Toma trescientos. ¿Qué te parece?

–En siete años, yo diría que es bastante poco. ¿A ti qué te parece?

–Desde ahora, te daré algo cada semana –aseguró Stick. Sabía que ocurriría aquello–. Para Katy. O cada mes –y dejó los billetes en la mesita auxiliar.

–Ya lo creo. Al menos hasta que vuelvas a la cárcel. ¿Cuándo crees que será?

Le resultaba difícil no levantarse y marcharse.

–Nunca. He cambiado.

–¿Sabe tu jefe que eres un presidiario?

–Soy un ex presidiario, Mary Lou. –Se le ocurrió que Mary Lou sería una buena boquí del correccional de mujeres, o incluso del de hombres–. ¿Cómo está tu madre?

–Mamá murió –dijo ella fulminándolo con la mirada, como si pensara que la culpa era de él.

–Lo siento, de verdad.

–¿Por qué? ¿Porque os llevabais tan bien? No has dicho una palabra agradable sobre mamá en tu vida.

–No se me ocurría ninguna –repuso Stick, imaginándose a la vieja mirando fijamente a las Temptations en el programa de Ed Sullivan y diciendo «¿Son negras?», dispuesta a apagar el televisor y a perderse su programa preferido. Ahora tenía un televisor de veinticuatro pulgadas, además del órgano, todos los muebles nuevos... Mientras contemplaba la habitación, dijo–. Debe de irte bastante bien en Fashion Square.

–Ah, ¿te interesa cómo nos las arreglamos?

–Tu madre os dejó en buena posición, ¿no? Me acuerdo de que la última vez que la vi aún tenía el dinero que le dieron para la Primera Comunión. –No era un buen tema y procuró cambiar diciendo–: ¿Sales con alguien?

–Considero que lo que yo haga o deje de hacer no es cosa tuya.

Miró hacia la puerta principal un momento antes de que Stick oyera cómo se abría. Allí estaba su hija, con sus piernas y brazos flacos y morenos. Entraba gritando:

–¡Mamá!

Al verlo sentado en el sofá, se detuvo sorprendida. Stick no quería decir ninguna tontería. Sonrió... Lo había reconocido, se notaba, pero miró a su madre en busca de una confirmación, aunque no sacó nada. Mary Lou no pensaba ayudar.

Cuando Stick se levantó y dijo «¿Katy?», ella se le acercó y lo abrazó. Notó cómo le rodeaba la cintura con los brazos; la cabeza le llegaba a la boca. Sintió cómo se apretaba contra él, con un cariño sincero, y la oyó decir:

–Recibí tu carta.

Pero ahora Mary Lou los miraba furiosa.

–¿Dónde has estado?

–Te dije que iba a quedarme a dormir en casa de Jenny –dijo Katy, sorprendida–, ¿te acuerdas? Y que hoy vamos a ir a la playa. Me están esperando, sólo he venido a buscar la toalla.

–Qué bien –dijo Mary Lou, demostrando impotencia–. Tu padre se decide por fin a venir a verte y tú te vas corriendo.

–No lo sabía...

–Da igual –dijo Stick–. Sólo he pasado un momento. Ahora vivo por aquí y ya tendremos tiempo de vernos. –Advirtió gratitud en los ojos de la muchacha: más que eso, un reconocimiento del hecho de que se entendían y se encontrarían cómodos uno con el otro–. Estás muy guapa. Ya te has hecho una mujer. ¿Cómo va el colegio?

–Bien. –Parecía nerviosa.

–¿Te gusta?

–No está mal. El curso empieza dentro de dos semanas. Qué deprisa han pasado las vacaciones.

Mary Lou se dirigió a la ventana.

–¿Quién hay en el coche?

–Unos amigos, Jenny y David. Y Tim. Ya te había dicho que íbamos a ir a la playa.

–¿Y quién conduce?

–Lee –respondió Katy, sorprendida de nuevo–. Ya te lo había dicho. Su padre le ha dejado el coche.

–Pensaba que le habían quitado el permiso.

–Se lo devolvieron hace dos meses. –Levantó la vista hacia su padre, sonriente–. Y tú, ¿cómo estás?

–Bien. Te llamaré pronto. Podemos salir a cenar. El colegio te va bien, ¿eh?

–Sí, bien –repuso en tanto retrocedía lentamente.

–¿Qué asignatura te gusta más?

–Supongo que la mecanografía.

–¿Mecanografía? –dijo Stick–. ¿Se te da bien?

–Bastante bien. Tengo que irme.

Observó cómo salía corriendo de la habitación.

–¿Pasa la noche fuera y ni siquiera te enteras? –le preguntó a Mary Lou.

–Yo trabajo. Deberías probarlo alguna vez.

–¿Trabajaste anoche?

–Estaba en la iglesia. ¿Vas a hacerme un interrogatorio ahora? Debes de ser bastante hábil, con tu experiencia... Acabas de salir de la cárcel y eres tan caradura como para empezar a criticar.

Apartó la vista y Stick vio que Katy salía con una toalla de playa y un frasco de bronceador. Tenía una expresión vaga, distante. Luego recuperó el ánimo, con mirada inocente.

–Tengo que irme. Me están esperando.

Se acercó y le dio un beso en la mejilla. Él se lo devolvió.

–Te llamaré dentro de un par de días.

Percibía en ella un reflejo de sí mismo, una versión en niña de su nariz y su boca. Lo que más deseaba era saber qué estaba pensando Katy. Observó cómo le daba un beso apresurado en la mejilla a su madre y se dirigía a la puerta.

–Tienes la toalla y el bronceador, pero ¿llevas el traje de baño? –preguntó Mary Lou.

Katy estiró el cuello de la camiseta y bajó la vista.

–Sí, aún lo llevo.

–No tomes demasiado el sol.

–No.

–Cogerás cáncer de piel.

–No.

–Y no vuelvas tarde. ¿A qué horas piensas volver?

–¡Ma-máaa! Tengo que irme. –Volvió a mirar a su padre, y antes de marcharse dijo–: ¡Hasta la vista!

Mary Lou no se apartó de la ventana hasta que se apagaron los ruidos procedentes de fuera. Stick estudió los hombros hundidos y cubiertos por la blusa estampada y sintió lástima. Esperaba que no le dijera nada más. Con aquellos pantalones se le notaba la barriga y unas caderas más anchas de lo que las recordaba Stick. Solía decirle que estaba muy guapa y ella le arrugaba la nariz y a veces le daba un manotazo. Por primera vez se dio cuenta de que no tenía estilo ni sentido del color. No quería seguir hablando con ella, pero le preguntó:

–¿Cómo es posible que se pase toda la noche fuera sin que tú te enteres?

Mary Lou se apartó de la ventana.

–¡Qué ganas tienes de mortificar!

–No estamos hablando de mí. Ahora hablamos de ti, para variar. Contéstame eso y me marcho.

–Ya sabía que no estaba en casa –dijo Mary Lou–, pero se me ha olvidado por un momento, nada más. Anoche fui a la iglesia y cuando llegué tenía la puerta cerrada, siempre la tiene cerrada. Nunca sé si está o no. Se pasa la vida en su habitación o hablando por teléfono.

–A la iglesia. ¿Ya no vas a misa?

–¿Y tú?

–No demasiado a menudo.

–Yo voy ahora a la iglesia de la Gracia Curativa, desde que conocí al reverendo Don Forrestall –dijo, esperando ver qué efecto producía.

–¿Conociste? –se vio obligado a preguntar Stick.

–Nos vemos con frecuencia. El reverendo Don Forrestall me ha pedido que colabore con el ministerio como asistente curadora y ahora estoy estudiando. En cuanto lo oí hablar, tuve plena seguridad por primera vez en mi vida.

Mentira. Stick no recordaba que hubiera estado nunca insegura. Lo sabía todo.

–Sentí oleadas de amor. Tú no lo entiendes, pero me ocurrió mientras el reverendo Don Forrestall me imponía las manos y me decía que había recibido el don con estas palabras: «Todas las cosas que has visto hacer al Señor a través de mí ahora las harás a través de ti. El Señor sea alabado y glorificado».

–¿Eso dijo?

–Delante de la congregación. Entonces abrí la boca y los empastes de este lado –continuó Mary Lou metiéndose un dedo en la boca– se habían vuelto de oro. Lo ha hecho muchísimas veces. El reverendo Don Forrestall ha curado miles de dolores de muelas, ha hecho empastes de oro y plata, sobre todo oro, ha corregido dientes que crecían mal. Hace cosas maravillosas imponiendo las manos y diciendo las palabras: «En nombre de Nuestro Señor Jesucristo, que esta boca se cure y grite en alabanza y gloria del Señor».

–¿Quieres decir que el reverendo Don es un curandero dental religioso?

–Dolencias de la boca. Cura llagas, pupas e inflamaciones de las encías. Las muelas del juicio...

–Tú te pusiste las piezas de oro en el setenta y dos. Costaron ciento veintiocho dólares.

–No es verdad. Eran empastes normales y ahora son de oro, gracias al ministerio curador del reverendo Don Forrestall.

–¿Cuánto le das?

–Nada. No cobra, lo hace para honrar a Nuestro Señor.

–¿De cuánto son los donativos que haces a la iglesia de la Gracia Curadora?

–No es cosa tuya.

En cuanto Aurora llegó a casa, llamó a Pam a casa de Chucky y habló con ella durante casi media hora sobre la experiencia que acababa de vivir. Le dijo que iba a mandar al cuerno al señor Barry Stam porque no pensaba en nadie que no fuera él mismo. Le dijo que no le importaba no volver a ver el impresionante yate ni su ridículo pito en la vida.

Pam saltó a la cama de Chucky, lo obligó a incorporarse y le contó que el chófer nuevo de Barry había llevado a Rorie a casa a las ocho de la mañana, después de pasarse casi dos días encerrada en el barco. Chucky le preguntó a Pam cómo se llamaba el chófer nuevo y ella dijo que Aurora no lo sabía pero lo encontraba muy mono. Chucky llamó a Moke y le dijo que valdría la pena buscar un Rolls gris que regresara a Bal Harbour, matrícula BS-1.

El domingo, Moke estuvo sentado en la camioneta Chevy azul aparcada en el extremo este de Broad Causeway desde las diez y media hasta las once y cuarto, con el flamante sombrero de paja Bullrider de cuarenta dólares que se había comprado él mismo. Estuvo fumando hierba para aliviar la espera y escuchó espirituales negros por la radio. Cuando vio que el Rolls gris salía del peaje de veinte centavos dijo: «A-mén, a-mén». Lo siguió. Entraron en el centro comercial de Bal Harbour y vio cómo Stick salía del Rolls y entraba en la farmacia. No llevaba traje aquella mañana, sino unos pantalones caqui y una camisa azul, pero era el mismo, no cabía duda. Le había dicho a Chucky que por qué no llamaba a ese tal Barry y le preguntaba por el chófer nuevo. Pero Chucky dijo que si levantaban sospechas el tipo podía largarse; no, era mejor aproximarse disimuladamente. Moke lo vio salir y volvió a seguirlo. Contempló cómo el hijo de puta pasaba por delante de la casa del guarda de Bal Harbour, saludándolo con la mano.

Moke siguió adelante en la camioneta. ¿Y ahora tenía que llamar a Chucky y escuchar cómo gruñía y maldecía? ¿O debía llamar a Avilanosa y acabar con el asunto? Claro y luminoso, hacía demasiado buen tiempo para estarse sentado fumando hierba.

16

STICK se detuvo en la explanada pensando qué estaría haciendo Kyle y qué le diría. Cornell estaba de pie junto a la puerta abierta del garaje.

–¿Lo has pasado bien con Rorie?

–No se ha callado en todo el camino.

Metió el Rolls en el garaje y salió.

–Me ha encantado la escena de esta mañana, cómo la ha sacado a escondidas del barco. Él tenía tal resaca que casi no podía andar.

–Aurora dice que lo va a mandar al cuerno –comentó Stick mientras andaban sobre los guijarros en dirección al césped.

–No es la primera vez que lo dice. Cuando él se canse, tendrá que buscarse otro papaíto. Ah, la señora te buscaba. –Stick miró hacia la piscina y Cornell dijo–: Ésa no, la señora de la casa. Le he dicho que tenías fiesta. Ahora no está, se ha ido al club a divertirse, a tomar unas salchichas. ¿Cómo es que has vuelto?

–¿Por qué iba a querer estar lejos de aquí? –dijo Stick paseando la mirada por la extensión de césped que rodeaba la piscina.

Kyle estaba sentada en una tumbona, inmóvil, con las largas piernas tostadas brillando al sol. Llevaba un traje de baño de rayas anchas azules y blancas que terminaba casi en las caderas. Stick tenías ganas de acercarse a ella... pero tendría que decirle algo a Barry antes. Barry estaba sentado debajo de la sombrilla con un montón de periódicos.

Le dio lástima, o quizá fuera una punzada de culpabilidad, o la conciencia de que podía sentirse culpable si pensaba en ello el tiempo suficiente, o si le apetecía que la esposa del amo lo volviera a seducir. Pero no volvería a haber otra noche como aquélla. La guardaría en la memoria para sacarla y contemplarla de vez en cuando, a sabiendas de que su asombro se vería ensombrecido por el remordimiento en cuanto pensara en lo que había pasado con Kyle. No por haber fallado, sino por haberlo intentado, por haberla incluido en su tentativa de establecer un récord personal. Idiota. Pero... aún podía perdonarse. No era tan idiota. Mientras estaba en el sofá de la casa de los huéspedes, no sabía que al día siguiente se le haría un nudo en el estómago al pensar en ella. No le podía pedir opinión a nadie. Lo único que podía hacer era tratar de empezar a partir de cero –en eso tenía mucha práctica– y esperar que esta vez ella pensara que valía la pena esperar.

–Ha pasado un tal Harvey. Parecía que se iba a morir si no te encontraba. Me ha dado un número y me ha dicho que lo llamaras en cuanto volvieras. Oye, ¿has visto a tu hija?

–Ya lo creo. –Sólo con pensar en ella se le levantó el ánimo; recordó cómo lo había abrazado diciéndole «recibí tu carta». Le llegaba muy adentro. Pero, aunque sonreía mientras le hablaba a Cornell de Katy, sentía tristeza–. ¿Y tú? ¿Te divertiste anoche?

–Me enamoré –explicó Cornell–. Sí, otra vez, mientras tú trabajabas.

–No te dejan parar –dijo Stick.

–El amo agarró una buena cogorza, ¿eh? Le he oído decir que no se acordaba de nada. Eso está bien. –Cornell miró a un lado–. Me parece que me está haciendo señas. Quiere una copa. –Cornell se acercó al borde del césped y observó cómo gesticulaba Barry debajo de la sombrilla–. No, te llama a ti.

Stick atravesó la extensión de césped con las revistas, la loción para después del afeitado y la pasta de dientes en la bolsa, tratando de preparar lo que tenía que decir, pero descubrió que no hacía falta. Barry estaba otra vez con las acciones, acribillando a Kyle a preguntas mientras ésta yacía inmóvil a unos metros, con las gafas de sol puestas y los brazos a lo largo del cuerpo.

–¿Qué te parece Biogen? Han sacado cuarenta millones para investigación. Su objetivo es «convertirse en la IBM de la biotecnología» –dijo mirando el periódico.

–Tú ya estás metido en biotecnología –repuso Kyle sin moverse.

–¿Con qué?

–Automated Medical Labs.

–Quiero andar sobre seguro –dijo Barry–. Esto de... ADN recombinatorio... –prosiguió mirando el periódico– ¿tú lo entiendes?

–Unión de genes.

–Eso es lo que quiere decir, ¿eh? –continuó Barry mienras Stick observaba–. Unión de genes.

–Transplantar características genéticas de una célula a otra. Reproducir asexualmente, producir hormonas humanas en grandes cantidades, todas esas cosas. –Parecía que tenía sueño.

–¿Cómo lo sabes?

–Pareces Aurora –dijo Kyle sin moverse aún.

Barry levantó la vista hacia la terraza y recorrió la zona con los ojos antes de detenerse en Stick.

–Eh, camarada, ¿cómo le va?

Kyle no abrió los ojos.

–¿Necesita algo? –preguntó Stick.

–Nada. Oiga, espero que no me pusiera demasiado pesado anoche. No me acuerdo absolutamente de nada de lo que pasó después de salir del club. ¿Cómo le ha ido con... mi amiga? ¿Ha tenido alguna dificultad?

–Ninguna. Ha ido perfectamente.

–La última vez que me emborraché tanto –dijo Barry–, hace años (entonces tenía poca experiencia), me ligué a una tía en algún sitio, quiero decir que eso es lo que debí de hacer porque al día siguiente me desperté y allí estaba. Estábamos en un motel, el Holiday Inn ese de LeJeune. Yo tenía el brazo extendido y la tía encima del brazo con la cabeza vuelta hacia el otro lado. Me incorporé para mirarla, no me acordaba absolutamene de nada de la noche anterior, y, hostia, increíble... Era la tía más fea que había

179

visto en mi vida. Así de borracho estaba. Era tan fea...
pregúnteme cómo era de fea.

—¿Cómo era de fea? —preguntó Stick.

—Era tan fea que incluso llegué a considerar la posibilidad de cortarme el brazo antes de despertarla. Si sería fea...

Stick miró hacia Kyle. Ésta no se movió. Barry volvía a mirar el periódico y Stick se preguntó si podía
marcharse, pero no quería marcharse porque aún no se
había enterado de nada.

—Parece que Enzo Biochem tiene buenas perspectivas. Ha subido de seis veinticinco a veintitrés. —Se volvió hacia Kyle—. ¿A ti qué te parece, nena?

—No hay nada de biotecnología en el mercado. Estás tratando con nombres y números —dijo ella con voz
de sueño o de aburrimiento, todavía inmóvil—. Podrían
estar fabricando comida para gatos y podrías estar jugando a la lotería, del producto no se sabe nada. —Y
añadió, todavía más despacio—: Para eso no me necesitas.

Barry se bajó las gafas de sol y agachó la cabeza
para mirar por encima de los cristales.

—¿Qué te pasa, nena?

—Nada.

Parecía que no iba a decir otra cosa.

—He oído hablar de un curandero de trastornos bu-
cales a través de la fe que corrige los dientes y hace empastes de oro en nombre de Dios. ¿Es eso biotecnología?
—quiso saber Stick.

Kyle abrió los ojos.

—No me tome el pelo —dijo Barry—. Venga, ¿no hablará en serio? ¿Un curandero dental? Estamos en la era
de la especialización, no hay duda.

—Está en la iglesia de la Gracia Curadora —explicó
Stick, y vio que Kyle se levantaba de la tumbona.

—¿Es ahí donde ha ido esta mañana? ¿Le han arreglado la boca o qué? A ver, enséñeme lo que le han hecho. Nena, ¿lo has oído?... ¿Adónde vas?

—A casa.

—¿A casa, casa?

180

–No, a mi habitación –contestó ella despidiéndose con un gesto lánguido–. Hasta luego.

Rodeó el extremo más profundo de la piscina y se dirigió a la pista de tenis sin mirar a ninguno de los dos. Ambos la observaron.

–Mira que piernas más bonitas –dijo Barry–. Le llegan hasta el cerebro, sin pararse por el camino.

Stick no dijo nada.

Kyle se puso unos pantalones cortos y un polo y salió de la casita de los huéspedes sin otro propósito que andar, hacer algo físico. Pasó junto a los setos y muros que rodeaban las riquezas del tipo de gente a la que asesoraba. Se dirigió hacia el este, el océano Atlántico, terreno neutral, y se quitó las zapatillas para andar por un tramo de playa vacía.

–Se gana mucho pero no hay ninguna satisfacción –le había dicho a su padre–. Quiero hacer algo, ver resultados tangibles.

Él le dijo que dejara las empresas nuevas y volviera de prisa a la bolsa para la gran alza.

–¿Sabes lo que quería ser cuando era pequeña? –le contestó ella–. Policía. Ni enfermera ni monja. –Jugaba a pistoleros y a béisbol con sus hermanos en Central Park y en el colegio de Boston; a los chicos les sorprendía que no lanzara como las chicas. En el 69 tiró bolas de nieve contra la bofia en una manifestación de la universidad, con una bufanda de punto al viento, cayéndosele un moco, sudando con el chaquetón marinero, y después se fue a tomar cerveza y a fumar marihuana; vivía. Ahora: «ya no hay emoción, sólo observo, soy una espectadora».

Su padre le dijo que se casara y formara una familia. Cuando le entraran ganas de trabajar no le bastaría con descolgar el teléfono.

–¿Con quién me voy a casar?

–Hay muchos jóvenes inteligentes por ahí, para elegir y compartir las aficiones comunes.

Como salir con estudiantes de sociología en la universidad, para tener algo de que hablar. Pero las conversaciones de libro de texto se apagaban y, en cuanto tomaban la línea naranja hacia la estación de Dudley y paseaban por Roxbury, descubría que no era posible estudiar estadísticamente a la «gente de verdad». Vivían una vida que, en comparación, convertía la suya en una copia inocente. Sin embargo, se sentía atraída por la calle, fascinada, y se identificaba de modo incomprensible.

Kyle comentó esta experiencia en casa y su padre le dijo que una cosa era la Calle y otra la calle. Una no era más real ni más irreal que la otra. Y Kyle dijo que una era fabricada, inventada en nombre del comercio, mientras que la otra luchaba por la existencia, la supervivencia. Cada vez que hablaba de las desigualdades sociales y económicas, su padre se dormía en la butaca.

Todavía tenía en su mente esa distinción. Al comparar su calle con la calle de un gueto –o incluso con calles rurales, industriales o de barriada– se sentía aislada, fuera de la vida. Trabajaba con papeles, documentos, contratos, certificados y cupones, embargada por una sensación de improductividad.

Durante el último viaje a casa, le había dicho a su padre:

–Me parece que quiero meterme en algo de fabricación, producir algo.

–¿Como qué?

–No sé, ya veremos. Quizás algo de ingeniería genética.

–No seas ilusa. Si quieres ser realista, compra una planta de estampación en Detroit para quedarte tranquila.

–O podría abrir una empresa de servicios relacionados con la gente que necesita ayuda para sobrevivir.

–El mismo complejo de defensor de la humanidad. Pensaba que lo habías superado en Boston.

–Tienes respuestas para todo, ¿no?

–Eso espero –dijo el padre–, pero, si hablas en serio, ¿por qué no ganas primero mucho dinero en el mercado y luego abres una residencia para negritos? Las damas caritativas podrían llevarlos al zoo, todas endomingadas. ¿Serías feliz así?

A su padre no le había hecho gracia lo que le había contado de Chucky. O se negaba a aceptar el hecho de que su hija tenía un cliente que era traficante de drogas, y se lo quitó de la cabeza sin hacer ningún comentario. Si le dijera que se había acostado con un hombre que había estado encerrado siete años por robo a mano armada... (El hecho de que no hubiera visto fuegos artificiales no era pertinente.) Aunque, pensándolo bien, tal vez su padre aceptara a Ernest Stickley, el ex presidiario –una vez lo conociera– pero siguiera desaprobando que se acostara con él. No era tema que tratar con los padres, al menos cómodamente. Kyle había vivido con un estudiante de preparatorio de Medicina en Boston durante un año, e intermitentemente con un abogado en Nueva York durante un año y medio; sus padres estuvieron al corriente las dos veces, pero no habían hecho comentario alguno.

Tener relaciones con Ernest Stickley Jr., natural de Norman, Oklahoma, después de que pasara por una prisión del estado... eso podía ser una experiencia totalmente nueva. Le gustaba. Le gustaba hablar con él y se sentía a gusto en su compañía. En aquel momento lo echaba de menos. Parecía un simple, pero no lo era en absoluto. El curandero dental... Se había marchado porque estaba harta de oír a Barry y seguro de que se haría el amo de la conversación y repasaría el tema de los curanderos dentales de arriba abajo, sin contenerse. Ése era uno de los puntos fuertes de Stick, el control, la paciencia, sin (gracias a Dios) hacer alarde de su dominio de la situación. En la cama se había comportado con naturalidad; los dos se habían sentido cómodos, en una especie de ensoñación. Había sido estupendo. Hasta que, quizás, él había empezado a pensar demasiado y su orgullo masculino hizo que se preocupara por quedar bien, como un experto, en lugar de dejar que ocurriera espontáneamente. Su padre lo llamaría el síndrome del semental desgraciado, autocastración a través de la angustia. Pero no pensaba seguir analizándolo. Sentirse a gusto con él bastaba por el momento. El aspecto chico-chica ya se solucionaría por sí solo.

Lo que tal vez le costara más sería que se quitara el uniforme de chófer y se pusiera un traje de hombre de negocios. Pero ¿por qué no? Tenía potencial. Desde luego, lo captaba todo con rapidez. ¿Por qué no ayudarle a empezar?

No pensando en rehabilitarlo, como si pretendiera arreglarle la vida, aunque era una idea interesante: de atracador a asesor de inversiones. Olvídate de la pistola, Stickley, hay una manera más fácil de ganarse la vida. No, simplemente le ayudaría, poco a poco.

Su padre lo llamaría maternidad latente.

Al cruzar la avenida Collins de regreso, se fijó en una camioneta que había aparcada, sola, a un lado de la carretera, junto a un grupo de uveros. A través del parabrisas distinguió la cabeza y los hombros de un hombre tocado con un sombrero de cowboy, y se acordó del increíble amigo de Chucky, Eddie Moke.

Kyle echó a correr, por si acaso. Cruzó ante el puesto del guarda y siguió corriendo unas manzanas más, dejando que el sudor le rodara por las sienes. Al doblar la esquina y enfilar Bali Way le dolían los muslos. Hasta que no vio la limusina negra no aminoró la marcha y comenzó a andar para recuperar el aliento. El automóvil se hallaba justo a la entrada del camino particular de Barry, y junto a él había una figura agachada. Al acercarse ella la figura se incorporó y la miró. Era Stick. El coche se puso en marcha y la rebasó, conducido por un chófer uniformado, solo detrás del volante. Stick la esperó y sonrió.

—Si corres con un tiempo así, ¿sabes lo que te pasa, Emma?

—¿Qué?

Se llevó la manga de la camiseta a la frente. «Emma.» Se le había olvidado.

—Te mueres. —Enfilaron juntos el camino; el asfalto estaba reblandecido—. Acabo de ganar novecientos dólares. No todo de ése. Ha corrido la noticia. Ése era el tercer cliente. Llaman por teléfono y luego pasan por aquí.

—Me da miedo preguntarte qué vendes.

—A ver si lo adivinas.

—No será droga, ¿verdad?

—No, eso no lo he hecho nunca. Información sobre el mercado. Soy un chivato de Wall Street, no sé si habrá otro nombre.

—¿Novecientos dólares?

—Doscientos al contado por una buena que esté a

184

punto de despegar, como Ranco. Y he vendido otras cosas legales por cincuenta cada una.

–¿Novecientos dólares?

–En efectivo, tarifa fija, Em. Aún no he pensado cómo cobrar comisión, o si debería.

–Primero necesitas el permiso.

Kyle se daba cuenta de que su voz seguía teniendo un matiz de asombro. Ahora era Em, como la noche anterior, con confianza.

–Me parece que incluso podría inventarme nombres de empresas falsas, me lo comprarían. Tienen mucha fe en Barry. Creen que es un sabio, un niño prodigio. Piensan que tú le das la información básica, pero él es el que escoge las mejores. Y ¿sabes qué? A él le encanta. Me dijo que les vendiera lo que quisiera.

Penetraron en la sombra de las malaleucas y los hibiscos que bordeaban el camino; el asfalto estaba duro ahora.

–Supongo que, como conclusión, se podría decir que vender es fácil si se tiene lo que quiere la gente, ¿no? –dijo Stick.

–Ni siquiera hace falta que lo quieran –dijo Kyle recuperándose–. Sólo tienen que estar convencidos de que serían unos idiotas si lo dejaran escapar.

Barry los llamó mientras cruzaban la terraza en dirección contraria a la casa.

–¡Eh! ¿Adónde vas con mi chófer?

Apareció bajo la oscura arcada de la salita, donde se había situado su mujer a la luz de la luna. Stick se la imaginó con un estremecimiento de culpabilidad, un pequeño escalofrío que se iba apagando.

–Stickley –dijo Barry saliendo a la explanada de césped–, voy a pedirle un favor. A las cinco y pico llega un tipo de Nueva York. ¿Quiere ir a buscarlo?

Estaba de pie con un brazo levantado, doblado por la muñeca, señalando un punto situado más allá de la bahía.

–Hoy tengo fiesta.

–Ya lo sé. No le estoy diciendo que vaya, sólo le estoy preguntando si me quiere hacer ese favor.

–¿Y si no estuviera yo aquí?

Kyle retrocedió unos pasos para mirarlos a los dos juntos.

–Si no estuviera aquí –repuso Barry–, tendría que ir yo, o mandaría a Cornell, pero está aquí. Es usted, ¿no?

–Ya que es mi día libre, creo que tendría que ser como si no estuviera; si no, ¿de qué me sirve tener el día libre?

–Joder –exclamó Barry–, lo único que le pido es que vaya al aeropuerto a recoger a una persona. Como máximo tardaría una hora y media. Tenga... –Entró en la salita y salió con un rectángulo de cartón blanco, de los que acompañan las camisas nuevas, en el que se leía, escrito con rotulador negro: «Sr. LEO FIRESTONE»–. Tenga esto a la vista mientras vayan saliendo los pasajeros. Ni siquiera es necesario que diga nada.

Stick miró a Barry, que sostenía el letrero contra el pecho.

–Me parece que no puedo.

–Yo tampoco podría –dijo Kyle.

–¿Cómo que le parece que no puede? Basta con aguantar el letrero, joder, nada más.

–Me ha preguntado si quiero hacerlo, ¿no es eso?

–Sí, como un favor, sí.

–Entonces, si puedo elegir, paso –dijo Stick–. Considero que usted tendría que hacer como si yo no estuviera. ¿De acuerdo?

Se volvió hacia Kyle. Ella se encogió de hombros y echaron a andar.

–¡Esto es increíble! –gritó Barry, pero siguieron andando.

–En vez de hacer méritos para que te despidan, ¿por qué no te vas tú?

–No estoy haciendo méritos para que me despidan. –Stick parecía algo sorprendido–. Ya lo conoces, se traga esas cosas. Le da algo que contarles a sus amigos; así puede hacer un poco de teatro.

–Tienes razón, lo convertirá en una de sus actuaciones de «hoy-en-día-el-servicio-no-te-tiene-respeto», pero no deja de ser peligroso enfrentarse a él así, cara a cara.

–Tú te dejas manipular con demasiada facilidad. Te

estruja el cerebro de mala manera y tú se lo permites. Tienes que actuar como si no lo necesitaras.

–Y no lo necesito –dijo Kyle–, pero le tengo aprecio. No sé exactamente por qué.

–Bueno, tú conoces tu posición y puedes permitirte que se aproveche de ti. Yo todavía estoy inseguro, tengo que aprender unas cuantas cosas...

–Y pronto –intervino Kyle.

–He estado pensando...

–A lo mejor yo puedo ayudarte.

–No lo dudo, Em. ¿Quién es Leo Firestone?

Detrás de la furgoneta aparcada junto a los uveros, sonó una potente bocina. Moke se sobresaltó, se levantó el ala del sombrero sobre los ojos y miró por el retrovisor exterior.

Era el coche de Néstor, el Cadi Fleetwood.

Bueno, aquello ya era algo. Moke salió de la camioneta y se aproximó por el lado del conductor. Se agachó mientras el cristal de la ventanilla bajaba de prisa, automáticamente. Allí estaba Avilanosa, inexpresivo, pero con un olor a ajo que le hizo soltar un respingo a Moke.

–Vamos a entregar unas flores –dijo Avilanosa.

–Sólo hay que cruzar la entrada. Sólo tienen un guardia de alquiler.

–Vamos a entregar flores –insistió Avilanosa–. Néstor ha hablado con Chucky y Chucky ha dicho que ha hablado con el que vive ahí. Dice que pronto se marchará.

Moke se incorporó, inquieto, jugueteó con el sombrero y volvió a agacharse.

–¿Por qué no entramos y ya está? Tú y yo.

–Escúchame –dijo Avilanosa–. Cree que el tipo se va a quedar solo, en el garaje, donde vive. Nos lo llevaremos de aquí para hacerlo. Tienen negocios, ¿entiendes? No quieren que venga la policía a molestar.

–¿Negocios? Leche, ¿qué tiene que ver que tengan negocios? –Vio que la ventanilla empezaba a subir–. ¡Espera! ¿Me has traído la pieza?

La ventana se detuvo un momento.

–Te la daré luego. Cuando vuelva.

187

17

KYLE entregó a Stick el prospecto para que lo mirara mientras ella se duchaba, y le dijo:

–Es la oferta del cine. Explica lo que hay que invertir para convertirse en socio y qué parte de los beneficios recibes y cuándo.

–¿Siempre lo hacen así para las películas?

–Los independientes, sí. Luego se dirigen a alguno de los estudios importantes y tratan de llegar a un acuerdo de distribución.

Se acomodó en el patio de la casa de los huéspedes hojeando el folleto para hacerse una idea rápida del asunto. Había un resumen del argumento –leyó un trozo– y nombres de actores conocidos, pero en su mayor parte parecía un contrato legal o una citación judicial, con las palabras en letra pequeña que nunca se leen en las garantías.

El folleto estaba encuadernado con una espiral, tenía unas sesenta páginas y parecía un cuaderno. En la cubierta plastificada se leía:

FIRESTONE ENTERPRISES
PRESENTA UNA
PRODUCCIÓN DE LEO NORMAN FIRESTONE
«SHUCK Y JIVE»

Le pareció interesante, pero el tono legal lo retuvo; no tenía ganas de concentrarse. Contempló la espectacu-

lar vista de Miami –una postal con barquitos de vela y gaviotas– pero consciente de que a sus espaldas se abrían las
puertas correderas acristaladas de la habitación de Kyle.
Kyle estaba ahora allí, en el mismo lugar en que los dos
habían estado la noche anterior. Salía de la ducha... se ponía las diminutas bragas blancas... Ninguno de los dos había dicho nada sobre la noche anterior. Parecía que todo
iba bien, así que él no pensaba sacarlo a relucir. Lo que
mejor se podía hacer con los fracasos era quitárselos de la
cabeza.

Kyle tardó poco. Salió con un vestido playero y des-
calza. Llevaba una bandeja en la que había un cubo de
hielo, una botella de Dewar's y vasos... aquella chica no
perdía el tiempo. Dejó la bandeja sobre la mesita del patio.
Mientras preparaba las bebidas, le preguntó qué le parecía
lo del cine.

–No es la empresa de neumáticos, ¿verdad?

–No, no tiene nada que ver. Éste es Leo Firestone, de
Hollywood, productor de cine. Está escrito y aquí hay las
películas que ha hecho.

–Ya las he visto. Quiero decir que he visto la lista,
pero no conocía las películas. No me sonaba ninguna.

–¿No viste *Gringo Guns*, hace unos cinco años?

–Estaba en la cárcel.

–Tuviste suerte. También ha hecho una de eso, *Fuga
de presidio*. Pero la que lo hizo más famoso es *El cowboy y
el extraterrestre*.

Stick abrió el folleto.

–Esto de *Shuck y Jive*, «las desternillantes aventuras
de una pareja de agentes secretos de la Brigada de Narcóticos», ¿va en serio?

–Dos millones y medio –replicó Kyle–. Eso es bastante serio. También tiene humor, suspense y amor.

–Lo que yo veo es mucho rollo legal –dijo Stick volviendo páginas.

–Describe la empresa, quiénes son los socios genera-
les y su curriculum, los factores de riesgo, un presupuesto
aproximado, un plan de distribución... –entregó un vaso a
Stick y se sentó en una silla de lona con el suyo–. Hay un
informe fiscal de diez páginas que debe de haber escrito el

cuñado de Leo. El resumen del argumento –eso ya lo has visto– y los nombres de las estrellas que Leo espera contratar.

–Pero ¿no es idea tuya? ¿No has traído tú a Leo?

–No, Barry se lo encontró no sé dónde, creo que en Bimini, y ahora quiere entrar en el negocio del cine. Cree que Leo es un individuo de muchísimo talento.

–¿Lo conoces?

–Todavía no, pero me muero de ganas. Le dije a Barry hace meses que le buscaría un proyecto de cine si le interesaba; llegan a mis manos constantemente. Pero, tal como funciona Barry, si decide que quiere entrar ahora mismo, entrará. Le dijo a Firestone que reuniría a todos los inversores que necesitara, con los talonarios encima, para la presentación de la oferta. Leo debió de darle un beso.

–Así que si Barry entra, los demás también.

–Es bastante probable.

Stick abrió la primera página.

–Aquí dice ciento ochenta y cinco participaciones a catorce mil doscientos ochenta y cinco cada una... compra mínima, cinco participaciones. Eso son... setenta grandes para empezar. Es así, ¿no? Para llegar a dos millones y medio.

–Más o menos –dijo Kyle–. Lo que pasa es que la oferta está limitada a treinta y cinco inversores, de modo que lo mínimo que tienes que invertir son exactamente setenta y un mil cuatrocientos veintiocho dólares y cincuenta y siete centavos.

–¿Y cuánto sacas?

–Espera. Ése es el folleto original. Barry dice que Firestone piensa simplificar las dos primeras páginas para la reunión de mañana y así lograr que la oferta resulte más atractiva. El cambio consiste en que harán falta diez inversores a cien mil cada uno. Un millón de dólares. Entonces Firestone llevará eso al banco, como garantía de otro millón y medio de préstamo a amortizar en cinco años. Los socios pondrán cien mil cada uno por el veinte por ciento de la película, pero sacarán también una desgravación de doscientos cincuenta mil por cabeza.

–No sé si lo entiendo.

–¿Cómo funciona el aspecto fiscal?

–Me parece que es demasiado complicado para mí –dijo Stick–, pero, si no lo he entendido mal, Firestone suelta su rollo y luego cada uno va y le da cien de los grandes.

–Exacto.

–¿Cómo saben que va a hacer la película, o, si la hace, que será buena?

–Ahí, en el folleto, cuando habla de «riesgo», se dice que es conveniente consultar con un asesor fiscal independiente –dijo Kyle–. No sé si lo habrán hecho. Como he dicho antes, si Barry se mete, probablemente los demás lo seguirán.

–Toda esa pasta... –dijo Stick mirando de nuevo las tapas– para esto.

Avilanosa cambió de dirección, se dirigió hacia la furgoneta y aparcó detrás. Una vez se hubo situado, el portaequipajes del Cadillac se encontraba a sólo unos centímetros de las puertas traseras de la furgoneta. Moke estaba fuera esperando, jugueteando con el sombrero Bullrider. Al oír que se abría el portamaletas del Cadillac lo miró pero no lo tocó. Avilanosa, con su prominente estómago asomando por la chaqueta veraniega a cuadros, salió del coche y levantó la tapa, sin mirar a Moke. En el portamaletas había media docena de macetas de begonias.

–¿Por qué tantas?

–Las mandan Néstor y Chucky; tengo una tarjeta –dijo Avilanosa–. ¿Se ha ido ya el tipo?

–No hace más de cinco minutos. El negro conducía el Rolls Royce. –Moke se volvió de lado para escupir en la arena–. Parece un coche de vieja.

–Bueno –dijo Avilanosa haciendo una mueca, en un intento de distinguir algo al otro lado de la carretera, en el costado de la avenida Collins que daba a la playa–. ¿Eso qué es? ¿Qué pone allí?

Moke se volvió a mirar.

–Es el motel Singapur.

–Sin-ga-pur –repitió Avilanosa estudiando el letrero.

–Es una ciudad de China –dijo Moke.

–Ya lo sé. Bueno, voy a dejar este coche allí.

Miró a ambos lados de la avenida Collins y luego metió el brazo en el portamaletas, detrás de las flores rojas, y sacó, envuelta en una gamuza, una Bereta Parabellum de 9 mm con quince cartuchos; era de acero azulado, con empuñadura de madera. Se levantó los faldones de la chaqueta y se metió la automática en la cintura de los pantalones.

–¿Dónde está la mía? –preguntó Moke, y Avilanosa señaló el portamaletas con la cabeza. Moke se asomó al interior, metió las manos detrás de las flores y sacó una High Standard 44 Mag Crusader con cañón de ocho pulgadas y tres octavos y un pavonado azul mate–. Mierda, para lo de hoy quería la Smith con empuñadura de nácar, mi preferida.

Avilanosa le dio un empujón para llamarle la atención.

–Métetela en la ropa. Y quítate el sombrero. Con él no pareces un repartidor de flores.

–Pero también pasaron cosas graciosas –dijo Stick–. Había un armenio que tenía una bodega. Me lo ha recordado esa historia que ha contado Barry sobre cortarse el brazo. ¿Lo has oído o estabas dormida?

–Ya la había oído antes –repuso Kyle–. Él la llama la historia del coyote.

–El tío ese, el armenio, tenía treinta y ocho dólares en la caja y se negaba en redondo a decirnos dónde guardaba el dinero. Por lo menos debía de hacer mil o mil doscientos los sábados por la noche. Así que Frank le puso la pistola en la oreja y le dijo que yo iba a tirarme a su mujer si no sacaba el dinero en seguida. La mujer era una vieja encorvada y con bigote que yo había encerrado en el cuarto de baño. Me moría de ganas de decirle a Frank: «Oye, yo no, hazlo tú si quieres». El armenio no dijo ni una palabra, nada. Frank le amenazó con pegarle un tiro, contó hasta tres y el tipo va y dice: «¡Mátame! Me da lo mismo. ¡Mátame!». Al final nos fuimos. ¿Y sabes qué? Olvidamos allí los treinta y ocho dólares.

–Tienes razón –dijo Kyle sirviendo otro Dewar's–. Ése no era trabajo para ti. Lo que sí podrías hacer sería escribir un buen guión para Leo Firestone.

–Otra vez, estábamos sentados en un bar, a punto de entrar en acción, y sale un tío del lavabo con una escopeta y dice que es un atraco. Lo hizo todo mal, pero se llevó el dinero. Esperamos hasta que ya estaba a punto de marcharse y se lo quitamos. Lo encerramos en el almacén, donde guardaban las botellas y las cajas, a él y a todos los clientes. Al día siguiente leímos en el periódico que se pasaron seis horas allí dentro. La poli abrió la puerta y se los encontró a todos ellos trompas, pasándoselo pipa, y parece ser que al atracador le habían dado una soberana paliza. Me parece que aquello tampoco era para él. –Stick sacudió la cabeza–. Recuerdo que llevaba una cazadora de satén y en la espalda ponía «Port Huron Bullets».

–Menuda pareja estabais hechos –comentó Kyle–. ¿Cuánto sacasteis?

–No me acuerdo. Nuestra carrera sólo duró cien días y luego se acabó para siempre.

–Pero fue emocionante, ¿no?

–No sé si ésa es la palabra.

–Yo conocía a un par que vendían opciones de productos básicos, que es cosa ilegal pero no exactamente peligrosa. Y tuve un cliente que perdió cien mil en una estafa. Yo le aconsejé que no se metiera, y él me dijo: «Pero mira quién está metido». Y nombró a un hombre de negocios muy importante. Al final resultó que el individuo que daba tanta seguridad al proyecto estaba al corriente del plan y los inversores perdieron nueve millones de dólares.

–Sin tener que apuntar a nadie con una pistola.

–No, pero te encierran en la misma cárcel.

–Eso es verdad –dijo Stick.

Así era cómo terminaba cada vez que uno perdía, en un lugar asqueroso con las ventanas rotas, una comida repugnante y una gente idiota, muy pocos con quien poder hablar... ni nada parecido a la bahía Biscayne, tomando Dewar's con hielo, contemplando las gaviotas y los veleros, con las primeras pinceladas rojas de la puesta de sol. Se encontraba a gusto. También se había encontrado a gusto en South Beach, en aquella residencia barata para jubilados. ¿Extraño? Le gustaba igual un sitio que otro. Tal vez no supiera cuál era su sitio.

–¿Sabes quién más es de Norman, donde yo nací?

–A ver, déjame adivinarlo.

Stick la contempló mientras pensaba, con la naricilla levantada, el delicado perfil..., mirándolo con aquellos ojos claros, interesada en la conversación.

–¿Algún bandido famoso?

–No, James Garner. Ojalá pudieran contratarlo para *Shuck y Jive*. Yo preferiría a Warren Oates, pero está muerto.

–¿Qué le pasó? –preguntó Kyle, sorprendida.

Stick no respondió; apartó la mirada, escuchando atentamente.

–¿No has oído la puerta de un coche?

–Seguramente será Diane. Barry ya debe de haberse marchado.

Vio que Stick se levantaba y salía del patio.

También Kyle se puso de pie. Lo siguió a lo largo de la fachada hasta la esquina. Casi un centenar de metros los separaban de la explanada delante del garaje –más allá de la pista de tenis, las palmeras y la terraza– pero distinguieron la camioneta de color azul metalizado bajo la cavernosa sombra de los árboles. Por detrás de la camioneta salió una figura cargada con algo que la tapaba. Luego apareció otra figura. Estaban descargando plantas.

Stick notó que Kyle le tocaba la espalda.

–¿Clientes tuyos?

–Me parece que no –contestó sacudiendo la cabeza.

–Es la misma furgoneta que estaba aparcada frente a la playa cuando he vuelto. Pero antes sólo había una persona. Parecen repartidores.

–¿Has visto al que estaba dentro?

–No muy bien. Llevaba un sombrero de cowboy y me recordaba a un tipo muy raro, amigo de Chucky. Como si Chucky no fuera suficientemente raro...

Se interrumpió, pues Stick la agarró del brazo y tiró de ella hacia el patio.

–Ponte unos zapatos –le dijo.

18

Se alejaron de la casita en dirección a la carretera, cruzaron la zona frontal de la propiedad a través de los grupos de acacias, y salieron al camino. Kyle empezó a hacer preguntas y Stick le dijo que esperara. Le indicó que no se apartara de los árboles mientras él iba a intentar subir a un coche sin ser visto.

Pero cuando llegó a la esquina del garaje y vio la camioneta aparcada allí, con las puertas de atrás abiertas y seis macetas de flores en el suelo, se le ocurrió que podía llevársela y le gustó la idea. No vio a Moke ni al individuo que lo acompañaba hasta que salieron de la salita y se detuvieron en el césped para decidir dónde debían buscar: en el barco amarrado al muelle o en la casa de los huéspedes. Transcurridos unos momentos, se dirigieron a la pista de tenis. El que acompañaba a Moke era un tipo corpulento, de aspecto cubano. Moke sostenía un revólver a un lado, pero no llevaba puesto el sombrero.

El sombrero estaba encima del asiento del conductor de la camioneta. Stick lo cogió y vio que la llave estaba en su sitio. Examinó el interior del sombrero para ver la inscripción, «Bullrider», pero en éste no había papel higiénico. Lo colocó detrás de la rueda delantera izquierda. Saltó al asiento y observó a través del parabrisas. En cuanto las dos figuras, que ya estaban lejos, volvieron la esquina de la casa de huéspedes y desaparecieron, Stick puso en marcha la camioneta. Apenas sin acelerar, hizo marcha atrás despacio, dio la vuelta y sacó la cabeza por la ventanilla para ver el sombrero de Moke aplastado sobre los guijarros antes de enfilar el camino hasta los árboles de la entrada, donde Kyle subió y dijo:

–¿Cuándo podré preguntarte qué pasa?

–Cuando estemos cenando –contestó Stick–. Mira en la guantera, a ver si hay documentación.

–¿Quieres saber de quién es el coche que has robado? –Siguieron por Bal Harbour Lane hasta la casa del guarda y luego, una vez fuera de la urbanización, Kyle, con una funda de plástico en la mano, dijo–: Charles Buck. Hay una dirección de South Miami.

–¿Te suena? Es Chucky Gorman, también conocido como Charles Chucky Buck.

Dejaron la camioneta en Bayfront Park y fueron andando hasta un restaurante de Coral Gables, uno de los preferidos de Kyle, donde cenaron en la intimidad de un jardincito y Stick le contó sosegadamente cómo había sido asesinado Rainy Moya.

Kyle no le interrumpió. Parecía impresionada. Una vez Stick hubo terminado de contarle la historia, empezó a hacerle preguntas, con orden y calma. No había prisa y deseaba comprender los hechos y qué sentía Stick al respecto. Tomaron aguacates y langosta, acompañados con vino. Lo que más difícil le resultaba comprender a ella era por qué no había llamado a la policía.

–Lo primero que tienes que comprender –explicó Stick– es que los policías no son amigos míos. Tú no sólo eres la chica más guapa que he conocido en mi vida, sino también la más lista, y respeto tu opinión, pero... hay dos cosas. Rainy está muerto. Y sabía lo que hacía, sabía lo que podía ocurrirle, y le ocurrió. La otra cosa es que ya he estado en una institución penitenciaria y no voy a meterme en una situación en que parezca que esté deseando volver allí. Si me presento en comisaría con mis antecedentes y les cuento la historia, lo primero que hará al abogado de oficio es intentar convencerme de que la cambie. Supondrá que el único motivo por el que he ido a verlo es que trabajaba con los cubanos, pero hemos tenido algún tipo de desacuerdo y por eso quiero delatarlos. El abogado no se creerá que yo iba para hacer compañía a Rainy y al mismo tiempo ganarme unos dólares. ¿Qué sentido tenía? Debía de estar loco. Un tío con antecedentes. Entonces te dicen que si tienes dos dedos de frente debes aceptar la confesión, de complicidad o incluso de segundo grado, como si me estuvieran haciendo un favor si les digo quién apretó el gatillo. Ahora creo que saldría del embrollo, pero después de pasar seis meses o un año en el condado de Dade, con una fianza de un cuarto de millón.

–Yo conozco a varios abogados excelentes.

–Si tienen algo de experiencia en esta materia, querrán diez por delante y otros quince si vamos a juicio; pero, aunque tuviera el dinero, no se lo daría a un abogado.

–No te preocupes por eso, por el dinero.

–Te lo agradezco –dijo Stick–, pero no es asunto de abogados. Es que... a ver si te lo puedo explicar... Ya conoces los negocios de Chucky, ya sabes lo que ocurre por aquí, el negocio de la droga. Quizá, para comprender lo que quiero decir, tengamos que mirarlo desde dentro. Yo no era un espectador inocente, yo estaba allí, en el ajo. Rainy también estaba allí y allí se quedó.

–¿No sientes nada? ¿Cómo puedes distanciarte así?

–¿Quieres decir si no siento nada emocionalmente?

–Sí, ¿cómo puedes ser tan objetivo?

–La única emoción que se siente es miedo. Ves a un tío con una metralleta... Me parece que no lo explico bien. ¿Estoy furioso con alguien? –Hizo una pausa como si tuviera que pensarlo–. Sí, lo estoy. Me gustaría romperle la cara a Moke. Pero es que eso me gustaría de todas formas, sólo con verlo. El tipo de la ametralladora no sé quién es, pero sí, creo que la bofia tendría que ponerlo a la sombra, por el bien de la humanidad. En cuanto a Chucky, ya sabes que es de los malos. ¿Querrías verlo en la cárcel?

–Parece tan inofensivo... –dijo ella.

–¿Tiene que ser algo personal? ¿Cómo que haya matado a un amigo tuyo? No mató a Rainy, pero lo mandó allí a que lo mataran. Y a mí con él, porque me había paseado por su casa y le había dicho que no veía nada que me gustara. O a lo mejor –no hay que pensar lo peor– les dijo que me liquidaran a mí en vez de a Rainy, porque no me conocía. Y ha mandado a los dos tipos de la camioneta a casa de Barry; eso es bastante seguro, porque la camioneta es suya. Y si me hubieran puesto contra la pared y tú hubieras estado casualmente allí, un testigo... ¿Me entiendes? Ése es el extraño cliente a quien imitas tan bien y que a tu padre no le hace gracia. Yo estoy bastante de acuerdo con tu padre. ¿Quieres delatar a Chucky? ¿Qué ha hecho que se pueda presentar delante del juez? –Le sonrió–. Hasta ahora, no he hablado con nadie de esto y no hago más que dar vueltas sobre lo mismo.

–No sé cómo has podido guardártelo. Debes de estar pensando constantemente en ello.

–Al principio sí.

–¿Por qué no huiste?

–También lo pensé.

–Pero te quedaste –dijo Kyle con una mirada penetrante, pensativa, como si tratara de ver en su interior y descubrir algo que él mismo no entendía–. ¿Por qué?

No me gusta repetirlo, pero hice cosas bastante graves y pasé mucho tiempo en la cárcel. He conocido a mucha gente maleducada y violenta. Gente que mastica con la boca abierta. No es que no tenga experiencia de la vida. Cuando ocurre una cosa así, lo primero que haces es esconderte. Luego sacas la nariz a ver lo que se ve. Después sales discretamente, a mirar. Más tarde, sales un poco más. Al final acabas de salir del todo, y cuando me encontraba en esta situación me ocurrió una cosa extraña. Nadie me reconoció.

–Yo sí.

–Sólo tú. Estaba a punto de marcharme porque no me veía subiendo al último piso de casa de Chucky, quince pisos con una barandilla así de alta en el balcón, para exigir algo, ni los cinco mil que nos debía por entregar el maletín... y que todavía nos debe. Entonces me puse a trabajar para Barry y descubrí que Chucky y él son amigos, que salen juntos en el barco. ¿Es una advertencia? Quizá debería quedarme por aquí a ver lo que pasa.

–Lo que me estás diciendo es que no te interesa encontrar un lugar tranquilo y seguro –observó Kyle–. Te gusta la acción.

–Una vez estuve en Las Vegas. Iba de Los Ángeles a Detroit y me paré en Las Vegas porque no había estado nunca. Me pasé la tarde recorriendo los hoteles, perdí veinte dólares, volví a mi hotel y dormí un par de horas. Esa noche volví a salir y di otra vez la vuelta, cené ternera recalentada en uno de los hoteles y perdí cuarenta dólares... No había cambiado nada desde la tarde. Los que jugaban en las máquinas tragaperras eran los mismos y había la misma suciedad. La cola del espectáculo del Frontier era más larga, para ver a Wayne Newton con su traje. Todo está lleno de luces de colores y de muebles cromados, la moqueta es roja ya sabes cómo es..., pero está sucio, como un circo. Todo parece manchado. Me faltó tiempo para largarme. Conduje toda la noche y la mayor parte del día siguiente, hasta que llegué a Vail, Colorado. Del brillo sucio a Vail, donde hasta el letrero del Holiday Inn es de madera tallada. Entré en un restaurante. Todo eran *crêpes* y *pâtés*. Los de la mesa de al lado pidieron clarete con gaseosa y empezaron a hablar de la película de Woody Allen que iban a ir a ver. Y... ¿sabes qué? Me pasé medio día dando vueltas por allí, muerto de aburrimiento. Tuve que volver a Detroit. ¿Has estado alguna vez en Las Vegas?

–Un par de veces.

–¿Te gusta?

–Perfume barato para disimular el olor corporal.

–Exacto. ¿Conoces Vail?

–Estuve una vez, en verano.

–¿Te gustó?

–No está mal. No me compraría una casa, ni iría muy a menudo.

–Muy bien, entonces entiendes lo que estoy diciendo –dijo Stick–. ¿Podrías vivir en South Beach?

–Bueno, es interesante. Sí, podría vivir allí algún tiempo.

–Pero te gusta Palm Beach.

–Es una zona limpia.

–¿Lo ves?, yo no tengo ninguna meta, porque no sé lo

que quiero. Dinero sí, hay que tener dinero, pero no me gustaría ser Barry, no me cambiaría con él ni viviría como vive él. ¿Crees que estoy buscando acción? –parecía interesado en escuchar la respuesta.

–No, lo que he dicho es que te gusta la acción, o eso parece.

–Puede ser, en cierta medida. Hay gente que se dedica a las carreras de coches, o a escalar montañas. Yo tiendo a interponerme en el camino de gente que lleva armas de fuego.

Kyle titubeó, mirándolo fijamente.

–Perdona que te lo pregunte, pero ¿te había ocurrido ya alguna vez?

–Dos.

–¿Habían intentado matarte?

–Una vez dos tíos intentaron atracarme. Uno llevaba una pistola y el otro una navaja.

–¿De veras?

–Les pegué un tiro. No tenía otra salida. La otra vez, dos individuos con los que Frank y yo teníamos tratos nos prepararon una encerrona. Era una reunión en la que tenían que pagarnos, pero en lugar de dinero sacaron pistolas, así que los liquidé. No sé si lo sabías, pero no tengo prejuicios, en absoluto; sin embargo, he matado a cuatro personas, y las cuatro eran de color. Ha dado esa casualidad. El amigo más íntimo que tenía en el talego, aparte de Frank, era negro. Me llevo estupendamente con Cornell Lewis, y es negro. Resulta muy extraño.

–¿Tienes algo más que contarme de ti mismo? –preguntó Kyle, lenta y cuidadosamente.

–Me parece que ya estás al corriente de todo. Ya te he hablado de mi hija.

–Un poco.

–Espero que alguna vez la conozcas.

–Sí, me gustaría.

–Lo único que no te he contado es que cuanto tenía nueve años hubo un tornado en Norman. Nunca he vuelto a tener tanto miedo como entonces. Ver cómo salía volando una casa entera... Eso fue antes de trasladarnos a Detroit.

–Aceptas lo que te ocurre tan tranquilo –dijo ella con cautela–. Eres capaz de distanciarte, de mirar las cosas objetivamente.

–¿Quieres decir después de que han pasado, o mientras están pasando? –preguntó Stick frunciendo el ceño.

–Estoy intentando averiguar si hay algo que te emocione.

–Pensaba que ya te lo había dicho. Estar contigo. Pero no me crees.

–Lo único que quieres es acostarte conmigo.

Stick contempló su rostro en la penumbra con deseos de acariciarla.

–¿Cómo puedes decir eso con lo lista que eres? Ya sé que eres más lista que yo, pero no me molesta. Si yo fuera el mago del dinero y tú fueras, digamos, una camarera, aún seguirías siendo la más lista, pero no sería tan evidente. Poco importa lo que somos, porque podemos hablar claramente. Podría decirte que estoy enamorado de ti y tu podrías alegrarte, o asustarte y echar a correr, pero es así. ¿Qué te parece?

–¿Te estás poniendo romántico? –preguntó ella, vacilante.

–Estoy intentando decirte lo que pienso sin exponerme. Ya me entiendes. Sin riesgos.

–Supongo. No lo sé –dijo ella–. Tengo la sensación de que no te imaginas a ti y a mí alejándonos abrazados hacia la puesta de sol.

–En cierto modo, eso es precisamente lo que veo –dijo Stick–. Se besan y sale el «Fin». Lo que ocurre después es lo que no queda muy claro. Yo llegaría a casa con la ropa llena de cemento y metería el camión en el garaje, al lado de tu Porsche.

–Podrías hacerte asesor de inversiones. Sé que tienes talento y yo podría ayudarte al principio.

–Sería mejor que tú aprendieras un oficio del ramo de la construcción. Te agradecería la ayuda y me esforzaría, pero también estaría un poco... incómodo.

–¿Por qué?

–Tendría miedo... no te rías, pero tendría miedo de que intentaras convertirme en otra persona.

–¿Por qué iba a hacer eso? –preguntó ella sorprendida, sin reírse.

–No quiero decir intencionadamente. No te darías cuenta. Creo que es un instinto que tienen las chicas, al menos algunas, como las ganas de tener un caballo a los doce años. Hay chicas que escriben a los tíos de la cárcel, piensan que pueden despertar a la buena persona que hay dentro de ese hijo de puta perverso que odia a todo el mundo. O empezaría a ir bien trajeado y cambiaría solo, me convertiría en otra persona. Me mirarías y pensarías: ¿quién es ése? ¿Dónde está el tipo sencillo y simpático de Norman?

Ambos sonrieron.

–El tipo sencillo y simpático de Norman. ¿Es así cómo te ves? Venga, dime la verdad.

–Criado en una explotación de petróleo –dijo Stick encogiéndose de hombros.

–¿Sabes lo que eres, Ernest? –le preguntó Kyle mirándolo de frente–. Eres un esnob. Te encanta la idea de vivir de tu ingenio. ¿Por qué iba a querer trabajar un tipo tan hábil como tú y perder la independencia? ¿No es eso?

Stick volvió a sonreír para ver si ella le devolvía la sonrisa. Y Kyle sonrió, mirándolo fijamente con un brillo en los ojos que él interpretó como de moderada admiración. Se divertían.

–Crees que soy hábil, ¿eh?

–El que lo cree eres tú.

–Qué va. Yo me miro en el espejo y creo lo que veo, nada más. Pero en la cárcel aprendí que puedo estar en paz conmigo mismo y pasármelo bastante bien sin matarme demasiado ni pertenecer a un club donde tenga que escuchar *Alley Cat*. Los ricos se lo pasan bomba, ¿verdad?

–A ti te encantaría tener dinero. No me digas que no.

–Lo suficiente. Y tú, ¿cuánto ganas al año?

–¿Por qué?

–Venga, ¿cuánto?

–Una media no inferior a cien mil.

–Y vives en Palm Beach porque es un lugar limpio.

–No simplifiques demasiado las cosas. No estoy

atada al lugar donde vivo, ni a mi género de vida. Puedo ser tan independiente como tú crees que eres.

–Pero estás cansada de ayudar a ganar dinero a la gente que no lo necesita, y entonces llego yo y te parezco una buena causa. Ayudar a los necesitados.

–No está mal esa teoría, Ernest –dijo ella con las cejas enarcadas–, y es posible que tengas razón. –Lo miró pensativa–. El alma digna de ayuda, una persona corriente, rehabilitada después de un par de temporadas en la cárcel. Y ahora... ¿qué pretendes, Ernest? Dime qué llevas en la cabeza.

–Piensas que te estoy engañando –dijo él, sorprendido.

–No, no. Creo que en el fondo eres honrado, dentro de tu sistema de valores.

–Te he contado cosas que no había contado a nadie.

–Sí, ya lo sé –admitió ella, asintiendo con la cabeza–. Cosas del pasado, pero no me has contado tu plan.

–¿Qué plan?

–¿Cómo vas a conseguir que Chucky pague los cinco mil dólares?

Stick dejó que los invadiera el silencio mientras sonreía, admirando aquella inteligente mirada. Cuando consideró que había transcurrido el tiempo adecuado, preguntó:

–¿Tienes alguna idea?

Para regresar, tomaron un taxi. Se dirigieron a la casa de los huéspedes pasando entre los árboles para no ser vistos, y entraron en ella mientras en el patio ardían las antorchas y les llegaban sonidos lejanos. Luego oyeron que Chucky llamaba «¡Nena!» y se abrazaron sin moverse. Oyeron la campanilla de la puerta y que tropezaba con algo en el patio, y contuvieron la respiración.

Mucho después, Kyle abrió los cortinajes que cubrían la cristalera y compartieron la bahía y el cielo nocturno. Hablaban en voz baja.

–A ti no te pasa nada raro, Ernie.

–Gracias.

–Mi educado amante.

Al cabo de un tiempo oyeron ruido de puertas y voces en la otra parte de la casa.

–El señor Firestone –dijo Kyle–. Parece que no está solo.

Se levantó de la cama y se puso una bata de tela muy fina.

–Pon un vaso contra la pared –dijo Stick–; así oirás lo que dicen.

Kyle salió del dormitorio y se encendió una luz en la sala de estar. Stick se quedó quieto, con la cara apoyada en la almohada. Luego regresó Kyle y se detuvo ante la puerta con una carpeta en la mano, mirando una hoja de papel.

–¿Qué es eso?

–El folleto corregido –contestó sin levantar la vista–. Y la lista de invitados de mañana. Ha debido de echarla Chucky por la ranura del buzón.

–Supongo que más valdrá que me vaya a mi habitación. –Stick se levantó de la cama y empezó a buscar los calzoncillos–. Mañana tengo que trabajar, imagina.

–No puedes... –oyó que decía Kyle, mientras se arrodillaba para mirar debajo de la cama.

–Intentaré no echarte nada encima.

–No. Mañana no puedes estar aquí.

El tono empleado le hizo levantar la cabeza para mirarla desde el otro lado de la revuelta cama.

–¿Por qué no?

Kyle le alargó la hoja de papel.

–Viene Chucky. Vienen los dos, Chucky y su amigo, Néstor Soto.

19

Leo Firestone le dijo a Barry que había dispuesto la salita para la conferencia de un modo genial: las largas mesas unidas y cubiertas de amarillo vivo –un color dinámico–, las sillas de director –detalle muy sutil– y justo enfrente de Miami, que se alzaba al otro lado de la bahía.

–Donde está la acción –dijo Leo con las gafas en la calva–. Un fondo de *cinéma verité* para la presentación. Si no fueras tan rico, joder, te contrataría como director artístico.

–Es hija tuya, Leo –contestó Barry ante Stick y Cornell, que se encontraban cerca de allí–, pero en cierta medida me siento responsable también. Si el negocio tiene posibilidades, no quiero que se vaya al carajo por algo que haya dejado de hacer yo. ¿Y el bar? ¿Lo quieres?

–Sí, sí, claro. –Firestone empezó a sacudir la cabeza enérgicamente–. Quiero un tono y un ambiente muy relajados. No es una reunión propagandística; voy a presentar una empresa creativa a un grupo de hombres con éxito e inteligentes. Quiero que se den cuenta de que se pueden soltar la melena, decir lo que quieran.

Stick lo observaba fascinado. Era un productor de Hollywood, aquel individuo de las botas de cowboy, pantalones de pana de color tostado y camisa por fuera, una extraña camisa blanca, holgada, de aspecto exótico, como las que usaría un campesino pobre pero limpio, llevada por un cincuentón extravagante. El cabello, castaño canoso, nacía del borde circular de la pecosa calva y le caía casi hasta los hombros. Stick tenía la sensación de que aquel tipo estaba satisfecho de su aspecto: moreno, delgado, no demasiado alto pero con la confianza suficiente para sentarse con una postura indolente sin preocuparse por mantener la espalda recta.

Barry les hizo señas a Stick y Cornell.

–Venga, suban el bar. Instálenlo allí, en aquel arco. Allí no molestará –y se llevó a Firestone al patio para tomar un café con pastas.

Kyle se había acomodado en la mesa debajo de la sombrilla con la ayudante de Firestone, una chica alta y atractiva, de cabello corto y oscuro y muy poco pecho, aunque el que tenía asomaba por el escote de su camiseta sin tirantes. También llevaba las gafas de sol en la cabeza. Cornell dijo que se llamaba Jane y que tenía veintiún años.

–Es de aquellas que las sueltas en cualquier lugar, me refiero del mundo, y en seguida encuentran al hombre que manda allí y se hacen amigas suyas.

–¿Quiere eso decir que te gusta, o no? –preguntó Stick.

–Quiere decir que siento una gran admiración por ella. Anoche la observé cuando les servía bebidas y antes de eso mientras conducía; muchísimas gracias...

–Tenía fiesta. Podía haber conducido él. ¿Por qué no los fue a buscar él?

–Montó un espectáculo de los suyos. Llamó dos veces y no contestó nadie. ¿Fuisteis a algún sitio Kyle y tú?

–A cenar.

–¿Andando?

–En taxi.

Cornell parecía intrigado, pero dijo:

–Fíjate en Jane. No es más que una niña, pero es de las que llegan lejos, se hará un nombre en Hollywood... Mientras, tú y yo bajaremos a buscar el bar y sudaremos mientras lo subimos. Tío, es una mierda saber lo suficiente para ir tirando, pero no lo que hace falta para tener la vida solucionada.

–Yo no pienso así –dijo Stick.

–¿No? Ya lo verás cuando te traiga la chaqueta blanca.

Mientras instalaban el bar y lo llenaban de botellas y vasos, la señora Stam salió con una bolsa de caramelos y les saludó con la cabeza. Stick la observó para ver si le miraba con algún tipo de expresión especial. No la había visto desde la madrugada del domingo, cuando ambos se encontraban en el suelo de aquella misma habitación, a unos centímetros del lugar donde ahora metía caramelos en un recipiente de cristal. Llevaba un vestido playero verde claro. Stick observó que, de rodilla para abajo, tenía las piernas rectas pero gruesas a la altura de los tobillos; parecía como si llevara los pies aprisionados en los zapatos de medio tacón. Una vez hubo terminado con los caramelos, les pidió que salieran con ella. Stick se situó detrás y observó cómo hablaba Cornell con ella, sonreía y ella le devolvía la sonrisa. Quería que quitaran las macetas de begonias del camino y las alinearan al borde del césped, frente a la terraza. Cuando hubieron terminado, les dio las gracias y se alejó.

—¿Te resulta difícil hablar con ella? —preguntó Stick.

—No demasiado.

—Te mira como si esperara que le dijeras algo, pero ella nunca dice nada —declaró Stick.

—Hay que decir lo que ella quiere oír, colega, y entonces te hablará.

—Hace falta pulsar el botón adecuado, ¿eh?

—Hay que averiguar en qué consisten sus intereses —dijo Cornell soñador, haciéndose el entendido—, qué actividades son las que más le gustan.

Estaba instruyendo al nuevo, al chico blanco.

—Pues mira, yo estaba engañado —dijo Stick—, pensaba que lo único que le gustaba era que se la tiraran.

Llevaba la chaqueta blanca sobre una camisa también blanca con corbata y pantalones negros. Tenía la impresión de parecer un pinche de mediana edad, un individuo a quien se le habían pasado, o no había aprovechado, las oportunidades que se le habían presentado en la vida y que estaba ya en decadencia. Lo cual podía no estar mal. Desde luego, no parecía constituir una amenaza para nadie. Estaba cortando limas en el bar cuando se acercó Kyle y lo pilló por sorpresa.

—Es increíble —dijo Kyle en tono de broma, despreocupado.

—Eso digo yo —convino Stick—, pero Barry prefiere tenerme aquí en vez de echarles bebidas por encima a la gente.

—Ya sabes a lo que me refiero: que todavía estés aquí.

—Me parece que es más seguro que ahí fuera, mirando siempre por encima del hombro. Si están haciendo negocios con Barry no querrán estropear su casa, ni implicarlo a él. Al menos, eso espero.

—Puede que tengas razón —dijo Kyle—. ¿Qué le vas a decir a Chucky?

—Le preguntaré qué desea tomar.

—A lo mejor, podrías envenenarlo.

—Si quieren algo que no sea whisky y agua, se la juegan. Tengo limas, aceitunas, cerezas... ¿Qué más necesito?

—Huevos —dijo Kyle—, pero supongo que también tienes.

Entonces le resbaló el cuchillo sobre la áspera piel de la lima y se hizo un corte en el pulgar.

—Me pones nervioso.

A las doce y media, la explanada y el último tramo del camino parecían un escaparate de Mercedes de segunda mano. Había diez, un BMW de los más caros y dos Cadillacs. Lionel Oliva y Avilanosa eran los únicos chóferes. Se quedaron un rato a la sombra y luego se dirigieron hacia el garaje. Cuando Cornell los encontró, ya estaban dentro del apartamento, Lionel jugando con el televisor y Avilanosa fisgando.

—¡Oh! —exclamó Cornell.

—Me he echado salsa en los pantalones y tengo que cambiarme.

Lionel acababa de encender la televisión para ver una telenovela.

—Sacad una cerveza o lo que queráis de la nevera, pero no entréis en los dormitorios, si no os importa. Es privado.

Lionel asintió mientras se arrellanaba en la butaca. Avilanosa, que estaba mirando la habitación de Stick desde el pasillo, no dijo nada.

La mayoría iban vestidos deportivamente, como si fueran a jugar al golf. Había dos hombres de edad provecta con traje. Parecía que todos se conocían y charlaban en grupitos, con voces sonoras y confiadas. Stick, detrás de la barra, llegó a la conclusión de que el individuo de aspecto cubano, con gafas de sol y un traje de seda marrón que tenía un brillo metálico, era Néstor Soto. Nunca cambiaba de expresión y aparentemente apenas movía la boca mientras hablaba con Chucky. Estaban los dos solos, algo apartados, y Chucky hacía señas a las criadas para que le sirvieran más gambas y albóndigas calientes. Stick se dio cuenta de que Chucky le miraba, masticando. Luego le miró Néstor, fijamente.

Entonces se le plantó Cornell delante, con una bandeja redonda.

–Dos *bloodies*, un mimosa, dos vodkas con tónica...

–Un momento, ¿qué es un mimosa?

–Zumo de naranja con champán.

–¿Zumo de naranja?

–Eso. Dos vodkas con tónica y un Campari con agua.

–Dios mío.

–Ése rojo de ahí abajo.

–Yo dimito –dijo Stick.

–Venga, tranquilo. Oye, ¿qué has querido decir con eso de que lo único que le gusta es que se la tiren?

–¿Quién, Diane?

–¿Quién si no? ¿Se te ha insinuado?

–Yo no diría eso. –Más bien prefería no decir nada–. No, era broma. Es que me parece que es un poco rara.

–Es más... ceremoniosa. Oye, ya preparo yo el margarita, tú haz los *bloodies* y todos contentos.

–¿Qué se pone? ¿Zumo de tomate y qué más?

–Mierda –exclamó Cornell.

Una vez Cornell se hubo marchado, Stick vio que Chucky volvía a mirarlo, que le decía algo a Néstor y que se dirigía hacia él, pero tenía que rodear la mesa. Entretanto, la ayudante de Firestone, la chica de la camiseta sin tirantes, se aproximó al bar.

—Supongo que una Perrier.

—Sí, señora —dijo Stick y se la sirvió—. ¿Lima?

—No, es igual. No sirve para gran cosa.

—Si no le gusta, ¿por qué la toma?

La chica lo miró cara a cara por primera vez. Si bien a distancia parecía algo masculina, de cerca era una belleza de rasgos nítidos y precisos, y dientes perfectos.

—Pensaba que los criados descarados trabajaban todos ellos en Los Ángeles. No me diga que es actor.

—Soy chófer.

Lo miró otro instante, impasible.

—Bueno, pues no es cómico, si es eso lo que cree.

Chucky se colocó junto a la chica y dejó una docena de palillos usados sobre la barra.

—Nena, déjame hablar con este chico un momento. Llévate tu agua a otra parte.

La muchacha se volvió hacia Chucky con una agradable sonrisa y le alargó la mano.

—Hola, soy Jane, la ayudante del señor Firestone. Usted es el señor Gorman, ¿verdad?

Chucky le cogió la mano y dijo:

—Jane, si quieres trabajar en el mundo del espectáculo, tienes que hacer mucho ejercicio, desarrollar esos pectorales.

Stick vio que la chica sonreía con indolencia.

—Trabajo detrás de las cámaras, señor Gorman, así que da lo mismo si tengo tetas o no, ¿verdad? —dijo—. Encantada de conocerlo —se despidió y se marchó.

—¡Vaya! —exclamó Chucky siguiéndola con la mirada—. Una chica valiente. —Volvió a fijar su atención en Stick—. Y usted debe de ser también un tipo valiente si se ha quedado aquí. Lo hemos buscado por todas partes.

—¿Cómo es eso?

—Pensábamos que a lo mejor estaba un poco confuso sobre lo que le ocurrió a Rainy...

Entonces se oyó la voz de Barry:

—Señores, si tienen la bondad de sentarse, daremos comienzo a la reunión.

212

Stick se apoyó en la barra y dijo:

–¿Chucky? –Esperó a que mirara a Barry y luego a Néstor; parecía nervioso–. He estado en la cárcel, dos veces, y he salido entero, sin problemas.

–Eso está bien –dijo Chucky.

–¿No le dice nada? ¿Voy a ir a la Metro a hacer una denuncia? Apretarán un botón y saldrá mi historial en la pantalla. Si les digo que estaba allí, ¿se van a creer que iba de espectador?

–Señores... –dijo la voz de Barry–. Venga, Chucky.

–Por mí no hay problema, tío. Néstor quiere hablar contigo.

–Muy bien –dijo Stick. Chucky hizo ademán de volverse y Stick dijo–. ¡Eh, Chucky! Por mí tampoco hay problema, siempre que me pagues lo que me debes.

–¿De qué hablas? –preguntó frunciendo el ceño.

–Cinco grandes –explicó Stick–. El maletín fue entregado, ¿no?

Chucky se lo quedó mirando. Parecía a punto de decir algo, pero Barry lo volvió a llamar y se dirigió hacia la mesa.

Barry presentó a Leo Firestone y éste se levantó y dijo:

–Señores, cuando hacen el amor con una judía, ¿saben cómo se nota cuando alcanza el clímax? –Recorrió con la vista la larga mesa de rostros impasibles–. Mi querida esposa Roz, la genuina princesa, madre de dos chicos estupendos, Scott y Sherm, siempre se sonroja cuando cuento este chiste. Volvamos a empezar. Cuando uno hace el amor con una judía, ¿saben cómo se nota cuando alcanza el clímax? –Firestone hizo chasquear los dedos–. Ya se ha sonrojado Roz. Ahí va: porque suelta la lima de las uñas.

–Es cierto, créanme –dijo Barry levantando las cejas.

–Lo que yo pretendo hacer aquí es conseguir que todos ustedes suelten las limas y se den cuenta de que ésta no es otra aburrida y pesada proposición cualquiera. Es una oportunidad de divertirse en torno a una mesa de conferencias, para variar. Una oportunidad rentable de conseguir que los veinte millones de personas o más que van al cine cada semana suelten la lima, saquen entradas y contribuyan a su estabilidad financiera. ¿Me siguen hasta ahora?

«Dios mío», pensó Stick.

Por lo que veía desde la barra, Barry estaba de parte del productor. Los demás ocupantes de la mesa parecían pacientes, pero nada más. Cada uno tenía un folleto delante; algunos estaban abiertos. Chucky se inclinó hacia Néstor y le dijo algo al oído: quizá le tradujo algo. El rostro de Néstor permanecía impasible, como de madera tallada. Kyle y la chica de la camiseta sin tirantes ocupaban un extremo de la mesa y Kyle miraba el folleto, Jane tenía la mirada perdida en la bahía.

—No voy a repasar las cifras —dijo Firestone—. Está todo en el informe y ustedes saben mucho mejor que yo cómo se estructura una sociedad comanditaria, pues yo me dedico más al aspecto creativo. Sin embargo, quiero decir una cosa que no está en el folleto y que explicaré luego con más detalle. Y es que, aun cuando este proyecto, por un motivo u otro, no se haga realidad, les proporcionará una desgravación fiscal del doscientos cincuenta por ciento de la inversión. Ir a lo seguro es lo mejor, siempre que sea posible.

Stick se dio cuenta de que aquello llamaba la atención de Kyle. La muchacha de la camiseta seguía contemplando la bahía.

—Así pues, lo que tenemos en Starsky y Hutch… —Sonrió—. Era una prueba, a ver si estaban atentos. Lo que tenemos en *Shuck* y *Jive* es un par de policías secretos chulos que están al tanto de todos los chanchullos, si lo prefieren de todas las bajezas que se dan en la zona de Miami. A ustedes, caballeros, estos tipos pueden parecerles unos hippies vagabundos, pero hay que conectar con ese gran público que tiene entre catorce y veinticuatro años. También aparecerán más aseados, pero lo que quiero destacar es que son profesionales. Con todas las detenciones que hacen en Pequeña Habana, si los esposáramos el uno al lado de otro, tendríamos una muralla de latinos.

Stick observó cómo el idiota de Firestone recorría a su público con la vista. Sus ojos se cruzaron con los de

Jane y Stick vio que ésta sacudía la cabeza dos veces, y señalaba con la barbilla la mesa donde se encontraba Néstor, mirando fijamente a Firestone con su expresión de encontrarse en trance.

–Si hay alguien aquí de origen hispano –dijo Firestone–, no es más que una inofensiva broma que me gusta hacer para que no sean tan sólo las señoras judías las que paguen el pato. No, desde la bahía de Cochinos hemos tenido la fortuna de recibir en nuestra tierra y en nuestros corazones un gran número de personas de habla hispana, muy respetables y prósperas. No, de lo que tratamos en *Shuck y Jive*, la película, es de otra cosa totalmente distinta. La basura que ha venido a parar a nuestras costas, los gángsters, los asesinos, los que trafican con substancias controladas sin tener consideración alguna por la vida humana.

Stick siguió observando a Néstor Soto. Si lo conociera y estuviera a su lado le daría un codazo. Sería estupendo estar sentado allí, escuchando a aquel imbécil calvo de Hollywood.

–Estoy seguro de que cada día leen en los periódicos las detenciones de traficantes de cocaína, los cargamentos de marihuana confiscados, las matanzas y asesinatos entre bandas, pero, señores, yo les aseguro que eso no es más que la punta del iceberg. Si los periódicos publicaran siquiera la mitad de las cosas que he descubierto en mis investigaciones, se les pondrían los pelos de punta.– Firestone se llevó la mano a la calva–. Por suerte, yo soy inmune. Yo puedo mirar los aspectos más sucios del negocio de las drogas, a las sabandijas que viven de eso, con ojos de artista y escoger los aspectos más dramáticos para reflejarlos en una importante película. –Apoyó las palmas de las manos sobre la mesa–. Pero si me preguntan por mi fuente, me acogeré a la Quinta Enmienda, así que no me lo pregunten. Créanme, no les gustaría conocer a esta gente.

–Leo, pasemos al reparto, ¿no crees? –dijo Barry con los ojos muy abiertos, tratando de aparentar inocencia e interés al mismo tiempo.

Stick contó las cabezas de la mesa. Le pareció que Firestone ya había perdido tres posibles inversores: Chucky,

Néstor y el dueño de Wolfgang's, Gabe no sé qué, y cabía la posibilidad de que tuviera que salir por piernas antes de acabar. Desde luego, parecía imposible que un productor de Hollywood que estuviera a punto de hacer una película importante fuera tan necio.

Firestone pasó al reparto y nombró a varios actores que habían leído el guión, les había «chiflado» y estaban considerando la propuesta.

–Ese... ¿cómo se llama? –dijo Firestone–. Ese cantante tan famoso que actúa en Las Vegas –y miró hacia el extremo de la mesa.

–Neil Diamond –dijo Jane.

–Exacto, Neil Diamond. Es perfecto para el papel de Jive, que toca el piano en bares como tapadera. Para el papel de Shuck hemos pensado en... He de confesar que Stallone no ha aceptado, pero, bueno, estas cosas ocurren: compromisos previos... pero, ¿cómo se llama?, ése de la moto, el poli...

–Erik Estrada –apuntó Jane.

«Válgame Dios –pensó Stick–, una vez muerto Warren Oates, el cabeza de bola de billar lo haría mejor que Estrada.»

–Erik Estrada es una buena posibilidad. –Firestone levantó los dedos cruzados–. Hemos pensado en Lawrence Olivier, sir Lawrence, debería decir, para el papel de Domingo, el viejo cubano sabio que luego es el soplón. Es un papelito precioso que podría valerle a Larry otra nominación como mejor actor secundario. Y para el principal papel femenino estamos pensando seriamente en... La otra noche preguntaron algo sobre ella en el concurso ese de la televisión. La que apadrina mi buen amigo Wink Martindale, y tiene millones...

–Linda Blair –dijo Jane.

–La misma, Linda Blair. Tuvo muchísimo éxito en... ya saben, esa en que la niña vomita la sopa.

–*El exorcista* –indicó Jane.

Firestone alargó el brazo, señalando el extremo de la habitación.

–Mi encantadora ayudante, Jane. Seguro que se preguntarán qué haría yo sin ella... Ahora mismo voy a dar la palabra al consejo de dirección, ustedes, para que me digan lo que les parece el argumento y qué estrellas les gustaría considerar. Hay varios papelitos en los que algunos de ustedes, caballeros –dijo mirando a Chucky y Néstor– estarían perfectos. Y no me digan que no aceptarían. Esta película la haremos a nuestra manera, caballeros. Venderemos los derechos para el extranjero, para la televisión y para cable, con lo cual recuperaremos la inversión y más incluso antes de que salga la película. Luego dejaremos que los principales estudios se peleen para conseguir la distribución nacional. Esto no pensaba decírselo, pero, puesto que es casi seguro, escuchen bien: donde se establezca David Begelman, y estoy convencido de que cualquier día de éstos va a regresar a la actividad, conseguiremos un buen trato en la distribución. Palabra.

Stick sirvió un Jack Daniel's y se agachó para ordenar el estante de debajo de la barra mientras Firestone hablaba de préstamos bancarios y desgravaciones fiscales, palabras difíciles de comprender porque no podía representárselas en la imaginación. Cuando Stick hubo apurado la copa y se incorporó, era Barry el que hablaba con la cabeza inclinada.

–Sí, me parece que me gusta. No me importaría ver más tías. Creo que podríamos aligerar un poco la historia, que se vea que muchos traficantes no son malos, sino que le dan al público lo que quiere. Pero en conjunto he de decir que sí, que me parece que me gusta mucho.

–Creo que vais a tener que aligerarla considerablemente –dijo Chucky–. Incluso creo que habría que darles la vuelta a algunas cosas...

Firestone guiñó el ojo y replicó:

–Éste es el tipo de colaboración que buscamos. Y podemos añadir intervenciones de las caras bonitas que ustedes, caballeros, consideran madera de estrella.

–Bueno, ¿hay alguna pregunta sobre la inversión propiamente dicha, el riesgo,el aspecto fiscal? –inquirió Barry–. ¿Alguien quiere saber algo? ¿Y tú, Kyle?¿Tienes alguna duda?

Stick la observó, sentada con un cuaderno de notas y el folleto abierto sobre las rodillas. La chica de la camiseta sin tirantes también la miraba atentamente.

–¿O algún comentario? –insistió Barry.

–Sólo uno –dijo Kyle–. A mí me parece que es un fraude fiscal.

Firestone tardó en reaccionar, pero sonrió, apoyándose en la mesa con las manos.

–Perdone, ¿cómo dice?

–Pretende reunir un millón, cien mil de cada inversor –dijo Kyle.

–Muy bien –admitió Firestone.

–Llevárselo al banco y sacar otro millón y medio...

–Parece que lo ha entendido bien.

–...así los inversores podrán deducir el préstamo bancario, aun cuando no tengan ninguna obligación con el banco. Usted sí, pero ellos no.

–¡Por Júpiter! ¡Exacto!

«Vaya capullo», pensó Stick. Quería que Kyle desistiera. La chica de la camiseta sin tirantes estaba sentada muy erguida, prestando plena atención a Kyle.

–Es broma, cariño –dijo Firestone–, pero tiene razón. Firmamos una póliza con un banco a devolver en cinco años y cada uno puede deducir doscientos cincuenta mil. La inversión de cien mil, más su parte de la póliza, otros ciento cincuenta mil. Pero... aquí esta el caramelo, les daré a cada uno un documento firmado en el que se dice que no son responsables de la devolución del préstamo. Y ellos ya lo han deducido. Cuando venza el plazo, dentro de cinco años, la ley ya habrá prescrito y Hacienda no podrá hacerles nada. Creo que es bastante ingenioso, y perdonen la inmodestia.

–Encantador –dijo Kyle–, pero la ley de limitaciones no tiene nada que ver. Usted les perdona una amortización que vence al cabo de cinco años, y que ellos ya se han deducido, pero dentro de cinco años cada inversor habrá ganado ya ciento cincuenta mil dólares, que se consideran ingresos, que tendrán que declarar y por los cuales tendrán que pagar impuestos. Si no me cree, pregunte a Hacienda.

Firestone se la quedó mirando, sonriente.

–¿Habla en serio?

Kyle no le contestó.

–Bueno –dijo Firestone de cara al público, mirándolos con expresión de complicidad–, en realidad esto se resume con la vieja pregunta del mundo empresarial: ¿quién lo va a saber?

Kyle le dedicó una sonrisa de buena niña y dijo:

–Yo, señor Firestone. Por eso digo que es un fraude...

–Su interpretación... –la interrumpió Firestone.

–...y que aconsejaría a cualquier cliente mío que echara a correr cuando le viera llegar a usted.

Stick empezó a aplaudir; dio cuatro palmadas antes de percatarse de que más valía no hacerlo. Kyle le sonreía.

Cornell se acercó al bar.

–Tres whiskies, dos vodkas con tónica. ¿Has aprendido algo?

–No abras la boca si sólo piensas decir sandeces. ¿Qué ha pasado? Ahora piden cosas normales.

Era interesante; ahora todo el mundo hablaba en grupitos. Stick vio que Kyle y la chica de la camiseta sin tirantes estaban sumidas en una conversación; la muchacha estaba sentada en el borde de la silla, asintiendo con la cabeza mientras escuchaba. En el otro extremo de la mesa, Barry sacudía la cabeza con expresión solemne–¿qué voy a hacer yo?– como si quisiera quitarse a Firestone de encima, sin darle otra oportunidad.

Stick se volvió para mirar a Kyle, y se encontró a Chucky en el bar, justo frente a él.

–Néstor quiere hablar contigo.

20

SE ENCONTRABAN a la sombra de las acacias, entre costosos automóviles. Néstor lo miraba de arriba abajo, descaradamente, controlando, haciendo saber a Stick que dependía de él.

Stick no pensaba meterle prisa. Había que observar cierto ritual de respeto, al menos demostrar deferencia con el hombre que podía hacerte matar si quería. Sin embargo, tal como lo veía Stick, no iba a esperar eternamente.

–¿Cuánto tiempo hace? ¿Tres o cuatro semanas? Si se lo hubiera contado a la Metro ya se habría enterado, ¿no le parece?

Procuraba que su voz no sonara suplicante. Sin embargo, el cubano no tenía un aspecto corriente, una mezcla de negro y español que se remontara a cuatrocientos años antes; era un cubano que parecía indio, con una máscara por rostro que le debía de haber costado bastante práctica y que usaba cuando quería asustar a alguien sin decir una palabra. ¿Quién era? ¿Qué hacía los domingos? ¿Permitía que le gritara su mujer?

–¿Qué más quiere que le diga? –dijo Stick.

–Para empezar, podrías decirme dónde está la camioneta azul –intervino Chucky.

–La última vez que la vi, fue en el parque Bayfront, si no se la ha llevado la poli. –No iba a esperar para hablar con aquellos tipos. Moke había sacado la pistola y la llevaba en la mano. Y al otro parecía que ni siquiera le hacía falta–.

Me fui y ya está. ¿Qué hubieras hecho tú? –le preguntó Chucky.

Néstor no le quitaba la vista de encima.

Stick sintió deseos de empujar al cubano. Dejaría que le diera un puñetazo y entonces arremetería contra él, le rompería la máscara. Notaba que se le estaba haciendo un nudo en el estómago y sabía que tenía que pensar: no precipitarse, no hacer nada. Pero ¿qué más podía decir? A aquel tipo no había que decirle nada, había que escuchar. Comprender esto todavía le puso más tenso.

–No sé... –dijo Néstor sin apartar la mirada.

–¿Qué quieres que haga? –preguntó Chucky.

–¿Trabajas en esto? –inquirió Néstor al cabo de un rato.

–No, yo sólo soy el chófer del señor Stam. No hago nada más.

–Pero estabas con René.

–Sí, estaba con él, pero nada más.

–También hace otras cosillas, según tengo entendido –explicó Chucky–. Vende información sobre la bolsa. Es un tipo emprendedor. No te vas a creer lo que me ha dicho –dirigiéndose a Néstor–. ¿Te acuerdas del maletín que llevaba Rainy? Dice que quiere cinco grandes por hacer la entrega. Me lo ha dicho allí mismo, mientras estaba detrás de la barra.

–Es que el maletín se entregó y eso es lo que nos dijo que nos pagaría.

Los ojos de Néstor se movieron con un momentáneo interés, una ligera sorpresa.

Stick se dio cuenta y dijo:

–¿Qué estoy haciendo? ¿Estoy acaso en la comisaría? Estoy aquí hablando con ustedes.

–Pero ¿has ido? –preguntó Néstor.

–No sé ni dónde está.

–Al lado de los juzgados, Doce Noroeste. ¿Te han puesto cable?

–¿Quiere cachearme?

–No lleva cable –dijo Chucky–. Por una cosa así no le pondrían el cable, para escuchar tantas tonterías... Pero era amigo de Rainy... hasta qué punto, es lo que quiero saber.

Se hacía el duro delante de Néstor.

Stick empezó a preguntarse cuál de los dos era realmente el problemático. Quizás no fuese Néstor. Quizás podría hablar con Néstor, pero no delante de Chucky. Era una intuición y no se basaba en nada de lo que había dicho Néstor, ni en el modo de mirarlo. Era como tratar de decidir con quién preferiría uno hablar: con alguien capaz de dispararle por la espalda, o con uno de los que te dice en tus narices que te van a matar.

Esto era lo que pensaba mientras le decía a Néstor, y no a Chucky:

—Tengo que volver al trabajo. Si quiere hablar conmigo en otra ocasión, llámeme. No pienso moverme de aquí.

Y se alejó.

—¡Eh, aún no hemos acabado! —le gritó Chucky, pero Stick continuó andando.

Chucky encontró a Lionel y Avilanosa. Mientras se dedicaban a mover coches para que pudiera salir el Cadillac de Néstor, preguntó a éste:

—¿Qué te parece?

—No me da la impresión de que vaya a ser como *El padrino*. Me parece que esa película de Firestone no valdrá nada.

—Hablo del tipo —dijo Chucky—. Ernest Stickley. ¿Qué hacemos con él?

—¿Qué quieres hacer con él?

—Si no me equivoco, eras tú el que te morías de ganas de encontrarlo.

—Sí, y ya lo hemos encontrado —dijo Néstor—. Ahora ya no me preocupa tanto. Ha hecho una buena pregunta. ¿Qué querías que hiciera? —Néstor se apartó una mosca de la cara con un manotazo lánguido, acompañado de un suave destello procedente del anillo de brillantes—. Está aquí y no va hablar con nadie. Me parece que lo que te molesta es lo que quiere que hagas tú, ¿eh? ¿Le prometiste cinco mil dólares a René?

–Es posible, sí; probablemente dije cinco mil para tentarlo, pero tú y yo sabemos que era demasiado para ese trabajo. Y Rainy no va a venir a pedírmelo; por lo tanto no se lo voy a pagar.

–Pero habías prometido algo y alguien ha venido a pedírtelo.

–No se lo prometí a él.

–Como te ha dicho, el trabajo se hizo, ¿no? –dijo Néstor, esbozando una sonrisa casi imperceptible con las comisuras de los labios.

–No le veo la gracia.

–Me parece que más vale que le hagas caso.

–No pienso darle cinco grandes. ¿Por qué tengo que darle nada?

–No sé –dijo Néstor.

–¿Crees que debo?

–Es asunto tuyo, no mío.

–Pero si no se lo doy... –dijo Chucky–. Estoy pensando en voz alta. Nunca se sabe lo que es capaz de hacer un individuo como ése. Alguna locura, ¿sabes?

–Entonces, págale.

–Yo no le debo nada, joder.

–Entonces cárgatelo.

–¿Tú qué harías?

Néstor levantó la vista hacia Chucky a través de las gafas oscuras.

–No sé qué haría. Esto no me atañe, no es asunto mío.

–Eso es discutible. Tú eres el que recibiste la entrega. Tú estabas en el otro extremo del trato.

–Pero lo único que prometí yo fue que mataría al portador, fuera quien fuera –dijo Néstor–. Y cumplí la promesa.

Se dirigió a su automóvil, cuya puerta abierta sujetaba Avilanosa, y entró.

Menuda ayuda...

La habitación estaba toda ella revuelta. Habían vaciado los cajones en el suelo, habían deshecho la cama, habían levantado el colchón y lo habían dejado en diagonal. En la cómoda aún había las revistas y el folleto que Kyle le había dado a leer, el que decía que treinta y cinco inversores aportarían setenta y dos mil dólares y pico cada uno y no nombraba el enredo del préstamo bancario que Kyle decía que era fraude. Stick se llevó el folleto a la única silla del dormitorio –plástico verde, imitación de piel–, se sentó y empezó a releer la oferta cinematográfica; ahora lo comprendía casi todo y se preguntó por qué Firestone no había sacado esa propuesta cuando Kyle se cargó la otra. Pero la historia tampoco se hubiera vendido. Por Dios, *Shuck y Jive*, ¿tan tonta era la gente?

–¡Caray! –exclamó Cornell con tristeza desde la puerta–. Ya me temía yo que pasara algo así, pero no podía hacer nada.

–¿Quién ha sido? –preguntó Stick mirándolo.

–El hombre de Néstor, su suegro. El grandullón ese que parece el portero de un cabaret. ¿Ha encontrado lo que buscaba o no debo preguntártelo?

–No había nada que encontrar. A no ser que quieras decirme algo.

–Bueno, tranquilo, no te han estropeado demasiado las cosas.

–No, no pasa nada. –A Stick no le interesaba al suegro de Néstor–. Ese tipo no es demasiado agudo, ¿eh? Me refiero al señor Firestone.

–Tendría que estar aparcando coches. Se ha ido a hacer el equipaje, se marcha. Él y su niña han tenido una discusión.

–Ella parecía bastante lista.

–Tiene intuición, pero le queda mucho que aprender. Ya te lo he dicho, no es más que una niña.

Stick se enderezó y sonrió. Cornell miró atrás y vio a Kyle allí de pie. Se apartó para dejarla pasar.

–No sé por qué, pero pensaba que eras más ordenado –dijo.

–Alguien se ha dedicado a buscar un microfilm –explicó Cornell–. ¿No sabía que este hombre era agente secreto?

Durante un momento pareció preocupada, pero en tono de broma, dijo:

–Sé que tiene secretos.

Se trasladaron a la sala de estar y Stick le dijo que había estado magnífica mientras Cornell abría unas latas de cerveza. Apoyaron los pies sobre las sillas e imitaron a Leo Firestone, reviviendo momentos memorables: Firestone metiéndose con los hispanos en las narices de Néstor, etc. Stick dijo que si no lo hubiera visto, no lo hubiera creído. Y Cornell sugirió que la película la deberían hacer ellos, pues así reflejarían la vida real.

–Chucky tuvo la mejor idea –dijo Kyle–, pero me parece que no la oyó nadie. Dijo que había que aligerarla y darle la vuelta. Me acuerdo de que una vez salió en el *Herald* una historia de unos agentes de aduanas que encontraron ciento siete kilos de cocaína en un avión de transporte –me parece que dijeron por un valor en la calle de ciento cuarenta y siete millones–, pero no pudieron demostrar que alguien estuviera al corriente, así que toda la coca está en algún almacén.

–Y los federales se estarán relamiendo –dijo Cornell–. A mí me gusta ésa en que el avión de la policía de aduanas persigue al contrabandista desde Bimini, y se le está acabando la gasolina y tiene que aterrizar, así que aterriza en Homestead, nada menos que en la misma base del Departamento de Aduanas, donde tienen todos los aviones, y mientras ellos van por ahí buscándolo, él entra en las oficinas y se lleva los nombres y las direcciones de todos los agentes. ¿Qué os parece? Pues eso no es todo. Luego va y les manda una nota a todos los agentes de aduanas, diciendo que deja el negocio y además los invita a todos a una fiesta que va a dar en Nassau para celebrar su despedida.

–¿Y fueron? –preguntó Stick entusiasmado.

–Hubieran tenido que dejar el trabajo, o ir a escondidas. No, e incluso les había dicho que les mandaría un avión a buscarlos. Pero son tontos, ¿me entiendes? Podían haber ido y haber hablado con el tipo, que estaría como una cuba, y haberle sacado información. Pero no, el jefe del Departamento de Aduanas no les dio autorización.

–En vez de conseguir los nombres y direcciones... no, Shuck se apodera de los nombres y direcciones y Jive encuentra los ciento siete kilos de coca... Pero ¿cómo se lo va a llevar?

–No está todo en un paquete, hombre, está en bolsas, en bolsas de plástico transparente metidas en sacos de arpillera, metidas dentro de algo. Lo sacan y hacen dos viajes cada uno, con calma.

–Desde luego, los nombres hay que cambiarlos –dijo Kyle–. Shuck y Jive. ¿Qué os parecen Stick y Cornell?

–Frank y Ernest –sugirió Stick–. Pero no tienen gracia.

–No puedo ser demasiado real –intervino Cornell–. Ha de tener fuerza. Zip y Punch... Sock y Pizazz...

–Sacco y Vanzetti –dijo Kyle–. ¿Y Ron y Rick en la costa?

–No, ¿sabéis qué título hemos de ponerle? Los dos traficantes se la pegan a los federales y se largan con ciento cuarenta y siete millones de dólares en coca. «Jugada perfecta.»

–Eso lo dice todo –dijo Kyle.

–Sí, «jugada perfecta» –repitió Cornell sonriendo y complaciéndose en las palabras–. ¿Queréis oír una historia verdadera, que a lo mejor podemos incluir? El jardinero que viene dos veces a la semana resulta que es colombiano –explicó Cornell sin dejar de sonreír–. Ya os imagináis lo que sigue, ¿no? Le dije que plantara un trozo al otro lado de la casa de huéspedes, entre los hibiscos. No es Santa Marta, el terreno no es el mismo, y tampoco va a hacer que os salgan trencitas de la cabeza pero es una buena hierba casera. Lo que quiero decir es si alguien quiere un poco.

Apareció Barry. Al principio pareció sorprendido, luego triste, abandonado. Agitó la mano ante su rostro y se agarró la garganta como si no pudiera respirar, con ganas de unirse a ellos. Con el ceño fruncido dijo por fin:

–¿Sabéis desde dónde se huele esta fiestecita vuestra?

–Díganoslo, señor Stam –dijo Cornell riendo.

–Desde el puesto de la Guardia Costera. Acabo de ver que se acerca un barco... Dadme un poco.

Barry puso los pies en una silla, como ellos. Dijo que debería haber celebrado la reunión allí y que todo el mundo se hubiera flipado y cuando estuvieran servidos, colgados del todo –usó todas las palabras que conocía– entonces hubiera sido el momento de presentar lo de la película.

–Leo Norman Firestone presenta –dijo–. Contó la de la lima primero, pero tenía que haber empezado por «¿Saben cómo se evita que se te tire una tía judía? Casándote con ella». –Y, dirigiéndose a Cornell, añadió–. Te gusta, ¿eh? ¿Un poco de humor étnico? ¿Sabéis cómo sabemos que Adán era blanco? ¿Habéis probado alguna vez a quitarle una costilla a un negro? Hubiera dicho a un caballero de color, pero no funciona tan bien.– Y dirigiéndose a Kyle, prosiguió–: Deberías cambiarte el nombre. –Kyle y Stick se miraron–. Hernia. Hernia la cazapelotas. Te lo digo con cariño (te das cuenta, ¿no?), con profunda admiración. Hernia McLaren. Venga, a ver si me engañas, tío. Me llevaré tus huevos a casa en el bolso.– Ahora le tocaba a Stick–. Ya que hoy no es su día libre, Stickley, y me parece que tendría que estar trabajando, ¿podría pedirle que me hiciera un favor, si no es demasiado pedir?

–Eso depende de lo que sea –contestó Stick.

–Y habla en serio –dijo Barry–. Parece que sea broma, pero no lo es. Me parece que aquí el servicio se divierte más que... lo que sea yo, joder. A veces no estoy demasiado seguro.

–Usted es el amo, señor Stam –dijo Cornell–. El mandamás.

–Gracias –dijo Barry, y volvió a mirar a Stick–. Si tiene tiempo y no interfiere demasiado sus planes.

Incluso colocado, Stick se estaba cansando de sonreír.

–¿Le importaría llevar a Leo Norman Firestone y a su ayudante, la tabla de planchar, al aeropuerto, dentro de una hora o así?

Cuando Stick vaciló, Barry añadió:

–¿Qué pasa? ¿Tiene que pensárselo?

–Señor Stam, parece factible –dijo Stick mirándolo fijamente, muy serio–, pero en una mosquitera hay un kilómetro y medio de alambre.

Contempló cómo Barry asentía con la cabeza, pensativo. Era buena hierba.

Eddie Moke identificó el Cadillac negro, BS–2, que salía de Bal Harbour, reconoció a Stickley al volante –tenía la ventanilla bajada al pasar por la garita del guarda– pero no a los que iban en el asiento posterior. Moke siguió al coche negro todo el camino del aeropuerto internacional de Miami... maldita sea, donde tenía que poner los cinco sentidos para sortear el intenso tráfico; no podía permitir que se le escaparan. Estaba anocheciendo, lo cual era bueno, pero eso también hacía más difícil seguir al Cadillac.

En esta operación Moke actuaba por cuenta propia, no le hacían falta órdenes ni planes, aparte de su deseo de poner al señor Stickley contra la pared y convertirlo en un colador. Y esperaba encontrar ciento cinco dólares en la cartera de Stick. Cuarenta por el sombrero que había aplastado Stick con la camioneta, y sesenta y cinco por lo que había tenido que pagar para sacar el vehículo del depósito municipal. En una ocasión, Chucky le había preguntado si lo habían dejado actuar por su cuenta alguna vez en su vida.

Gilipollas. Alguna vez arreglaría cuentas con Chucky. Probablemente sería obedeciendo órdenes, pero disfrutaría haciéndolo. Aquello se había convertido en un asunto personal.

Esperaría a que Stickley se encontrara solo cuando regresara. Le obligaría a salirse de la carretera. O le cortaría el paso, lo apuntaría con la Mag niquelada y le haría saltar del asiento del Cadillac de un tiro. Si no se presentaba la ocasión, siempre podía entrar en el garaje donde vivía y hacerlo de noche.

Luego iría a casa de Néstor y se lo diría. «¿Necesitas alguna otra cosa?», le preguntaría. Néstor estaría colgado o no se lo creería, y Avilanosa y él se echarían a reír y empezarían a hablar en cubano, y entonces se sacaría del bolsillo las orejas del tipo, envueltas en un pañuelo, y las echaría encima de la mesa como si se tratara de un par de albaricoques secos.

–¿Me cree ahora, señor? –dijo Moke en voz alta, mirando a través del parabrisas el Cadillac estacionado con el maletero abierto, cinco coches más adelante y dos carri-

les a la derecha, ante el letrero de Eastern. Entonces bizqueó y dijo:

–¿Qué coño pasa?

El hombre se alejaba con la maleta, llamando con la
cabeza a un mozo, pero la joven delgaducha de la camiseta
roja volvía a entrar en el coche.

21

Durante el trayecto de regreso a Miami Beach, Jane se sentó delante con Stick. Éste condujo en silencio, permitiendo que la muchacha se calmara después del altercado que había protagonizado con Firestone durante todo el camino al aeropuerto. Él la acusaba de no haberlo preparado para la reunión; no le había avisado de que habría hispanos. La chica llegó a decirle que, si no hubiera abierto tanto la bocaza, no hubiera metido la pata de aquella manera tan ridícula. Stick apenas había apartado los ojos del espejo en todo el recorrido.

Todavía miraba por el retrovisor de vez en cuando. Iban por la 112 en dirección este, cuando Stick le dijo que él esperaría a que su jefe la despidiera.

–No se lo puede permitir –dijo ella.

¿Qué querría decir aquello? ¿Estaría enterada de algo? Ahora parecía tranquila.

–Esta tarde me ha dicho que era chófer, ¿se acuerda? Pensaba que se estaba haciendo el gracioso.

–A mí no me parece nada gracioso –replicó Stick.

–Alguna gente es lo que dice que es, pero son pocos. Sobre todo en la industria del cine. Lo que hacen es hablar por teléfono, asistir a reuniones y a proyecciones y criticar todo lo que ven. Hacen comentarios irónicos que se supone son inteligentes, pero demasiado alto para serlo. Porque... ¿sabe por qué? Pues porque no les gusta el cine. Si no estuvieran en esta industria, no irían nunca al cine, nunca. No son más que abogados y hombres de negocios... ¿Conoce a algún abogado que vaya al cine, sí, que vaya y saque una entrada para ver una película?

–Yo sólo conozco a dos abogados y no me sirvieron de mucho.

–Los abogados y los hombres de negocios hablan con los egomaníacos que dirigen las compañías propietarias de los principales estudios, y ninguno tiene ni zorra idea de cine ni le gusta éste lo más mínimo. Ahora, si quieres que te financien una película tienes que presentarles un argumento que suceda dentro de una máquina del millón, con muchas luces. Todo se reduce a efectos especiales. Si en el guión no hay efectos especiales por valor de diez millones de dólares, vas dado. ¿Ha visto *E.T.*?

–Todavía no.

–Mary Poppins electrónica. Bicicletas volantes y niños de clase media diciendo tacos graciosos. Para mí, está a la misma altura que el anuncio ese del queso Velveeta: todo el mundo trata de convencer a un niño de que le dé un poco de queso y él no les da nada.

–Esperaré a que la den en la televisión –dijo Stick. Volvió la vista hacia la chica, sentada junto a la ventanilla; tenía los hombros hundidos y parecía cansada–. ¿Es abogado, Firestone?

–Gana tres millones brutos al día. No, no es abogado. Ése es el problema de Leo, no tiene talento para nada. Hace unas películas malísimas. ¿Ha visto *El cowboy y el extraterrestre*?

–No... ¿Cómo es que trabaja para él?

–Por lo menos hace películas y pensaba que podría aprender algo, me movería en el ambiente. ¿Ha leído algo sobre John O'Hara?

–Es posible.

–Tiene un personaje, una actriz que se llama Doris Arlington. Trabaja mucho y al final tiene éxito; el estudio acaba proponiéndole un contrato que está a la altura de su talento. Doris firma, deja el bolígrafo y dice: «Ya está. No volveré a chupar una polla judía jamás». No es cuestión de prejuicios. Lo que quiere decir es que no volverá a inclinarse ante nadie que no comprenda su arte ni se emocione con él. Yo todavía tengo que inclinarme. Trabajo en películas que sé que son una mierda, porque por lo menos trabajo.

–Le gusta el cine.

–Me encanta. Quiero producir mis propias películas.

–Pero no *Shuck y Jive*.

–Por Dios...

–¿Y si se llamara *Jugada perfecta*? Los dos tipos son ahora traficantes. Se presentan en la aduana en pleno día y les sacan ciento cuarenta y siete millones de dólares en cocaína de primera clase.

–Con Elliot Gould y George Segal –dijo Jane–. Ya la he visto. Que sean veinte millones. Incluso con la inflación es mucho. –Hizo una pausa y dijo–: Considerando a algunos inversores, me parece que incluso Leo hubiera tenido más posibilidades de venderla.

–¿Ah sí?

–Ha metido la pata hasta el fondo.

–¿Cómo sabe que algunos de esos tipos se dedican a las drogas?

–¿Néstor Soto? Es como si llevara un letrero. Y el regordete, Chucky. Barry ha dado a entender que trafica.

–¿Le cae bien Barry?

–Conozco a un centenar como Barry. Todos cuentan los mismos chistes.

–¿Cree que trafica?

–¿Es eso lo que está intentando averiguar? Usted no es chófer, ¿verdad? –inquirió, volviéndose lo suficiente para mirar a Stick.

–En la vida real no –dijo Stick contemplando Miami Beach en la distancia, pálidas edificaciones ante un cielo cada vez más oscuro–. Firestone ha dicho el Eden Roc, ¿verdad? Nosotros, los de aquí, lo llamamos simplemente el Roc.

–¿A qué se dedicaba en la vida real?

–Es una pregunta difícil. Todavía no he decidido lo que quiero ser de mayor.

–¿Qué tal policía? –Parecía que estaba empeñada en algo y no pensaba abandonar.

–¿Por qué lo dice?

–Hace preguntas de policía. Las deja caer, sin prisa,

con paciencia. ¿De qué departamento es? ¿Estupa? Es igual, aunque lo fuera no me lo diría.

–Hasta ahora nadie me había acusado de eso –dijo Stick–. ¡Precisamente estupa!

–Cuando empecé trabajé para una empresa de contratación de actores. Cuando quiera, puede hacerse pasar por uno de la secreta.

Stick reflexionó durante un momento, contemplando de reojo la bahía, el mar que precedía al océano.

–Si parezco institucionalizado es porque acabo de terminar siete años por robo a mano armada. Si quiere referencias, llame a la policía de Detroit o al Departamento del Sheriff del Condado de Oakland. No es que esté orgulloso, pero es la realidad.

–¡Caramba! ¿De veras? ¿Y cómo es eso?

–No es como en las películas, desde luego.

–¿Lo violaron?

–No, tenía amigos en el patio.

–Cuénteme.

–Me da la sensación de que si yo fuera de narcóticos no demostraría tanto interés.

–Seguramente no –dijo Jane–. ¿Qué motivación tienen? No es más que un trabajo. Pero un ex presidiario por robo a mano armada conduciendo el Cadillac de un millonario que se cree un cómico de primera fila, no es moco de pavo; quiero decir si te lo encuentras frente a frente, no en una comedia.

–¿Cree que sería rentable?

–De momento, a mí me gusta.

–¿Le gustaría más si le dijera que nos están siguiendo?

Se volvió para mirar por encima del asiento.

–La furgoneta, el Chevy azul. No nos ha soltado desde que hemos salido del Bal Harbour.

–¿Quién es? ¿Lo conoce?

–Digamos que tengo una idea.

–Pero ¿por qué le sigue?

–Me parece que quiere matarme.

–Venga... ¿Por qué?

–Le aplasté el sombrero de cowboy. Mejor dicho, fueron dos sombreros.

La chica volvió a sentarse mirando hacia adelante. Ahora iban por Julia Tuttle Causeway.

—Pensaba que hablaba en serio.

—He descubierto que la vida real es más extraña que las películas, pero me gustan más las películas, son más seguras. ¿Conocía a Warren Oates?

—Sí, me lo presentaron una vez, en casa de Dan Tana. Yo estaba con un amigo suyo y cenamos juntos. ¿Por qué?

—Por curiosidad. ¿Era simpático?

—Sí, me cayó bien. No estaba mal.

—¿Cuánto tiempo piensa estar en el Roc?

—Supongo que unos días. Tengo que esperar hasta que Leo vuelva de Nueva York, pero voy a hacer unas llamadas a Los Ángeles y si encuentro algo, lo que sea, me voy, aunque sea en autostop. Hace más de un mes que no me paga, ese hijo de puta.

—¿Por qué tiene que esperarlo aquí?

—Porque alquiló una suite para usarla como oficina de producción; estaba seguro de que el negocio sería suyo. Sale más barato dejarme aquí que llevarme a Nueva York, mientras organiza otra reunión y dice mal todos los nombres.– Se mordió la uña del dedo gordo, no por miedo sino por impaciencia–. Mi problema es que tengo mucho amor propio pero un historial muy flojo. Cada vez que conozco a alguien como Kyle, muy profesional, una supermujer, me dan ganas de avanzar, de hacer cosas... Me ha encantado cómo ha tratado a Leo, cómo le ha hecho caer con las preguntas, a ese capullo; va y dice condescendientemente: «Me parece que lo ha entendido». Pero lo ha aplastado. Ha sido una maniobra estupenda, preciosa.

—Sabe lo que se hace –dijo Stick.

—Usted y ella tienen algo entre manos, ¿no? –le preguntó mirándolo fijamente.

Stick apartó los ojos de la carretera mientras el pavimento seguía avanzando hacia ellos.

—Ya le he dicho que no soy más que el chófer.

—Ya, pero he captado unas cuantas miraditas –dijo Jane–; por eso estaba segura de que es algo más que chófer. Entonces he pensado, caray, a lo mejor ella también es estupa. Oiga, por aquí hay unas relaciones tan raras que estoy dispuesta a creer cualquier cosa... Basta con ver al mayordomo, ¿cómo se llama?, Cornell y a la señora de la casa. ¿Está siempre atontada o qué?

–¿Ha visto algo raro?

–A lo mejor me equivoco, pero creo que se acuestan, pondría la mano en el fuego.

–Así es la vida real –dijo Stick.

–Sí, tiene razón.

Jane se volvió de nuevo al dejar la autopista y entrar por la avenida Collins.

–¡Ostras! Me parece que tiene razón. Nos está siguiendo.

Stick hizo girar bruscamente el volante para enfilar con el Cadillac la carretera circular que conducía a la entrada principal del Eden Roc. Mientras la chica abría la puerta, pulsó el botón del maletero. A continuación se metió la mano en el bolsillo del pantalón, antes de salir y dirigirse a la parte posterior del automóvil. Inmediatamente apareció un botones y cogió la maleta y la bolsa del portaequipajes. Stick lo cerró, se volvió y vio a Jane mirando hacia la calle.

–Ha aparcado ahí detrás. ¿Qué piensa hacer?

–Quizá pueda hacerme respetar –dijo Stick–. No se preocupe.

Jane le alargó la mano.

–Bueno, ha sido muy interesante. Buena suerte.

Stick le cogió la mano entre las suyas y observó cómo cambiaba de expresión y apretaba la mandíbula.

–¿Qué es esto?

–Lo que cuesta un billete de ida a Los Ángeles, o casi.

Jane miró los billetes de cien dólares doblados que tenía en la mano, tres.

–¿Por qué? –preguntó tensa, recelosa.

–¿Se acuerda de Chucky?

–¿Qué le pasa?

–¿El que le ha dicho que hiciera ejercicios pectorales?

–Sí, me acuerdo, el regordete.

–Supongamos que la llama...

–Tonterías. ¿Qué pretende? Pensaba que era buena persona.

–Escúcheme un momento, por favor. –Estaban allí de pie discutiendo, él con el traje negro y ella con la camiseta sin tirantes; los criados de librea los observaban–: ¿En qué suite está?

–¿Por qué?

–Venga, dígamelo.

–Ciento tres.

–Cuando llama alguien preguntando por el despacho de producción, ¿cómo contesta?

–Digo «diga». ¿Qué voy a decir?

–¿Y si durante un par de días dijera, al contestar... «Norman Enterprises» con voz alegre y optimista?

–¿Norman Enterprises?

–Sí, ¿no le gusta? «Buenos días, Norman Enterprises. No, lo siento, el señor Norman no está en este momento. ¿Quiere dejar algún recado?».

Jane sonrió. Parecía una niña pequeña.

–¡Ay, caramba! –dijo como una niña pequeña.

–Se lo agradecería mucho –declaró Stick.

Un taxista corpulento, de unos sesenta años, se acercó a la camioneta señalando el letrero en el que se leía «Sólo taxis» mientras sacudía la cabeza.

–Aquí no puede aparcar. En marcha.

A Moke no le pareció cubano, probablemente sería italiano, un tipo enteradillo que habría venido de la ciudad.

Moke se había atado un pañuelo azul a modo de cinta alrededor de la frente. Llevaba puesta la vieja chaqueta de cuero que le marcaba todas las curvas y arrugas del cuerpo; debajo no había nada más que sudor y la Smith & Wesson 44 Mag. El cañón de ocho pulgadas clavado en la ingle le dolía, pero también le producía placer. Moke bajó la ventanilla, percibió una vaharada de aire caliente y húmedo, y apoyó el codo en la abertura.

–Viejo, si no quiere desangrarse por las orejas, deje de incordiarme.

El viejo no se movió ni un centímetro pero tampoco abrió la boca. A Moke le hizo gracia que aquel abuelo chiflado lo mirara desafiante. Poco después se enderezó y puso una marcha, dispuesto a salir disparado... y al viejo más le valía apartarse.

Pero se llevó una sorpresa. El Cadillac había bajado hasta el cruce, se había detenido y esperaba que hubiera un hueco para incorporarse a Collins. Moke estaba seguro de que giraría a la derecha y se dirigiría a Bal Harbour, pero giró a la izquierda, pasó por delante de él en dirección sur y Moke tuvo que cambiar de sentido para seguirlo.

Stick no lo miró al pasar, al menos eso parecía, aunque resultaba difícil distinguirlo con aquellos cristales antideslumbramiento. Moke siguió al Cadillac hacia la autopista y se llevó una nueva sorpresa cuando giró a la izquierda por Alton Road, se detuvo en la zona del ceda el paso, cruzó el puentecito que atravesaba el canal y avanzó junto al campo de golf de Bay Shore. La frondosa vegetación ensombrecía el ambiente, pero el cielo todavía no había perdido por completo la luz del día. Cuando el Cadillac penetró por la entrada del club, Moke frenó en seco y se detuvo. ¿Para qué iba Stickley al club? Era un campo de golf público, lo dejarían pasar, pero era demasiado tarde para jugar al golf.

Moke dejó atrás la entrada, siempre vigilante, y vio que todavía había muchos coches en el aparcamiento. Una vez recorridos sesenta metros dio la vuelta, regresó por donde había venido y entró en el estacionamiento entre árboles y arbustos altos. Había coches aparcados aquí y allí. En la segunda fila estaba el Cadillac, de cara al edificio del club. No se veía un alma. Moke avanzó por la parte posterior del aparcamiento hasta situarse lentamente detrás del Cadillac, con la furgoneta en punto muerto. Frenó suavemente hasta detenerse una hilera más atrás.

Seguía sin haber nadie. Bajó la ventanilla. Sólo se oían los grillos. Podía quedarse horas y horas mirando el Cadillac de los malditos cristales oscuros sin saber si Stickley estaba dentro o no. Había tenido tiempo de salir y meterse en el edificio. Quizás estuviera tomándose unas copas. A lo mejor conocía a alguna camarera. O podía ser que estuviera en el coche, esperando a que saliera alguien, o que hubiera ido a recoger a una camarera cuando terminara de trabajar. Si estaba dentro del coche, allí sentado...

En el lado del conductor había un coche aparcado junto al Cadillac, pero al otro lado había un espacio vacío.

Moke levantó la manivela de la puerta, la empujó con el hombro y se bajó del asiento. Sacó la 44 Mag, que brillaba en la penumbra, sintiendo cómo se le aflojaban los pantalones. No le hacía falta comprobar si estaba cargada; lo único que tenía que hacer era quitar el seguro y estaría lista.

Se acercó de puntillas al lado del pasajero del Cadillac, concentrado en lo que hacía. Se aproximó a la portezuela derecha, llegó junto a ella y oprimió la cinta de la frente contra el cristal...

Vacío.

El hijo de puta debía de haber entrado en el club. No tenía elección. Se dirigió al edificio, miró por los alrededores y hacia las pistas; cada vez estaba más oscuro. Mierda. Regresó a la furgoneta, se sentó detrás del volante y dio un portazo. ¿Qué más daba? Hijo de puta. Se podía pasar todo el domingo allí sentado; pronto se le pegaría el culo al asiento. Se inclinó y dejó la Mag en el suelo, entre las botas, a mano.

Cuando volvió a incorporarse, la cuerda o lo que fuera le pasó por encima de la cabeza y se le ciñó al cuello. ¡Hostia! Sintió un tirón hacia atrás que lo aplastó contra el asiento y le hizo sentir náuseas. La cuerda o lo que fuera se le clavaba en la garganta, estaba recubierta de plástico. Cuando trató de liberarse lo agarraron por el cabello y tiraron hacia atrás. ¡Hostia! Abrió unos ojos como platos, como si quisiera abarcar con la mirada todo el techo de la camioneta.

La voz de Stick, próxima, justo detrás de él, dijo:

–¿Sabes que tienes un problema, chico? ¿Cómo me vas a dar la pistola sin estrangularte?

22

Barry lo mataría. El teléfono del coche todavía estaba conectado a un extremo del cable. Pero preferiría que fuera Barry el que lo amenazara, y no Moke.

Con una mano agarraba una viscosa mata de pelo y con la otra tiraba del cable, lo mantenía tenso. Stick no deseaba soltarlo, pero iba a tener que aflojar un poco.

—¿Crees que puedes hacerlo? —le preguntó.

Moke, entre náuseas y casi sin aliento, consiguió decir:

—No puedo respirar.

—Te creo. Quiero que alargues el brazo y cojas esa pieza por el cañón. Venga, prueba. —Se puso de rodillas y alargó los brazos para seguir a Moke, vio el revólver y la empuñadura de nácar. Stick soltó el cable, cogió la Mag en la mano derecha y se sintió muchísimo mejor. Apretó la punta del cañón contra la nuca de Moke—. Ahora la otra.

—No tengo ninguna otra.

Stick tiró del grasiento cabello de Moke con fuerza y éste gritó. Se levantó para ver el rostro de Moke vuelto hacia arriba, los ojos muy abiertos, casi en blanco, igual que la boca.

—Vas a estar calvo o muerto, una de las dos cosas. Quiero la pieza que tenías el domingo.

—Está debajo del asiento.

—Pues sácala igual que la otra.

Moke encontró la High Standard y se la entregó.

Stick le soltó el pelo para cogerla. Sopesó los dos revólveres; pesaban igual.

–Unos cuatro kilos de metal. Te montas todo un espectáculo, ¿no?

–¿Me vas a matar?

–Podría. Eso te ahorraría unos años de cárcel.

–¿Pues a qué esperas?

Stick estuvo a punto de pegarle con la pistola, mirando fijamente la cinta de la cabeza, donde apoyaba el cañón. A través del cráneo de Moke. Dejó la High Standard a un lado, volvió a agarrar a Moke por el pelo y éste soltó un alarido mientras él tiraba hacia atrás con todas sus fuerzas.

–¿Tan idiota eres, coño? ¿Qué te pasa? –preguntó con la mirada clavada en el rostro de Moke, en aquellos ojos redondos y opacos que no sabían nada de él–. ¿Crees que no soy capaz? ¿Que no tengo la sangre fría necesaria? No sería la primera vez.

Notó que temblaba. Tenía que relajarse, que sentarse más cómodamente. Hubo de hacer un esfuerzo para abrir el puño y soltar el cabello de Moke. Varias mechas quedaron entre sus dedos.

–¡Ayyy! –gimió Moke, y se enderezó lentamente; luego se volvió para mirar a Stick.

–Vamos a entrar en el Cadillac –dijo Stick–, y vas a conducir tú. Me vas a llevar a ver a Néstor.

–¡Hostia! –exclamó Moke.

–Pero sin abrir la boca. Tengo miedo de que se me dispare esto y no quiero que tengamos ningún accidente.

Néstor soñaba con un jaguar que andaba por la desierta calle principal de Filadelfia, el pueblo donde había nacido, en la región de Chaco, Paraguay. La calle estaba desierta debido al jaguar; la gente contemplaba la bestia salvaje desde las ventanas y las puertas entreabiertas. Aquel jaguar era muy parecido al que había matado varias vacas, un par de cabras y un caballo viejo, pero nadie trató de acabar con la vida del jaguar porque estaban maravillados de verlo en la calle, en la civilización. Dejó atrás un camión, resollando; se volvió a mirar a un perro que ladraba en un porche; recorrió la polvorienta calle en toda su longitud, de un extremo a otro, sin dejar de resollar. Néstor era pequeño el día que el jaguar llegó al pueblo. Se encontraba allí pero ahora no estaba seguro de si sus sueños se basaban en lo que había visto o en lo que le habían contado muchas veces y él se había imaginado. Era invierno, la época seca, y decían que el jaguar tenía sed. Se maravillaban al verlo y levantaban a los niños para que lo miraran. Entonces, los hombres del pueblo, no los menonitas que cultivaban aquellas tierras, sino los hombres de allí, que hablaban guaraní más a menudo que español, siguieron al felino por el árido desierto y el segundo día le dispararon veinte veces con sus escopetas y luego sortearon el pellejo.

A veces Néstor soñaba con otros lugares. Soñaba con Barranquilla, Colombia, con la suciedad de los callejones y el olor a pescado. Soñaba con Cuba, con el humo negro que ascendía hasta el cielo, con campos ardiendo, con los hombres que se dirigían a batallar con la caña. Recordaba los incendios con claridad y también soñaba con ellos.

Sin embargo, con lo que soñaba más a menudo era con el jaguar del Chaco, lugar que no recordaba más allá de unas pocas imágenes borrosas y algún olor. Así pues, si el jaguar le había venido a la cabeza sin que él lo buscara, debía de ser señal de algo.

¿Sí?

Se lo contó todo a Stick en el patio trasero de su casa de South Miami, con los grandes revólveres encima de la mesa de piedra que los separaba; la hierba iluminada como un campo de polo, por razones de seguridad; el altar de la santería junto al muro de cemento, en un rincón, una pira en honor de dioses africanos que parecía una barbacoa. Moke se había ido. Lo habían mandado a casa. Avilanosa les sirvió unas cervezas y desapareció sin decir palabra. Néstor le ofreció cocaína. Stick la declinó negando con la cabeza.

—Ojalá yo soñara cosas así. Siempre me veo cayendo por unas escaleras estrechas y empinadas.

—¿Qué quiere decir?

—Quiere decir que no llego deprisa a ningún lugar.

243

–Ah, al final de las escaleras hay peligro, ¿eh? Lo que quiere decir es que no debes subir.

–No quieras ir más allá de tus posibilidades –dijo Stick pensativo–. No muerdas más de lo que puedes masticar.

–Sí, eso mismo.

–En otros sueños me veo en una calle con mucha gente, o en una iglesia.

–¿Sí?

–Y voy desnudo.

–Eso quiere decir que no tiene nada que esconder –dijo Néstor–. Es bueno que me lo cuente. Es lo mismo que el sueño del jaguar. Me doy cuenta de que no he de preocuparme por ti. Has venido aquí... Te veo, y no es cosa corriente. ¿Cuántos hombres hubieran venido?

–Pero... –Stick no sabía cómo decirlo– los hombres del pueblo mataron al jaguar.

–Sí, porque volvía a ser enemigo. La señal había terminado, la señal que se coge y se... ¿Cómo se dice? Se aplica.

–¿Se aplica?

–Sí, se aplica a otras cosas de la vida. Yo la aplico a ti. Creo que ya no tengo que preocuparme; me dices que no vas a la policía. Muy bien, esta tarde he dormido y he tenido el sueño y más tarde has venido. Para mí está muy claro. ¿Te das cuenta?

–Pero si no hubiera tenido el sueño...

–No sé. Coño, ya estoy cansado de pensar. Los sueños hacen las cosas mucho más fáciles.

–¿Mató a René por un sueño? –preguntó rápidamente para acabar cuanto antes. Luego se dio cuenta de que no había problema.

–Lo estaba esperando –dijo Néstor sonriente–. No, me lo dictó mi inteligencia. Fue una lástima. Yo conocía a René, pero era el que había mandado Chucky, así que si quería seguir en el negocio... Que no me timaran, ni me pelaran...

–A mí sí que me gustaría pelar a alguien –dijo Stick.

Néstor volvió a sonreír.

–El jaguar vino en busca de agua. Ahora sepamos a qué has venido tú.

–A pedir permiso.

–¿Cómo has aprendido a hacerlo?

–Estuve en la cárcel. O simplemente lo sé, no estoy seguro.

–Quieres el dinero que te prometió Chucky. Cinco mil, ¿eh?

–Quizás más.

–¿Por qué no? Si puedes.

–Pero si usted dice que no, entonces no. No vale la pena.

–Es asunto tuyo y de Chucky –dijo Néstor–. Sólo diría que no si pensaras entregarlo, porque si encerraran a Chucky en un cuarto cantaría. Está como una cabra, ya lo sabes. Si lo entregaras, yo tendría que irme a Colombia un año o dos y no me apetece. Me gusta estar aquí, me gusta este país, es un buen sitio para vivir.

–Se gana mucho dinero.

–Sí, todo lo que se quiere.

–¿Hace la declaración de renta?

–Sí, pero es difícil. No llevo muy buena cuenta de lo que gano.

–Ya. ¿Es peligroso Chucky?

–Ya lo creo. Sus hombres no. Son como camareros. Tiene miedo de tener gente fuerte, lo echarían. Se darían cuenta de que no lo necesitaban y le quitarían el negocio. Pero Chucky sí lo es. No le des nunca la espalda.

–Eso pensaba.

–Bueno, si ya lo sabías... Pero no está sentado esperando a que lo pelen. Has de saber que le gustaría verte muerto.

–¿Ha sido él quien ha mandado a Moke?

–No, a Moke no lo ha mandado nadie. Le gusta cargarse a gente. Quiere que todo el mundo piense que es muy duro. Claro, y por eso Chucky intentó comprarlo. Y Moke, que es un imbécil, como viene del campo... se vende por un sombrero de cowboy. Pero no tiene suficiente honor para seguir comprado. ¿Entiendes?

–Pero usted sigue con él.

–Claro –dijo Néstor sonriendo–. ¿Quién sabe cuándo tendré que mandar una maleta con la paga de alguien? –Cabeceó. Estaba cómodo, sentado en la butaca de caña y respaldo alto, con los brazos colgando y el diamante despidiendo fríos destellos de luz–. Mira lo que te digo, en este negocio es muy difícil encontrar gente de honor. O gente que tenga costumbre de ser generoso. Chucky dice que eres... emprendedor. Vendes información de bolsa. Has de ser inteligente para hacerlo.

–No es más que lo que oigo.

–¿Sí? ¿Y ahora hay algo bueno?

–Vamos a ver –dijo Stick–. ¿Conoce Chi–Chi's, la cadena de comida rápida? Está a dieciocho veinticinco. Han dicho que subirá a treinta. Wendy's también tiene buenas perspectivas.

Néstor sacó un bolígrafo del bolsillo de la camisa y cogió un sobre del correo que había sobre la mesa, junto a las dos pistolas.

–¿Y McDonald's? ¿Qué tal?

–Creo que está a unos setenta y cinco –dijo Stick.

–Sí, a setenta y cinco y cinco octavos esta mañana.

–Ya, pues tengo entendido que pronto pasará de los cien.

–No lo creo.

–Yo tengo mil dólares, o más bien los tendré –dijo Stick–; me los juego a que en enero habrá subido a cien o más.

Vio que Néstor se lo apuntaba en el sobre.

23

Stick escribió en una libreta: *Aunque Buck y Charlie son unos famosos y experimentados ~~vendedores~~ traficantes, ~~pasan~~ se les considera agentes del gobierno a causa de toda la confusión que hay entre los diferentes departamentos estatales y nacionales que se obstaculizan unos a otros, o no se dicen lo que hacen para terminar con ~~la venta~~ el tráfico de sustancias controladas y capturar a los sospechosos...*

¡Caray!

Qué difícil era.

¿Por qué no podía decir simplemente: *Como no hay ni un federal que tenga ni puta idea de lo que hace, creen que Buck y Charlie son...*

Entonces salió Cornell de su dormitorio con ojos soñolientos.

–¿Qué haces? ¿Escribirle a tu mamá?

–Sí, quiero que sepa que estoy bien.

Cornell se puso a rascarse perezosamente, hasta el bulto de su diminuto eslip.

–No te he oído llegar.

–Me paré al regresar; supuse que no me buscaría nadie.

–Hoy van a salir en el barco. Tienes que ir a buscarlos a Lauderdale. Creo que ha dicho a las cinco.

–¿Qué traje tengo que llevar?

–No me lo dijo. ¿Por qué no lo sorprendes? Ponte el traje marrón con el coche negro, a ver si le da un patatús.

Stick se acordó del teléfono del Cadillac, del cable

que había arrancado. Se imaginaba a Barry cogiéndolo con cara de incredulidad.

–O el traje gris con el coche marrón.

–Lo que te dicte la imaginación –dijo Cornell–. Esta mañana han llamado las criadas, ¿lo has oído?

–No.

–Me llaman a mí para decirme que le diga a la señora que hoy no las puede traer nadie. Que el coche no se pone en marcha, como si lo supieran con antelación. Lunes, la cocinera tiene fiesta... Va a ser un día tranquilo. ¿Tienes planes? Seguramente podrías irte a algún sitio, si quieres.

–¿Te quieres librar de mí?

–Oye, no seas tonto y aprovecha.

No sonaba mal. Stick escribió dos páginas enteras mientras Cornell se preparaba el café y desayunaba. Cuando éste entró en el cuarto de baño, Stick descolgó el teléfono y marcó.

–¿Mary Lou? Hola, soy yo... Oye, quiero hablar con Katy... ¿Estás segura?... Sólo lo pregunto porque la última vez pensabas que estaba durmiendo y ni siquiera estaba en casa. –Sostuvo el auricular con el brazo extendido, mientras Mary Lou despotricaba y sólo captó alguna palabra como «te crees muy listo» y cosas por el estilo. Volvió a acercarse el teléfono al oído y dijo–: ¿Mary Lou? Voy a hablar con Katy aunque tenga que ir a buscar un mandamiento judicial, esté durmiendo o no. –Mary Lou le colgó. Stick volvió a marcar y dijo–: Me parece que se ha cortado.

–Sí, creo que sí –contestó Mary Lou, y volvió a colgar.

Jesús, qué simpática. Y era la madre de su única hija. Ya tenía cuarenta y dos años y no era muy probable que tuviera ningún otro hijo, a no ser que... Volvió a marcar.

–Mary Lou, ¿puedo pedirte un favor especial?

–Nadie –oyó que decía tapando el teléfono, y luego oyó la voz de su hija a lo lejos.

–¡Katy! –gritó y oyó que ella decía:

–Quiero hablar con él. –Al poco rato oyó que se dirigía a él por el teléfono–. Hola. ¿Qué estás haciendo?

Como si de verdad le interesara saberlo.

–Nada –contestó Stick sonriendo–. ¿Y tú que estás haciendo?

–Nada.

–¿Quieres hacer algo?

–Bueno.

–¿Quieres escribirme una cosa a máquina? Tardarás aproximadamente una hora.

–Bueno, pero no tengo máquina de escribir.

–Nena, eso es lo de menos.

Kyle estaba desayunando en el patio con Barry.

Stick los observó desde la sombra de las acacias, junto al garaje. Le hubiera gustado no tener que enfrentarse a Barry aquella mañana, pero quería ver a Kyle. La echaba de menos. Cuando no estaba con ella se imaginaba que había cambiado de opinión sobre él, que habían desaparecido los buenos sentimientos que reflejaban sus ojos. La seguridad que experimentaba cuando estaba con ella se esfumaba. ¿Era aquello una señal? Todavía no había soñado con ella, pero tal vez se encontraba en la cumbre de las escaleras por donde se caía él.

Se lo preguntaría a Néstor.

El *Seaweed* llegó rugiendo procedente de la bahía, sobrio, de un blanco inmaculado, lanzando destellos desde los cristales y las piezas metálicas. Barry se dirigió al muelle con los periódicos.

Kyle se quedó mirando hacia la casa, hacia el garaje. Stick recuperó la confianza como si nunca hubiera abrigado duda alguna.

Echó a andar por el césped y ella salió a su encuentro. Se acercó tanto que Stick la abrazó y al cabo de un momento se olvidó de todo. No importaba que los vieran, tenían que tocarse, que renovar la familiar sensación.

–Ya lo he solucionado –dijo él.

–¿Cómo?

–He visto a Néstor y hemos charlado tranquilamente.

–¿Así de sencillo? –dijo Kyle–. Tal como lo dices, parece que sea la cosa más fácil del mundo.

Parecía aliviada, aunque un poco recelosa. No acababa de entender lo que hacía, se sentía excluida.

–¿Cuando lo viste? ¿Anoche?

–Pensé que cuanto antes mejor. Fui a verlo a su casa... Da un poco de miedo, pero se puede hablar con él.

–¿Ernest? –dijo, mirándolo con aquellos ojos–. ¿Estás jugando conmigo?

–Soy incapaz. Están pasando unas cosas muy raras, pero me parece que no hay peligro.

–Yo me vuelvo a casa el miércoles o el jueves. Luego pasaré unos días en Boston.

–¿Cómo lo arreglaremos? –preguntó Stick.

–¿Cuando ya no resulte cómodo? No lo sé, lo dejo a tu elección.

–¿Emma? –dijo Stick.

–¿Qué? –respondió ella al cabo de un momento.

–Si gano mucho dinero, ¿me dirás qué debo hacer con mi fortuna?

–Cuando quieras, pero me parece que no me necesitas. –Casi sonreía. Y añadió–: Te echo de menos, Ernest, y no sé qué hacer.

–Ya se nos ocurrirá algo.

Estaba de pie junto a Cornell despidiendo con la mano al *Seaweed*.

–Es costumbre –dijo el mayordomo–. Mueve la mano un poco más. Como si el jefe fuera a cazar ballenas y no volviera hasta Navidad. Adiós. Que se diviertan. No se preocupen por los que nos quedamos.

Cornell estaba mirando la televisión cuando Stick salió de su cuarto vestido para salir, con la chaqueta marrón, los pantalones grises, una camisa azul claro y una corbata negra. Cornell lo miró y parpadeó.

–Al amo le va a dar un patatús. ¿Qué coche piensas coger?

–Todavía no lo he pensado.

–Llévate el Mercedes verde. La señora no irá a ningún sitio. Sí, vaya susto le vas a dar. ¿Adónde vas?

–Primero al banco. Quiero abrir una cuenta. Creo que al Florida First National.

–Sí, ése está bien.

–Luego iré a Pompano, a ver a mi niña.
–Estupendo. Que te diviertas.

Stick se sentía como si estuviera en un escaparate. La gente que pasaba por la calle Treinta y seis lo miraba mientras rellenaba los impresos.

–Con esto ya está –dijo el subdirector–. Ahora le doy el resguardo.

Contó los cuatro billetes de cincuenta y los tres de cien nuevamente, como si quisiera asegurarse de que no se había deslizado uno en el bolsillo, pensó Stick.

–¿Qué tipo de empresa es, señor Norman?

–Stickley –dijo Stick.

–Sí, perdón, señor Stickley –rectificó el subdirector mirando los impresos–. La empresa es Norman Enterprises. ¿Me permite preguntarle a qué se dedican? –insistió, inclinándose sobre la mesa.

–No, me parece que prefiero que no me lo pregunte –replicó Stick.

El subdirector sonrió educadamente y no dijo nada más. Stick le dio las gracias y se marchó con el resguardo.

A continuación, una cabina.

Hasta ese momento no se le ocurrió que era probable que el número de teléfono de Chucky viniera en la guía. Antes de salir del banco lo comprobó y no estaba. Llamó a información y le dijeron que no constaba. Iba a tener que regresar a casa de los Stam para buscarlo por el despacho de Barry. «Fíjate, una cosa tan sencilla como ésta. Voy a tener que acostumbrarme a anotar las cosas que tengo que hacer –se dijo, pero luego rectificó–. ¿Cómo que acostumbrarme? ¿No es esto una cosa que no se va a repetir?»

Stick dejó el Cadillac en la zona sombría de la explanada. Tenía la sensación de que era un ladrón que entraba en la casa; no se oía nada. Parecía vacía, y tal vez lo estuviera, aunque no había visto a nadie fuera, como esperaba. Diane no tomaba nunca el sol y a Cornell no le serviría de mucho, aunque a lo mejor le había subido el color en Butler, cortando maleza. Moreno de peón caminero. Y mira dónde estaban ahora, un par de ex presidiarios paseándose por un lugar donde ningún boquí pondría nunca el pie, ningún vigilante, ni ninguno de ésos del lado de los buenos.

Entró en el despacho negro de Barry, casi todo negro menos unos toques de rojo y dorado; el Barry ampliado en blanco y negro lo miraba desde la pared, con los inocentes ojos bien abiertos. «¿Quién, yo?»

«Sí, tú, farolero.»

Pero en el fondo era buena persona, si había que trabajar para alguien y no se quería que fuera un jefe que se las diera de jefe.

La agenda de tafilete rojo de Barry estaba encima de la mesa negra. Chucky no aparecía entre las ges. No, estaba entre las ces. Chucky Gorman de la calle Sunrise, Fort Lauderdale. ¿Por qué no llamar desde allí mismo?

Marcó.

Contestó Lionel. Le dijo que esperara un momento. Cuando le llegó la voz de Chucky le sonó extraña, clara pero distante, débil.

–¿Me conoces? –dijo Stick.

–¿Quieres tasarme los muebles o los cuadros?

–Quiero hablar contigo.

–¿Ah sí?

–Quiero decir en privado. Aquí no puedo hablar.

–¿Quieres venir a casa?

–Preferiría otro lugar.

–No encontrarás otro más privado. Esto es lo que se dice privado, tío.

–Está demasiado alto.

–¿De qué quieres hablar? Si es de los cinco mil, yo tampoco vendría.

–No, lo comprendo, pero pensaba que valía la pena intentarlo.

–Intentarlo, nada más. Venga, dime de qué quieres hablar, ¿temes que si no me gusta te arroje desde el balcón?

–Lo único que puedo decir por teléfono es que si te gusta bien, y si no te gusta también. Nadie pierde nada. Pero podría interesarte. Cuando me enteré casualmente, pensé que te lo pasaría. Si te gusta, así sabrás que no te guardo ningún rencor.

252

–¿Y crees que eso me importa?

–Ya me entiendes. No puedo explicarlo, tengo que enseñártelo.

–¿Tratas de venderme información de bolsa?

–No, no es eso, pero –bajó la voz– es de la misma fuente, ya me entiendes.

–¿Algo de Barry?

–Exacto.

–¿Dónde quieres que nos encontremos? ¿Enfrente?

–Bueno. ¿Te parece bien a las tres? Por allí dentro.

–Lo pensaré.

–No le pido otra cosa, señor Gorman –dijo Stick y posiblemente era lo que más le había costado decir en su vida.

No le gustaba mentir.

Una máquina de escribir.

Allí mismo había una. Una Olivetti eléctrica portátil monísima. No le supo mal no encontrar la funda. Salió al pasillo con la máquina de escribir en los brazos y se detuvo.

Lo que veía no eran imaginaciones. Cornell llevaba una bandeja de plata sobre la cual había una botella de plata, de largo cuello curvado, y dos tazones de plata. Había salido al pasillo procedente de la cocina y enfiló un corredor lateral que había a unos seis metros de Stick –sin verlo– para dirigirse hacia el ala de los dormitorios.

Lo más sorprendente era que Cornell llevaba una cinta dorada en torno a su cabello rizado y nada más. Iba desnudo y se advertía una pronunciada diferencia de color entre la espalda y las nalgas, ocre oscuro y caramelo.

Stick lo siguió –le resultó imposible contenerse– con la máquina de escribir, hasta el dormitorio de Diane. Entró con precaución en el cuarto para poder ver el atrio, el jardincillo que separaba los dormitorios de los señores Stam.

Stick permaneció en el interior de la habitación, junto a las cortinas doradas corridas y presenció cómo Cornell se postraba apoyado en una sola rodilla, la cabeza gacha, para ofrecer el servicio de vino a Diane, que estaba sentada en algo que Stick no alcanzaba a ver, oculto por los dobleces del transparente negligée blanco, bajo el cual se adivinaba su cuerpo desnudo.

—Levántate, esclavo —dijo Diane—. Y, mientras me ofreces la copa, dime cómo me vas a deleitar con ritos de placer bárbaro.

Cornell se levantó y depositó la bandeja en un pedestal que había junto a Diane. Sirvió el champán en las tazas, hizo una reverencia para entregarle una a su señora y dijo:

—Sí, mi reina. Lo que voy a ejecutar en uno de vuestros reales costados y en el otro, se llama, en la tierra oscura y salvaje de donde vengo, el Antojo Caprichoso.

—Que den comienzo los ritos —dijo Diane.

Cornell se volvió y entró en el dormitorio. Pasó junto a Stick camino del equipo de música, metió una cinta y lo puso en marcha. Mientras empezaba a sonar la Dazz Band y se adentraba en *Let it whip*, subió el volumen, dio media vuelta para regresar al atrio y se detuvo en seco. Se encontró frente a frente con Stick y la máquina de escribir.

—Traes un presente, ¿eh? ¿Quieres ser un violador bárbaro, o un esclavo portador de placer?

—Tengo que irme —dijo Stick.

—Muy bien. La próxima vez será.

24

STICK llegó a Wolfgang's a las tres y diez y entró en la penumbra y el ambiente impregnado de olor a cerveza con un sobre de papel grueso debajo del brazo. Vio a Chucky y Lionel inmediatamente, sentados en una mesa de la parte posterior hablando con el dueño del local; sin embargo, se dirigió a la barra y esperó a que Bobbi se fijara en él. Muy bien... esa sonrisa era lo que estaba esperando. Aquella chica siempre le hacía sentirse eufórico.

–¡Hola! ¿Qué tal?

–No del todo mal.

–¿A qué te dedicas ahora? –preguntó Bobbi señalando el traje con la barbilla–. ¿Aún trabajas para Barry?

–Sí, al menos por un tiempo.

–¿Cómo está tu hija?

–Me alegro de que me lo preguntes. Tendrías que verla escribir a máquina. –Levantó el gran sobre y lo colocó sobre el mostrador–. Catorce años, y ya podría trabajar en un despacho. Hoy me ha escrito unas diez páginas, sin fallos. Yo quería pagarle –parecía a la vez orgulloso y sorprendido–, pero no lo ha querido aceptar.

–Claro, eres su padre.

–Pero la he obligado, puesto que le debo siete años.

–No abras la boca Stickley –dijo Bobbi–, que se te cae la baba.

Mientras Bobbi le servía el bourbon, Lionel se acercó. Hubiera querido tomarse un par antes, pero Lionel dijo:

–¿Qué haces? Chucky te está esperando.

Stick se volvió en el taburete con expresión de sorpresa.

–¿Sí? ¿Dónde?

Chucky llevaba un gorro de pescador terminado en un largo pico. Era de algodón de color crudo y llevaba una visera de plástico oscuro que podía bajarse para convertir el día en un gris atardecer. No le dolía nada ni estaba nervioso –el producto salía bien, ya le quedaba menos de la mitad del cargamento que le había entregado Néstor– y consideraba que en aquel momento su vida no corría excesivo peligro. Si tuviera que decir lo que sentía en ese instante, mirando cómo se le acercaba Ernest Stickley desde la barra con un traje deportivo beige y gris, diría que curiosidad, con una pequeña dosis de recelo para no bajar la guardia. Aquélla era una de las consecuencias de vivir en lo que Chucky consideraba la capital del mundo de las estafas. Te hacía mirar la vida de reojo.

–Perdona que llegue tarde –dijo Stick sujetando el sobre contra el pecho y el vaso en la otra mano.

En tanto se sentaba, recorrió la sala con la vista. Chucky se dio cuenta y dijo:

–No hay nadie más que unos cuantos borrachos, unos turistas y un oportunista. –Sin dejar de observar a Stick, añadió para ponerlo a prueba–: Esta mañana he llamado a Barry.

–¡Hostia! –exclamó Stick, como si ya se hubiera fastidiado todo.

–Pero no estaba –añadió Chucky, sonriendo.

Vio que Stick estaba nervioso, que se inclinaba sobre la mesa, muy diferente de la primera vez que lo había visto.

–Coño –dijo Stick–, pensaba que lo habías entendido. Si el señor Stam se entera, me despide.

–Pues venga, a verlo. ¿Qué es?

Stick tenía el sobre frente a él, sobre la mesa. Le puso la mano encima al ver que Chucky alargaba el brazo.

–Me parece que más vale que lo leas en otro lugar.

–El lugar lo has elegido tú.

–Bueno, mira sólo la primera parte, ¿entendido? –Sacó el folleto del sobre y se lo entregó a Chucky.

El tacto le resultaba conocido, lo mismo que el texto, al menos la mayor parte.

–¿Me estás tomando el pelo? –dijo Chucky–. Esto es lo mismo de ayer.

–Míralo bien –dijo Stick negando con la cabeza–. Norman Enterprises...

–¿Y qué?

–¿Y has visto el título? *Jugada perfecta*. Pasa otra página. No, una más. ¿Ves cómo funciona? Treinta y cinco socios comanditarios que invierten setenta y dos quinientos cada uno.

–¿Y?

–Es casi lo mismo, pero es distinto. Lo hicieron ayer, Barry y Leo Firestone; han estado ocupados con esto hasta la madrugada. El argumento es diferente. Va de dos traficantes que se llaman Charlie y Buck...

–¿No querrás decir que...?

–Hacen el mayor negocio que se ha hecho en Miami en todos los tiempos. Les roban a los federales cuarenta millones de dólares en cocaína pura que les habían confiscado a unos colombianos. Después de mucha acción, sexo y palabrotas –estará clasificada S– organizan una fiesta para celebrar que se retiran e invitan a todos los de la Brigada de Narcóticos. Es una comedia, pero basada en la vida real.

–¿Charlie y Buck?

–Sí, unos tipos listos, ingeniosos. Barry quiere que haya mucho sexo.

–¿Sí?

–Han escrito el argumento muy deprisa. Leo no sabe hablar pero tiene imaginación. A mí me parece bastante bueno.

Chucky pasó las páginas.

–¿Y dices que la propuesta es distinta?

–Han quitado lo del fraude fiscal. Ahora es una cosa legal, como cualquier otra. Si pones setenta y dos mil quinientos, todos los inversores juntos son dueños de la mitad de la película. No del veinte por ciento como antes, de la mitad. Está todo ahí. El dinero se deposita en el Florida First National y si la película no llega a hacerse, te lo devuelven todo con intereses.

–¿Y cuándo va a explicar Leo todo este rollo? –Vio que Stick volvía a mirar a su alrededor.

–¿Por qué crees que lo he sacado a escondidas? ¿Para qué te lo iba a enseñar, si fueras a verlo de todas formas?

–Eso te iba a preguntar yo.

–No piensa enseñarlo, tiene miedo.

–¿Quién?

–Leo Firestone. ¿No estamos hablando de él? Cuando se enteró ayer de quiénes eran algunos de los amigos de Barry, le entró diarrea. No quiere tener nada que ver con ningún traficante ni con nadie que no pueda darle un cheque de caja para hacer la inversión sin mover un kilo de nieve. Por poco se muere del susto al darse cuenta de lo cerca que estaba, hablando mal de los hispanos y de la escoria... Ya lo oíste.

–No parecía demasiado espabilado.

–Ya; sin embargo, sus películas serán una mierda, pero rentables. En todo el mundo. Por eso Barry tiene tantas ganas de colaborar con él. Te diviertes un rato y luego los beneficios siguen llegando años y años. Tal como lo ve Barry, no hay ningún riesgo.

–¿No?

–Supongo que a veces se equivocará, pero no sé... Así que Barry ha tenido que prometerle a Leo que bueno, que excluiría al grupo de ayer. Quizá incluiría a un par de peces gordos que conoce y nada más. Por eso usan el nombre de otra de las empresas de Leo, por si alguien se entera. Si sale en el periódico, nadie se dará cuenta de que es una modificación de la otra propuesta.

–El cabrón de Barry... –dijo Chucky.

–No puede evitarlo. Leo vino para hacerle un favor a Barry. Él quería juntar el dinero en Nueva York.

–¿Leo?

–Sí. Y eso es lo que ha ido a hacer ahora. Le dijo a Barry, yo lo oí, que hablara en seguida con los dos o tres inversores porque él iba a solucionarlo todo cuanto antes.

–¿Cuándo?

–Por lo que yo deduzco, tendrías que meterte ahora mismo. Pero eso no es más que por lo que he oído. Ahí no dice nada de limitaciones de tiempo.

Chucky hojeó el folleto.

–Parece exactamente el mismo, en su mayor parte.

–Sí, toda la parte legal y técnica. Lo que ha cambiado son el argumento y la cifra de inversión. Barry dice que todo lo demás es relleno.

–Solicitud de subscripción –leyó Chucky–. Esto también es distinto. –Se bajó todavía más la gorra sobre los ojos y vio a Stick a través de una neblina grisácea; la mayoría de las mesas que había detrás de éste estaban vacías, tampoco había muchos clientes en la barra, y todavía estaban sobrios, callados. Era un ambiente propicio para razonar, para identificar notas en falso y maniobras astutas–. ¿Qué más?

–¿Cómo que qué más? Léelo, a ver si te interesa participar.

–Pero acabas de decir que él no quiere que participe. Ese capullo intenta meternos en un asunto fraudulento, pero luego no quiere asociarse con ciertas personas.

–Creo que si le pones el dinero delante –dijo Stick– no dirá que no. Cuando vea que no le va a crear problemas, a lo mejor...

–Pero no lo acepta en efectivo. ¿No es eso lo que me acabas de decir?

–Extiéndele un cheque.

–Nunca hago ningún cheque por una cantidad tan alta. Setenta mil.

–Setenta y dos mil quinientos.

–Nunca pongas en el banco más de nueve mil y algo de cambio, quiero decir en efectivo, y así nunca sabrán cuánto tienes.

–No era más que una idea –dijo Stick, y al cabo de un momento, añadió–: Espera. Firestone está en Nueva York. Lo he llevado al aeropuerto esta mañana, pero tienen un despacho en el Eden Roc y estoy bastante seguro de que la chica está allí. ¿Te acuerdas de la chica?

–¿La flacucha?

–Llévale el dinero y a ver lo que dice. La dirección y el

número de teléfono están ahí dentro. Creo que en la segunda página. Suite ciento cinco, o algo parecido. Allí es donde hay que mandar la solicitud de subscripción, Norman Enterprises, Departamento de Producción.

Chucky continuó hojeando el folleto unos instantes antes de levantarse y rodear la mesa.

—¿Adónde vas?

Chucky finalizó el recorrido, que satisfizo su necesidad de actividad, de movimiento, mientras su cabeza seguía funcionando. Volvió a sentarse y dijo:

—Aquí hay algo que me huele mal. No había oído nunca que se recogiera dinero a escondidas o se excluyera a cierta gente.

—Si hay más gente que desee participar que participaciones que vender... —comenzó a decir Stick.

—¿Y Kyle? ¿Está al corriente de esto? —le interrumpió Chucky.

—No recuerdo que dijera gran cosa.

—¿Esos dos proyectan un negocio y ella no abre la boca? ¿Después de dejar a Leo por los suelos el día anterior?

—Debió de gustarle.

—Más vale que llame a Barry.

—Si lo llamas, yo cojo los papeles y me voy —repuso Stick.

—¿Y crees que me importa? —dijo Chucky sonriendo—. Lo que de verdad quiero es saber lo que te_llevas entre manos.

—Dejémoslo. —Stick cogió el folleto—. Me he equivocado.

Chucky entrecerró los ojos detrás de la visera de plástico.

—No entiendo qué sacas tú de todo esto. Una «jugada», a eso me suena precisamente, pero no acabo de entenderlo. Has birlado un folleto viejo que Leo intentó vender cuando era Norman Enterprises y a mí se me tiene que hacer la boca agua, he de morirme de envidia porque Barry va a hacer otro negocio redondo, y por las molestias que te has tomado, ¿qué es lo que te tengo que dar? ¿Todavía vas detrás de los cinco mil?

–¿Has estado alguna vez en la cárcel?

–En Vietnam. Era peor que la cárcel.

–No sabes lo que dices –declaró Stick–. Yo hubiera ido a Vietnam en traje de baño. Ya sé que en la guerra puedes morir, pero en Jackson, Michigan, te pueden pasar cosas peores. A veces les haces favores a la gente para que no te violen o se te meen en la comida, como si hicieras una ofrenda de paz o te sacaras un seguro. ¿Me entiendes lo que quiero decir? –Chucky miraba hacia otro lado–. Lo único que quiero es que me dejéis en paz.

–Eso ya lo arreglaremos –dijo Chucky.

Miraba hacia la terraza, por donde venía Kyle. Ésta cruzó la puerta y se quedó quieta un momento antes de verlos.

–Habéis llegado temprano. Aún no son ni las cuatro –dijo Stick. Había vuelto a meter el folleto en el sobre y se había puesto en pie–. Voy a buscar el coche.

–No corras tanto –dijo Chucky, y le acercó una silla a Kyle.

–Aún tardaremos un poco –declaró ella–. Barry y Rorie están discutiendo. Y es imposible que se pongan de acuerdo, porque no saben qué están discutiendo.

–Es un conflicto de personalidades –dijo Chucky–. ¿Dónde están? ¿Fuera?

–En el barco. –Y, dirigiéndose a Stick, añadió–: Más vale que te sientes. –Le sonrió–. Estás muy guapo.

Al ver que él no le sonreía, cambió de expresión. Miró entonces a Chucky y Stick se dio cuenta de que estaba empezando a captar lo que ocurría. Lionel le llevó una copa a Chucky y Kyle dijo que no quería nada antes de volver a mirar a Stick. En esta ocasión, él le dedicó una sonrisita.

–¿Cómo os va a Leo y a ti? ¿Habéis hecho las paces? –preguntó Chucky.

–Se ha ido a Nueva York –dijo Kyle.

Miró a Stick y éste volvió a sonreírle, muy brevemente.

–Lástima que el negocio no saliera bien. Me da la impresión de que si le hubieran dado la vuelta al argumento y hubieran convertido a los dos protagonistas en un par de alegres chorizos... ¿Me entiendes? Que fuera una comedia.

–¿Y que la hubieran llamado *Jugada perfecta*? –intervino Kyle–. Y además podrían birlarles a los agentes de aduanas millones de dólares en mercancía.

Chucky la miraba fijamente.

–Luego podrían dar una fiesta en Nassau, por ejemplo, e invitar a todos los de aduanas.

–No suena mal del todo –dijo Chucky sin entusiasmo–, si cambiaran la propuesta para quitar lo del fraude fiscal.

–Yo lo haría –afirmó Kyle–, y a lo mejor bajaría el precio de las participaciones.

–¿Y les cambiarías el nombre a los protagonistas? –añadió Chucky.

Kyle asintió con la cabeza.

–Sin dudarlo. Han de ser nombres que suenen alegres pero a la vez tengan carácter.

–¿Qué tal Charlie y Buck?

–No están mal. –Volvió a asentir con la cabeza y miró a Stick mientras se ponía en pie–. Si me perdonáis... Esta noche tenemos una cena y Barry va a estar enfurruñado todo el rato si Aurora y él no se dan un besito y hacen las paces. Voy a ver si puedo hacer algo. –Y prosiguió, volviéndose hacia Stick–: Dentro de cinco minutos, ya puedes ir a buscar el coche.

Stick volvió a sentarse y observó a aquella maravillosa chica abrirse camino entre las mesas. Ahora había más ruido, más gente, habían puesto música.

–Le pago como asesora. Tiene que aconsejarme –dijo Chucky.

–Y me parece que te ha aconsejado. Mira, no pienso pedírtelo de rodillas. Si quieres que Barry se divierta solo, o si es demasiado caro para ti, olvídate de que te lo he dicho. –Empujó el sobre de papel de estraza hacia Chucky–. Pero si quieres participar, más vale que te des prisa.

Chucky empujó la silla hacia atrás como para levantarse, pero continuó sentado.

–Lo llevan en secreto –dijo.

–Eso intentan.

–Tendría que convencerlos de que aceptaran el efectivo.

–Tiéntalos.

–No te muevas –dijo Chucky.

Se levantó y se dirigió al vestíbulo.

Stick se acercó a la barra y pidió otro bourbon. A través de la puerta veía a Chucky hablando por teléfono, junto a la entrada principal. Era el momento crucial. Stick no podía hacer otra cosa que esperar.

–La tía se mostraba muy adusta –explicó Chucky al volverse a sentar.

Stick aparentó sorpresa.

–¿Has llamado a Roc?

–Ha dicho «Norman Enterprises» y yo he preguntado por Leo. Y va y dice: «¿De parte de quién, por favor?». Le he dicho que había hablado con Leo sobre una inversión en la nueva película, *Jugada perfecta*, y ella dice: «En este momento estoy sola. Si quiere dejarme su nombre...». Muy adusta.

–Se lo has dejado.

–He colgado y he llamado al First National.

–¿De veras?

–Es verdad, tienen cuenta allí.

–Se mueven deprisa –comentó Stick.

–Lo que estoy pensando –prosiguió Chucky– es que si firmo la subscripción y la hago llegar a Eden Roc, cuando vean mi nombre es posible que se inventen una excusa.

–Es posible.

–Pero no si el dinero ya está en su cuenta.

–Suena bien.

–Yo deposito el dinero en efectivo, el banco informa a Hacienda, pero a mí no me afecta en absoluto.

–Yo de eso no entiendo nada.

Vieron que en ese momento entraba Barry, rodeando con un brazo los hombros de Aurora. Kyle iba detrás.

–Qué posesivo es el hijo de puta. Egoísta, malcriado, podrido... –dijo Chucky.

Barry se dirigió a la barra y apuntó a Bobbi con un dedo.

–¿Qué es lo último que le pasa a un mosquito por la cabeza...?

La sonrisa de Bobbi se esfumó; trató de recuperarla, de parecer interesada.

–¿Ya te lo había contado? ¿Te he contado el del polaco que cree que Peter Pan es un lavabo en una casa de putas? ¿Qué diferencia hay entre erótico y guarro? Es erótico si usas una pluma, y guarro si usas todo un pollo.

–Por lo menos él se divierte –le dijo Stick a Chucky.

–Dios mío, lleváoslo de aquí. –Y luego añadió–: Espera un momento. ¿En la solicitud de subscripción...?

–¿Qué?

–¿Qué pongo donde dice «Profesión»?

–Pon «pez gordo» –dijo Stick, y vio que Chucky lo consideraba y se encogía de hombros.

Siempre le sorprendía a Stick lo que era capaz de creerse la gente. Chucky tenía apoyados los brazos sobre la mesa. Parecía aliviado, como si entre ellos ya estuviera todo arreglado y charlaran como un par de amigos.

–Tengo que irme.

–Yo también –dijo Stick. Puso las manos sobre la mesa para levantarse.

–Ahora ya estoy forzando la situación –se confió Chucky–. Uno no se puede dedicar a esto diez años seguidos. Tienes en contra demasiada gente. Al principio te quieren fastidiar, pero al final te quieren matar.

–Bueno... –empezó a decir Stick.

–La gente con la que tratas... en este negocio no se firma nada, no hay contratos.

–Tengo que marcharme.

–Me has preguntado si había estado en la cárcel. Esto es como estar en la cárcel, tío. Lo mismo. No puedes hacer lo que quieres, no puede uno ni moverse, joder. Si intentas hacerte con un poco de espacio, ya sabes lo que quiero decir, para respirar, tienes que pagarlo, comprar a gente... Y ahora no puedo salir...

–Pues sal –dijo Stick.

–No te dejan en paz, la gente como Néstor y Moke...

Cuando empecé, era rápido. Y ahora... es muy difícil de explicar. Todavía me muevo, pero es como si le cortas la cabeza a una serpiente, o a un pollo, el cuerpo sigue moviéndose, pero la cabeza no entiende qué coño está pasando. Ve que el cuerpo se mueve, dando saltos, pero no nota nada... ¿Qué se puede hacer?

Stick no dijo nada. Lo miraba, escuchaba y quizás comenzaba a entenderlo.

–No puedo hacer nada. Si me quedo se me comerán o me atraparán. Me da lo mismo. Algún idiota chiflado como Moke me pegará un tiro o me detendrán, eso es lo que me pasará tarde o temprano, y me encerrarán. ¿Sabes cuánto tiempo duraría? No llegaría ni al juicio. No sobreviviría. ¿Cómo va? Te pueden retener setenta y dos horas. Pues yo no acabaría ni la noche. Si me encierran... buscaría la manera. Llevaría una pastilla escondida en algún sitio, que me dejara libre para siempre. Hay maneras...

–Pues hasta ahora has tenido suerte –dijo Stick–. Debes de saber lo que haces.

–Claro que he tenido suerte. Hay que tener suerte. Pero también he ido atizando el fuego, todo este tiempo he estado atizando el fuego... Y ahora se está apagando. Estoy cansado.

Stick vio que se enderezaba, que se apoyaba contra el respaldo, y en la mirada vacía y perdida vislumbró una tenue esperanza.

–Me alegro de que hayas aparecido –prosiguió Chucky–. Tú no lo sabes, pero me estás ayudando a dejar esto.

Stick no le quitaba la vista de encima. No sabía qué decir. No quería tenerle lástima. No era lógico tenerle lástima.

–Tengo que marcharme –dijo.

No entendía por qué la gente que vivía en una casa que valía un par de millones se iba a otro lugar para divertirse. Llevó a Barry, Diane y Kyle a Leucadendra en el Rolls y luego, a las once, los llevó otra vez a casa, sin incidentes en ninguno de los dos trayectos. Cuando los Stam entraron en el edificio, Kyle se dirigió a la oscuridad, avanzó en dirección al muelle y Stick la siguió.

–¿Así que Chucky cree que la película va en serio? ¿Qué va a ocurrir ahora?

–He hecho lo que tú me dijiste: «Convéncelos de que serían tontos si lo dejaran escapar».

–¿Le has dado un folleto?

–El viejo, el que me enseñaste tú, pero lo he cambiado un poquito.

–¿Y se ha creído que sólo tiene que invertir cinco mil? –preguntó asombrada.

–Algo más de cinco mil.

–¿Cuánto?

–Setenta y dos quinientos.

–¿Setenta y dos mil?

–Tenía que ser una cifra realista.

–¡Dios mío, te estoy ayudando a cometer una estafa!

Kyle estaba frente a él, las luces de Miami quedaban a sus espaldas y no le podía ver los ojos, si bien su tono de voz indicaba algo más que asombro.

–En el bar pensaba que se trataba tan solo de unos miles, de lo que te debe.

–Sí...

–Me he dado cuenta de lo que pretendía Chucky. Estaba buscando una comprobación, tratando de hacerse el listo.

–Exacto.

–Y le he seguido la corriente. ¿Qué iba a hacer si no? Tú estabas allí en medio.

–¿Eso qué tiene que ver?

–Lo que tenía que haber hecho es no acercarme a vuestra mesa. Al verte con él, tenía que habérmelo imaginado –dijo tras recapacitar unos instantes.

–El domingo querías ayudarme.

–Ya lo sé, pero entonces era distinto, emocionante. Chucky era el malo...

–Y todavía lo es. Es tan malo que no se escapará.

–Ésa no es la cuestión. Tú estás intentando estafarle a un cliente mío setenta y dos mil dólares, y yo te estoy ayudando.

–Te estoy muy agradecido.

–Pero no puedo, me paga para que vele por su dinero.

–Bueno, seguramente no se lo tragará.

–Voy a tener que hablar con él –declaró Kyle–. Tengo que decirle algo. He de aconsejarle que no se meta.

–¿Por qué, aunque sólo sea para divertirnos, nos esperamos a ver si funciona? Si paga y a ti aún te da lástima...

–No es eso, es que es una estafa.

–Bueno, sea cual sea la razón, si te molesta demasiado le devolveré el dinero, pero esperemos a ver qué pasa.

–¿Me lo prometes?

–Palabra de honor –dijo Stick.

25

CHUCKY llegó al Florida First National de Biscayne Boulevard esquina calle Treinta y seis poco después de la una. Lionel, que llevaba el maletín, lo siguió al interior y se detuvo mientras Chucky miraba a los ejecutivos sentados detrás de sus mesas en la zona donde no estaba permitida la entrada al público. Le extrañaba que pudieran trabajar allí, a la vista de todo el mundo, incluso de la gente que pasaba por la calle y los miraba a través de los cristales.

–No nos conviene entregárselos al de la ventanilla –dijo Chucky–. No produciría el efecto adecuado.

Lionel no sabía de qué hablaba ni se imaginaba que iba a presenciar cómo se hacía realidad una de las fantasías de Chucky. Éste le cogió el maletín y Lionel lo siguió hasta la mesa del subdirector, que estaba situada junto al gran ventanal.

–Quiero hacer un ingreso –dijo Chucky.

Abrió el maletín, lo levantó y lo volvió boca abajo. Sobre la mesa del subdirector cayó una lluvia de fajos de billetes sujetos con una goma, todos ellos de cien dólares. Chucky sonrió.

–Setenta y dos mil quinientos dólares –dijo–. Quiero ingresarlos en la cuenta de Norman Enterprises. Estamos en el ramo del espectáculo.

–¿De verdad? –dijo el subdirector.

–No se ha sorprendido demasiado –le dijo Chucky a

Lionel, mientras cruzaban Julia Tuttle camino del Eden Roc.

—Es que estamos en Miami —dijo Lionel.

Subieron a la suite ciento tres. Chucky llevaba la solicitud de subscripción firmada en un sobre blanco. Llamaron a la puerta. Esperaron y volvieron a llamar.

—Debe de estar comiendo —dijo Chucky—, aunque viéndola no da la impresión de que coma mucho.

Bajaron al vestíbulo y se tomaron unas copas. Al cabo de una hora volvieron a subir, llamaron a la puerta de nuevo y esperaron en silencio.

—Voy a meterlo por debajo —dijo Chucky—. Quizás sea mejor así.

Al pasar por recepción, se detuvieron para asegurarse. El empleado fue a mirar, regresó y dijo que le parecía que se habían marchado aquella mañana.

—Se habrán ido a Nueva York, claro. ¿Pero tendrán la suite reservada? Es el despacho de producción.

El empleado dijo que no, que se habían marchado y que no habían dejado ninguna dirección.

—Quiero ir a casa inmediatamente —le dijo Chucky a Lionel.

Necesitaba un ambiente seguro donde pensar, y quizás gritar, si se daba el caso.

Avilanosa se divirtió con Moke cuando éste fue a buscar las pistolas.

—¿Así que has dejado que te quiten las pistolas? Pero ¿por qué? —le preguntó.

A Moke le hubiera gustado no ver a Avilanosa aquel día. Quería ver a Néstor, recoger las pistolas y marcharse. Pero Néstor estaba descansado, no se le podía molestar —seguramente estaría en el limbo— y el suegro estaba el mando de la casa.

—Venga, dámelas —dijo Moke.

—¿El qué? ¿Estas pistolas? —dijo Avilanosa, alargándoselas, y luego levantando la mano cuando Moke fue a recogerlas.

—Venga, no hagas tonterías.

—Mira el pistolero que ha perdido las pistolas —dijo

Avilanosa socarronamente–. Se las ha dejado quitar... Toma.

Moke fue a cogerlas y Avilanosa volvió a subirlas. Moke le asestó un puñetazo. Avilanosa dio un traspié y topó con la mesa del patio, sonriente, sin alterarse, jugando con Moke.

–Toma –volvió a decir, pero ahora Moke no quería cogerlas, de modo que las dejó sobre la mesa y se hizo a un lado.

Esperó que Moke las cogiera y se metiera los cañones por la cintura de los pantalones. Entonces se acercó a Moke, le plantó un puño que era como un garrote en toda la cara y lo tumbó sobre la hierba.

Moke se levantó con la Mag niquelada en la mano y Avilanosa sacudió la cabeza.

–No debes de encontrarte muy bien, porque me parece que quieres morirte. Lo que tienes que hacer es tomar algo y meterte en la cama.

Moke bajó el revólver.

–¿Has encontrado la camioneta que perdiste? Tío, no haces más que perder cosas, la camioneta, las pistolas... Venga, móntate en esta camioneta y vete a ver a Chucky.

–¿Para qué?

–Para darle un susto. Ya es hora de darle un susto para que no se olvide de pagarnos. ¿Te ves con fuerzas para darle un buen susto?

Moke se alejó de Avilanosa en dirección a la puerta de la valla de madera que los separaba de la carretera. La voz de Avilanosa lo seguía.

–A ver si eres capaz de darle un buen susto sin perder las pistolas otra vez.

Barry le dijo a Stick aquella mañana que los cuatro automóviles necesitaban que les cambiaran el aceite y que los engrasaran, y que los llevara a la gasolinera de la calle Ciento veinticinco porque tenía cuenta allí.

–¿De uno en uno? –dijo Stick, que en seguida se imaginó que iba a tardar todo el día.

–No –contestó Barry–, los enganchas uno detrás de

otro como si fueran un tren. ¡Claro que uno por uno, joder! Que los laven y llenen el depósito también.

Parecía que lo que pretendía era tenerlo entretenido. Podía tardar dos horas con cada coche, fácilmente, mientras Barry y Kyle se pasaban la mañana en el despacho revolviendo papeles y haciendo cuentas. Stick empezó por el Lincoln; lo llevó, lo trajo y todavía estaban en el despacho. No veía manera de quedarse a solas con Kyle. Llamó al banco a eso de las doce, dio el número de cuenta y dijo que quería comprobar el saldo. Una voz de mujer le dijo que éste era de exactamente quinientos dólares.

Luego llevó el Rolls. Ahora, en el taller estaban más ocupados y tardó dos horas y media ida y vuelta. Volvió a llamar al banco, dio el número y dijo que quería saber el saldo. Otra voz de mujer le dijo:

–¿Señor Norman?

–Stickley.

–Ah, sí, señor Stickley, el saldo es exactamente... a ver, setenta y tres mil dólares redondos. Una bonita cifra.

–¡Jesús! –exclamó él.

–¿Cómo dice? –preguntó la mujer.

Jamás en la vida había tenido aquella sensación. En aquel momento tenía setenta y tres mil dólares. Había elaborado un plan con muy poca ayuda, había hablado con un individuo durante una media hora para venderle la idea y ahora tenía setenta y tres mil dólares. Era lo mismo que estaban haciendo en el despacho de Barry, lo mismo, ganar dinero sin trabajar. Aquello era lo que había que hacer. Quería contárselo a Kyle, pero aún no habían terminado.

Quería contárselo a Cornell, a alguien, pero cuando vio a Cornell pensó que más valía aparentar calma.

–¿A qué te dedicas hoy?

–A limpiar la plata.

–¿Qué pasa, es día de limpieza?

–Han de tenernos ocupados, tío.

–Esto es la esclavitud –dijo Stick.

–Sí, lo de trabajar como un esclavo es fatigoso de verdad –dijo Cornell con una sonrisa pícara–, pero te acaba gustando; es divertido. Ya me entiendes. Te dejas llevar. Puedes hacer cualquier papel.

–¿Haces otros... otras cosas por el estilo?

–Casi siempre la reina y el esclavo.

–¿De qué es reina?

–No lo sé exactamente. Reina de la tarde sin nada qué hacer. Reina de los caramelos. Nunca había visto a una señora que tuviera tantas ganas de ser reina.

–Pues estaba bastante bien como reina.

Lo que le apetecía hacer era entrar en el despacho y decirle a Barry que se marchaba. Pero primero tenía que hablar con Kyle. Llevó el Cadillac al taller y, mientras esperaba, se acordó de la chica de la película, Jane, y llamó al Eden Roc.

Se había ido.

Colgó con la sensación de que le había salido bien por los pelos, que si no hubiera estado todo perfectamente sincronizado, todavía tendría quinientos dólares en lugar de setenta y tres mil. Repitió la cifra una y otra vez. Le hubiera gustado sentarse en un lugar limpio y silencioso sin distracciones, llaves inglesas ni tuercas que se cayeran al suelo, para pensar en ello. Prepararía un discurso. Esperaba que Kyle estuviera luego de talante realista. Si no lo estaba, tendría que hacer un discurso: sería incorrecto, moralmente incorrecto, darle a un traficante dinero procedente de las drogas para que se comprara más drogas, corrompiera a más gente y no pagara impuestos, cuando él podía emplear el dinero de una forma más sensata. ¿Cómo? ¡Coño, como quisiera! Compraría cosas. Se compraría un coche. Le compraría cosas a Katy, ropa. Compraría un camión, un negocio. Compraría whisky del bueno en vez del malo. Había muchas maneras de gastar dinero que Frank y él sólo habían empezado a experimentar cuando bruscamente finalizaron sus cien días.

De acá para allá, de allá para acá. Quería contárselo al tipo del taller –Steve, según se leía en la camisa–, pero no se lo contó. Casi eran las seis cuando volvió con el Mercedes, el último. Habían pasado veinticuatro horas desde que había hecho el negocio de su vida.

El Rolls no estaba en el garaje.

Salió del Mercedes y se acercó al borde del césped. Barry estaba solo en el patio, sentado debajo de la sombrilla con una copa y un periódico. Stick se dirigió hacia allí.

–Ya he terminado.

–No ha sido demasiado pesado, ¿verdad?

–No señor, en absoluto–. ¿Por qué le resultaba más fácil decirlo ahora que tenía setenta y tres mil dólares?–. He visto que el Rolls no está.

–No, se lo he dejado a Kyle.

–Ah... –¿Podía preguntar? No tenía otro remedio–. ¿Adónde ha ido?

Barry lo miró con el ceño fruncido.

–¿Qué?

–¿Que adónde ha ido?

–Eso me ha parecido oír. Ha ido a ver al señor Gorman.

–¿Cuándo?

–¿Qué le pasa?

–¿Cuándo?

–Hace un poco. Pero ¿qué es esto?

–¿La ha llamado él o lo ha llamado ella?

–Ha llamado él.

–¿Y se ha ido inmediatamente?

–Sí, al poco rato. ¿Qué coño le pasa?

Stick se volvió y echó a correr.

Barry se levantó y empezó a llamarlo. No sirvió de nada. Stick se metió en el Mercedes y enfiló la carretera.

274

26

MOKE subió al piso quince, el último, pensando que lo había pasado bien trabajando para Néstor, pero ¿qué había sacado, aparte de tener que aguantar a Avilanosa? Si un idiota como Chucky podía montarse un mundo propio allí arriba, vivir como quería, actuando como una mujer rara e histérica, ¿por qué no podía hacer lo mismo Eddie Moke? ¿O quitarle a Chucky lo que tenía?

Lionel abrió la puerta y Moke se abrió la gastada chaqueta de piel para enseñarle la empuñadura de nácar de su arma del 44.

–¿La ves?

–Vas colgado, ¿eh? –dijo Lionel.

–He estado más colgado otras veces. Hazte un par de líneas. Néstor va a venir de visita. No quiere veros a ninguno por aquí.

–Bueno –dijo Lionel.

–Yo vigilaré para que no le pase nada a Chucky.

–Más vale que se lo diga.

–No, ya se lo diré yo. ¿Qué hace?

–¿Vas a matarlo? –preguntó a su vez Lionel un momento después.

–¿Y si dijera que ése era el plan? –respondió Moke, sorprendido y curioso–. ¿Qué harías?

–Me iría a Miami a ver a mi vieja –dijo Lionel–. ¿Cuándo volvemos?

–Esta noche, pero tarde.

–Está con una mujer –explicó Lionel.

–No te preocupes por nosotros. Estamos bien –dijo Moke.

Entró, empujó a Lionel fuera y le cerró la puerta. Conocía suficientemente la distribución de la casa. Avanzó por el pasillo y entró por la primera puerta a la izquierda, el despacho de Chucky, donde estaba la instalación de teléfonos y los sombreros... Sin embargo, ya no había ningún Crested Beaut ni ningún Bullrider; al hijo de puta se le estaba acercando el momento. Moke se caló una gorra blanca hasta los ojos y pasó por delante del ventanal que daba al balcón. Se agachó para mirar por la mirilla.

–¿Me haces el favor de sentarte? –dijo Kyle–. Y escúchame. No has oído nada de lo que te he dicho. Tienes una idea metida en la cabeza y ya está.

–Es que no has dicho nada que tenga lógica –dijo Chucky moviéndose de un lado a otro, balanceándose–. No sabes nada del trato pero sabes de qué va el argumento.

–No, he dicho que fue un malentendido.

–Nena, yo sé cuando me están jodiendo. Siento un hormigueo distinto de todos los demás.

–Escúchame de una vez. Haz el favor de escuchar. –Empezó a hablar lentamente–. Cogió el folleto viejo, donde estaba la oferta original de Leo, y pensó que íbamos a llevarlo adelante.

–¿Y por qué iba a pensarlo?

–Debió de oír que hablábamos de modificar el argumento. Era una posibilidad...

–Tú me contaste el argumento, palabra por palabra, en el bar.

–Pensaba que te había contado lo que había oído. Yo no hice más que llevaros la corriente. Ya sabes cómo se pesca una historia y se trabaja con ella. Como yo lo veo, sólo quería hacerte un favor.

Chucky miró hacia la puerta del despacho y volvió a mirar a Kyle.

–La primera vez que viniste y dijiste «¿Quieres invertir en una película?» ya lo tenías en la cabeza.

–Dije una película, cualquiera. No hablaba de ésta.

Créeme. Barry no está metido en ningún proyecto que tenga que ver con el cine.

–Entonces quiero saber qué pasa.

Moke dio un portazo para llamarles la atención.

–Yo también –dijo–. ¿Por qué estáis discutiendo? Chucky, con las mujeres no se discute. –Saludó a Kyle, que estaba sentada en el sofá, con la cabeza–. ¿Cómo estás? –Y volvió a mirar a Chucky–. Me parece que te hace falta la medicina.

–¿Quién te ha dejado entrar? –preguntó Chucky–. Si quieres verme, espera en la otra habitación. Y quítate esa gorra.

Moke se ajustó la gorra sobre los ojos. Le gustaba ver el borde de la visera sobre el campo ocular. Quería decir que dominaba la situación y no estaba dispuesto a tolerar ningún tipo de desacato. Tras meterse la mano en el bolsillo de la chaqueta y sacarla cerrada, le dijo a Chucky–: Sí, por tu manera de comportarte, debe de ser la hora de la medicina. –Abrió la mano y dos píldoras blancas del puñado que llevaba cayeron al suelo–. Son de las buenas, de las blancas. También hay algunas rojas, de las de contrabando. ¿Para qué son estas azules?

Chucky avanzó hacia él.

–¡Dámelas!

Moke se volvió a meter la mano en el bolsillo y sin sacarla se abrió la chaqueta con la otra.

–¿La ves?

–Ahora no tengo tiempo. Venga, dámelas.

–Te he vaciado el cajón de las pastillas para que no tomes demasiadas y tenga que llevarte al hospital.

Kyle se levantó y le dijo a Chucky.

–Ya nos veremos en otro momento.

–No te vayas –dijo Moke–. Nos gusta tu compañía. –Y dirigiéndose a Chucky–: Si tienen que ponerte la sonda, tío, hará falta una kilométrica para llegarte al fondo.

Moke se estaba divirtiendo. Le gustaba actuar delante de aquella chica guapa y lista. Lo miraba y escuchaba, como en aquel momento. Era divertido tenerla como público. Se acercó a las puertas acristaladas del balcón, accionó el dispositivo y abrió una.

Tenía acaparada la atención de los dos.

—Ya está bajando el sol. Empieza a refrescar, ¿eh? Es el mejor momento del día.

—Dime lo que quieres, socio.

—No me llames socio, a no ser que hables en serio.

Chucky se acercó a él y se detuvo.

—Dímelo.

—Quiero que te cuides —dijo Moke, sacó la mano del bolsillo y miró las pastillas—. Me parece que ya no las necesitas.

En la calzada de acceso había dos Cadillacs y el Rolls de Barry. Lionel Oliva estaba apoyado en el primer automóvil cuando el Mercedes enfiló la rampa. Stick pasó ante él y aparcó en la bajada. Lionel lo esperó.

—¿Conoces a Kyle McLaren? ¿Está arriba?

—¿Conoces a Eddie Moke? —dijo Lionel.

—¿Qué pasa? —preguntó Stick confuso.

—Está muy colgado. Tiene una expresión rara; me ha dicho que me marchara.

Stick se dirigió a la entrada, se detuvo y regresó.

—Me parece que lo va a matar —dijo Lionel.

—Tú eres el guardaespaldas...

—No, estas cosas no son asunto mío.

—¿Tienes llave?

Lionel lo miró pero no contestó.

—Déjamela.

—Estás loco.

—Dame la llave.

Moke le enseñó a Chucky las tres píldoras blancas que tenía en la palma de la mano.

—¿Son éstas las buenas?

Chucky se revolvió, sacudió la cabeza tristemente y miró de nuevo a Moke.

—¿Te diviertes?

—¿Cómo lo sabes?

278

–Tómate una. Te calmarás y reconocerás a tu camarada.

–Tengo al camarada acojonado, ¿verdad? –dijo Moke, y salió al balcón–. Mira.

Cerró la mano y lanzó las pastillas por encima de la barandilla.

Chucky dio un paso hacia él y Moke sacó la Mag de empuñadura de níquel con un gesto ensayado, sin esfuerzo alguno.

–Como dicen los policías, quieto, hijo de puta... ¡Oye! ¿Sabes una cosa? No lo había dicho nunca. ¡Quieto, hijo de puta! A lo mejor debería ser poli. De narcóticos, ¿eh? Confiscar la droga –prosiguió, metiéndose la mano en el bolsillo nuevamente– y llevarla a un lugar seguro.

La sacó llena de cápsulas y tabletas rojas, blancas y azules, visibles sólo un momento, hasta que se convirtieron en puntitos sobre el pálido cielo.

Chucky sentía deseos de echar a correr. Se imaginaba atravesando la pared sin problemas y abriendo el cajón de las pastillas. Y había más en la cocina. No, ya se las había tomado. Las del dormitorio se las había tomado. Las del cuarto de baño se las había tomado. Las del coche, quizá. No, se las había tomado. Si en el cajón no había más, Moke estaba en posesión de todas sus existencias, un puñado que estaba dejando caer entre los dedos desde el balcón, un par de las rojas, las ilegales, las *quaaludes*. Trató de hablarle a Mooke con toda la calma que pudo, de hacerle una pregunta sin más connotaciones.

–¿Por qué te metes conmigo?

Pero no sonó como él quería. Más bien parecía que estaba a punto de echarse a llorar. Y Moke repitió la pregunta en el mismo tono, gimoteando:

–¿Por qué te metes conmigo? –la bocaza retorcida y rezumando fealdad–. ¿Por qué te metes conmigo?

No quería gritar, no, no quería, pero Moke volvía a sacarse la mano del bolsillo. Lo había tomado por costumbre. Lo haría cuando le apeteciera, para divertirse. Cada vez que no estuviera en el vertedero probando su puntería con las gaviotas. Cada vez que no tuviera nada más que hacer. No quería gritar. Ojalá pudiera contárselo a alguien, desahogarse. Pero cuando Moke dijo algo mirando hacia otro lado –daba lo mismo lo que mirara– empezó a gritar y se precipitó sobre él para agarrarle la mano que tenía levantada.

Una distracción y Moke volvió su atención hacia Stick, que entraba en la habitación como si llegara tarde a cenar. Luego se detuvo como si se hubiera equivocado de piso o acabara de entrar en una fiesta sorpresa. Su rostro era la sorpresa personificada.

–Mira por dónde –dijo Moke. Entonces se sintió repentinamente inspirado, al ver su recompensa, y dijo como si fuera un alegre presentador de concurso televisivo–. ¡Adelante! ¡Adelante! –y sintió que expulsaba el aire.

Chucky se lanzó contra él con el brazo levantado hacia el puño que encerraba las pastillas. Con el impulso, ambos chocaron con la barandilla de hierro que cuando Chucky se asomaba a mirar los barquitos de juguete le llegaba al ombligo. En aquella ocasión topó de costado con el metal, todavía esforzándose por alcanzar la mano del otro. Pero estaba vacía. La mano le agarró la pechera de la camisa, mientras la otra lo golpeaba con el cañón de la pistola. Chucky volvió a gritar, o quizás todavía estaba gritando sin principio ni fin, agarrado a aquella cosa de piel apestosa que se retorcía, mientras levantaba a Moke, que se contorsionaba, y lo empujaba por encima de la barandilla, toda la parte superior del cuerpo y la cabeza colgando –el sombrero había desaparecido– el cañón de la pistola golpeaba los barrotes y alguien le gritaba, lo oyó, alguien le gritaba que lo bajara. Tenía a Moke sujeto por las piernas. Bueno, lo bajaría, lo bajaría hasta abajo del todo. Tenía una pierna de Moke a cada lado del cuerpo y vio cómo el brazo de piel con el extremo de níquel pasaba por entre las barras de hierro, lo notó contra la pierna, levantó el pie y lo empujó hacia abajo para pisar la pistola con fuerza contra el suelo. Levantó las dos piernas enfundadas en unos tejanos grasientos y resbaladizos. Tenía las botas de cowboy a la altura de la cara.

–¡Dame las pastillas! –le dijo a Moke nuevamente en

un tono muy distinto al que esperaba oír de sí mismo, jadeante, al borde del pánico.

Observó que Moke se llevaba la mano al bolsillo y revolvía en el interior. Vio que sacaba la mano y vio que caían pastillas de colores del bolsillo vuelto boca abajo. Moke abrió la mano para agarrarse a un barrote y las que llevaba cayeron también.

Chucky notó que alguien le tocaba el hombro. Se volvió lo suficiente para ver a Stick en el balcón y le gritó:

–¡Lárgate de aquí!

–Quiero ayudarte –oyó que decía Stick.

¿Ayudarle a qué? Volvió a gritar:

–¡Lárgate de aquí o lo suelto!

No volvió a ver a Stick.

Tenía que respirar, inspirar y espirar, inspirar y espirar, lentamente. No le servía de gran cosa. Tenía la sensación de estar corriendo. Sujetaba a Moke por los tobillos. Lo levantó para ponerse de rodillas y sentarse en los talones. Contempló el rostro de Moke boca abajo entre los barrotes, inspirando y espirando, inspirando y espirando.

–¿Cómo te va, socio? –dijo.

Estaba convencido de que controlaba la situación, pero oyó que la pregunta era un sonido destemplado, jadeante. Mirar a Moke le alivió. Éste tenía los ojos fuera de las órbitas, el rostro lívido, tenso, y las venas de la frente se le estaban volviendo azules. Quería decirle a Moke que no se moviera e ir a buscar la máquina de fotos, animar un poco la situación, pero le dolían los hombros y los brazos y lo que deseaba era terminar cuanto antes.

–¿Has tenido suficiente? –dijo–. ¿Vas a ser buen chico?

Moke, con gran dificultad, pero de forma los suficientemente inteligible, dijo:

–Que te den por el culo.

Chucky se lo quedó mirando fijamente y comenzó a experimentar una profunda tristeza; la desesperación se fue apoderando de él. Estaba cansado, le dolían los brazos. Lo que tenía que hacer era ponerse en pie de un salto, moverse, coger un sombrero, recuperar el dominio de sí mismo, ser alguien, cualquiera. Pero era tristemente consciente de que si trataba de gritar, de entregarse al esfuerzo de vaciarse los pulmones, el sonido resultante sería un gemido. Se quedó mirando el rostro invertido de Moke; el cabello le colgaba tieso, como electrizado. Lo miró a los ojos opacos, implacables, que no cambiarían nunca. Pensó: «Lástima». Levantó las piernas de Moke por encima de su cabeza y las soltó.

En lugar de él, lo hizo Moke. Gritó.

Contemplaron cómo engullía las pastillas que encontró en el suelo del balcón. Observaron cómo recogía la pistola y entraba, cerrando tras de sí la puerta de cristal, encerrando todo lo que había al otro lado. Se sentó en un sillón y depositó la pistola en su regazo.

Kyle esperó. Tragó saliva para humedecerse la garganta; notaba cómo le latía el corazón. Levantó la vista, sorprendida, cuando Stick se le acercó. No dijo nada. Era como si estuviera comprobando que se encontraba bien; sí, estaba bien. Le vio acercarse a Chucky, tocarle el hombro, alargar el brazo hacia la pistola. Pero Chucky volvió por un momento a la vida, lo apuntó con la pistola y Stick retrocedió. Se acordaría siempre de cómo le habló a Chucky, con un tono sosegado. Lo primero que dijo fue:

–¿Tienes abogado?

Chucky no contestó. En la habitación reinaba una calma tensa.

–¿Tienes dinero para contratar a alguno bueno?

Chucky no contestó.

–Yo te debo algo. En cuanto me lleguen los cheques, te lo devolveré. Setenta y dos quinientos. Oye, ¿quieres algo? ¿Necesitas algo?

Chucky no contestó.

–Yo arrojaría también el quitapenas. Es suyo; así la policía lo encontraría a su lado. Te atacó él, ¿no?

Chucky no contestó.

–Ya hablaré yo con la policía si quieres. Y hablaré con Néstor; habrá que contarle lo que ha pasado. Vamos, marquemos el nueve-once y acabemos cuanto antes. ¿Qué te parece?

Kyle vio que Chucky levantaba la vista.

–No pienso ir a la cárcel –dijo–. No pienso ir a la cárcel.

Siempre se acordaría de que miró a Stick mientras éste decía:

–No me extraña.

A continuación, Stick se acercó a ella y dijo:

–Ya es hora de irnos.

También se acordaría de aquello. Entonces se dio cuenta de cuántas cosas sabía él que ella desconocía. No dijo «vámonos», sino «ya es hora de irnos».

Estaban esperando el ascensor. Se abrió la puerta. Oyeron el único disparo. Kyle oyó cómo inspiraba profundamente y se volvió con intención de entrar en el piso, pero Stick la sujetó por el brazo.

Una vez se encontraron fuera dijo:

–Primero vamos a casa, y luego yo volveré a buscar el Rolls.

–Yo me voy a casa –dijo Kyle.

–Muy bien, te llevo.

–Preferiría que no. Dile a Barry que le devolveré el coche. –Hizo una pausa–. Pero debería esperar a que llegara la policía.

–Ya se arreglarán –dijo Stick sacudiendo la cabeza.

–Después de todo, tenía razón yo. No estoy preparada aún.

Le miró a los ojos, todavía impresionada, haciendo acopio de imágenes y sentimientos. Sola y en otro momento tendría que decidir lo que debía hacer con ellos. Entretanto se dirigió al Rolls y abrió la puerta. Antes de entrar, lo miró y dijo:

–Pero llámame, ¿eh?

–Cuando sea rico –dijo Stick.

27

CORNELL le decía que mirara a su alrededor, que mirara
por la ventana, que admirara la vista, su belleza, para no
hablar de la comida y las demás ventajas que no encontraría en ningún otro lugar. Stick sólo podía pensar en que tenía setenta y tres mil dólares en el Florida First National,
Biscayne Boulevard esquina calle Treinta y seis. Le dijo a
Cornell que lo que buscaba no eran ventajas.

–No es que las desprecie, no me interpretes mal.
Como tú dices, que reine la imaginación. Esto es el país de
las maravillas, si te gusta.

–Has aprendido algo, ¿no?

–Eso espero. Ahora sé que no soy capaz de pasarme la
vida esperando en los clubs de campo con unos tíos que se
meten una mano en el bolsillo, apoyan el pie en el parachoques y piensan que son más listos que sus jefes –dijo
Stick–. He aprendido que no me gusta esperar.

–¿Sabes adónde vas?

–Me da lo mismo.

Con setenta y tres mil dólares –¡caray!– en el banco.

–Bueno, pues tú sabrás hacia dónde vas.

–Recto. A lo mejor, paso por Palm Beach.

–Te haces ilusiones, ¿eh? ¿Ya has avisado al amo?

–Esta mañana a primera hora. Dice que no piensa dejarme marchar hasta que hayan contado la plata. Hemos
charlado y me han dicho que pase a verlo cuando esté por
aquí.

–Tengo que llevarle el café.

–Ya nos veremos antes de que me marche –dijo Stick metiendo su ropa en la bolsa de lona.

Los trajes marrón claro, gris y negro se quedaban en el armario para el desgraciado siguiente.

Barry estaba debajo de la sombrilla con el *Wall Street Journal* y un surtido de papeles de aspecto legal. Stick se puso las gafas de sol y se le acercó con la bolsa.

–¿Algo de bueno esta mañana?

–Tootsie Roll a trece veinticinco y no le engaño. Los beneficios llegan a dólar y medio la acción. –Barry miró hacia la casita de los huéspedes y dejó el periódico a un lado–. ¿Dónde está mi chica cuando la necesito? Va y me llama anoche y me dice que está en casa lavándose la ropa. Y yo le dije: «¿Cómo vas a estar en casa lavándote la ropa, si la ropa la tienes aquí?». Me parece que se está volviendo despistada. Esto de tratar con el servicio... ¡Eh! ¿Y el teléfono del Cadillac? He ido a buscar una cosa y... ¿Qué coño le ha pasado al teléfono?

–Se ha roto –dijo Stick.

–¿Quiere decir que se ha roto?

Entonces se aproximó Cornell con el café.

–No sé –explicó Stick–. Lo habrá tocado alguien.

–Pensaba que a lo mejor llamó a su abogado –dijo Barry–, se enfadó y quiso tirar el teléfono por la ventana.

–¿Qué? Yo no tengo abogado.

–¿No? Pues más vale que se busque uno enseguida. Mire. –Barry levantó el periódico y cogió tres folios de papel blanco grapados–. Aquí está.

–Ha venido a buscarte mientras te estabas duchando –dijo Cornell mientras servía el café.

–¿Quién?

–Un portador de citaciones –dijo Barry.

¿Por qué parecía que de repente se divertía tanto? Stick se puso nervioso al ver los papeles que le alargaba Barry.

–¿Qué es?

–No he podido evitar verlo –declaró Barry–. Le han traído una denuncia, una petición de justificaciones y una citación para la vista.

–¿Por qué? –preguntó, aunque no estaba seguro de querer saberlo.

Barry levantó los papeles.

–El Tribunal de Distrito del Condado de Broward... la demandante, Mary Lou Stickley, se presenta ante este tribunal....

–¿Mi ex mujer?

–...con una reclamación de pago inmediato de la manutención, con atrasos, etcétera... y el tribunal quiere que presente justificantes de por qué no se le debe culpar de ser tan mal padre y no pagarle nada a su mujer durante siete años...

–Acabo de darle trescientos dólares –parecía sorprendido.

–Pues quiere los atrasos, diez mil al año por los siete años que han pasado desde el divorcio, lo cual suma un total de...

–Setenta mil dólares –dijo Stick en voz tan baja que apenas le oyeron.

–No sé si los tiene –dijo Barry–, pero si no los tiene yo le aconsejaría que buscara trabajo inmediatamente y no se olvidara de mandar el dinero cada mes, si no quiere volver a un lugar que los dos sabemos. ¡Eh! ¡Eh! ¿Adónde va? –Barry miró a Cornell–. ¿Adónde va?

–Dudo que él lo sepa –contestó Cornell, contemplando cómo atravesaba la extensión de césped hasta llegar a la calzada de acceso y desaparecía al doblar la esquina del garaje.

«Eso mismo», pensó Stick.